Matthias Steiner

Das Leben erfolgreich stemmen

Matthias Steiner

Das Leben erfolgreich stemmen

Aufgeschrieben von Gerda Melchior und Volker Schütz

Bibliografische Information der Deutschen Nationalbibliothek:
Die Deutsche Nationalbibliothek verzeichnet diese Publikation in der Deutschen Nationalbibliografie; detaillierte bibliografische Daten sind im Internet über http://d-nb.de abrufbar.

Für Fragen und Anregungen:
matthiassteiner@mvg-verlag.de

1.Auflage 2009

© 2009 by mvg Verlag, ein Imprint der FinanzBuch Verlag GmbH
Nymphenburger Straße 86
D-80636 München
Tel.: 089 651285-0
Fax: 089 652096

Alle Rechte, insbesondere das Recht der Vervielfältigung und Verbreitung sowie der Übersetzung, vorbehalten. Kein Teil des Werkes darf in irgendeiner Form (durch Fotokopie, Mikrofilm oder ein anderes Verfahren) ohne schriftliche Genehmigung des Verlages reproduziert oder unter Verwendung elektronischer Systeme gespeichert, verarbeitet, vervielfältigt oder verbreitet werden.

Redaktion: Gernot Geurtzen
Umschlaggestaltung: Weiss Werkstatt München
Umschlagabbildung: © Accu-Chek, © Getty Images, # 84051764
Satz: Jürgen Echter,Landsberg amLech
Druck: GGP Media GmbH, Pößneck
Printed in Germany

ISBN 978-3-86882-132-1

Weitere Infos zum Thema:
www.mvg-verlag.de
Gerne übersenden wir Ihnen unser aktuelles Verlagsprogramm

*Träume nicht dein Leben,
sondern lebe deinen Traum.*

INHALTSVERZEICHNIS

Vorwort	9
Prolog	11
Am Anfang war … Fußball	13
Und dann doch Gewichtheben!	23
Frühe Erfolge und ein Durchhänger	29
Mensch, ärgere dich nicht!	33
Knödelakademie und Lehre in Wien	37
Der erste Schicksalsschlag	43
Der Tag vor meinem 18. Geburtstag	49
Leistungssport und Diabetes – geht das?	55
Training im Krankenhaus	63
Wieder ganz der Alte!	71
Zucker und Eisen	81
Säge kein Sägemehl!	87
E-Mail für mich	95
Meine ersten Olympischen Spiele	101
Österreich ade oder: Teppichland ist überall!	111
»Was kann ich für Sie tun, Herr Steiner?«	121
Abschied von Obersulz	127
Die Hochzeit mit Susann	131
Eine Sekunde verändert mein Leben	137

Die schreckliche Zeit danach	151
Aus Trauer wird Wut	167
Letzte Hindernisse — und endlich Deutscher	177
Klappe: Peking, die Erste	181
1. Fanclub von Steiner Matthias	185
Operation Goldmedaille	189
Thailändisch essen oder: Der gläserne Mensch	197
Zehn Kilo zum Gold	209
Wie Freunde und Verwandte meinen Sieg erlebten	219
Mein Trainer Frank Mantek	219
Meine Eltern	230
Meine Schwestern	234
René Boyer, Obmann des Fanclubs	235
Inge Posmyk	239
Meine Großmutter (erzählt von Matthias Steiner)	240
Herrlich, Olympiasieger zu sein!	241
Im Medientaumel	247
Vom »Kräftigen Mann« in Obersulz zum Terminator nach Ohio	255
Ich wollte nur die Wahrheit wissen	259
Blumen aus dem Zeitschriftenladen	263
Neues Glück mit Inge	269
Nachwort	275
Danksagung	277

VORWORT

Mein Leben war nie einfach. Rückblickend kann ich sagen, dass es immer ein kontinuierliches Auf und Ab gab. Kaum dachte ich, alles sei geregelt, alles sei so, wie ich es mir vorstellte, kam ein Rückschlag, der das Vorhergegangene über den Haufen warf. Dass ich aber gerade aus den schweren Schicksalsschlägen die Motivation zum Weitermachen zog, liegt sicher an meiner Willensstärke, an meiner Erziehung und an meinem unerschütterlichen Kampfgeist.

Der Olympiasieg in Peking im August 2008 stellte von einem Tag zum anderen mein Leben völlig auf den Kopf. Seither ist nichts mehr, wie es war. Dachte ich am Anfang noch, dass sich der Rummel sicherlich nach ein paar Wochen legen wird, so kann ich aus heutiger Sicht sagen, er wurde von Woche zu Woche intensiver.

Ich habe für diesen Sieg sehr, sehr hart gearbeitet, nichts wurde mir geschenkt, und einmal war ich knapp davor aufzugeben. Nach dem Tod meiner Frau Susann war wochenlang nichts mehr für mich wichtig, nur noch Trauer und Wut lösten einander ab. Doch mein Trainer Frank Mantek und meine Familie gaben mir in dieser schweren Zeit hilfreiche Unterstützung und den notwendigen Halt, um weiterzutrainieren und um durchzuhalten. Ich wollte nach Peking zu den Olympischen Sommerspielen und ich wollte Olympiasieger werden! Das war mein Ziel, das war Susanns Ziel, und dem ordnete ich ein Jahr lang alles unter.

Mein Freudentanz nach dem gelungenen dritten Versuch im Stoßen und die Fotos der Medaillenüberreichung gingen um die Welt. Ich wurde in den vergangenen Monaten unzählige Male interviewt, und doch war ich voller Antworten, zu denen mir kein Journalist die entsprechenden Fragen stellte.

Deshalb habe ich mich entschlossen, gemeinsam mit den beiden Autoren Gerda Melchior und Volker Schütz meine Lebensgeschichte zu Papier zu bringen. Um ehrlich und dankbar meine Geschichte zu erzählen und um vor allem Menschen Mut zu machen, nach schweren Schicksalsschlägen die Kraft zum Weitermachen zu finden.

Herzlichst,

Ihr Matthias Steiner

PROLOG

19. August 2008, 19 Uhr Ortszeit
University of Aeronaut & Astronaut, Gewichtheberhalle
Peking, China

Bei den Gewichthebern steht an diesem Tag die Entscheidung in der Königsklasse, dem Superschwergewicht, auf dem Programm. Ernsthafte Kandidaten für einen Medaillengewinn sind der Lette Viktors Ščerbatihs, der wenige Monate zuvor bei der EM in Lignano mit 447 Kilogramm Europameister im Zweikampf geworden war, Jewgeni Tschigischew aus Russland, in Lignano mit 442 Kilogramm EM-Dritter, und der Deutsche Matthias Steiner, Vize-Europameister mit 446 Kilo. Nach Abschluss der ersten Teildisziplin, dem Reißen, liegt der Russe mit 210 Kilo vorn, dahinter haben sich der Ukrainer Artem Udatschyn mit 207 Kilo und der Heber aus Lettland mit 206 Kilo platziert. Matthias Steiner besetzt mit 203 Kilo im Reißen vorläufig Platz 4, nachdem er an den 207 Kilo gescheitert ist.

Der anschließende Wettkampf im Stoßen gerät zu einem wahren Nervenkitzel. Der Russe Tschigischew schafft in seinem letzten Versuch 250 Kilo und setzt sich so mit einer Gesamtleistung von 460 Kilo an die Spitze des Feldes. Viktors Ščerbatis scheitert im letzten Versuch an 257 Kilo, für ihn bleibt es so bei 448 Kilo im Zweikampf. Matthias Steiner bringt im ersten Versuch die 246 Kilo nicht zur Hochstrecke, stößt aber im zweiten Versuch 248 Kilo und hat dadurch bereits die Silbermedaille sicher. Aber er hat noch die Chance auf Gold und will sie nutzen. Im dritten und entscheidenden Versuch setzt der deutsche Trainer Frank Mantek alles auf eine Karte und lässt für seinen Schützling 258 Kilo auflegen – unglaubliche 10 Kilo mehr als bei Versuch Nummer zwei –, um den russischen Konkurrenten noch in letzter Sekunde zu übertrumpfen. Ein solches Gewicht hat der 25-jährige Athlet noch nie vorher gestoßen.

Die Zuschauer in der ausverkauften Halle und vor den Bildschirmen in aller Welt halten den Atem an, als Matthias Steiner die Hantel zunächst mit einem abschätzenden Blick mustert und die Stange dann mit festem Griff packt. Jetzt zählt nur noch der eiserne Wille, diese ungeheure Last zur Hochstrecke zu bringen. Die Hantelstange biegt sich unter dem Gewicht der aufgesteckten Scheiben, aber Matthias Steiner bringt sie sicher bis an die Schulter. Ein kurzer Moment der Konzentration, dann ist die Hantel oben, und Matthias Steiner hält sie souverän, bis das Kampfrichterzeichen erfolgt, und wirft sie dann krachend zu Boden. 258 Kilogramm im Stoßen, das bedeutet, der Russe Chigishev ist in der Gesamtwertung um 1000 Gramm geschlagen, und Matthias Steiner hat olympisches Gold errungen!

Unter dem tosenden Jubel der Zuschauer gibt der 146-Kilo-Koloss Steiner seiner Freude Ausdruck, wirft sich erst wie zum Dank über die Hantel, die ihm den Sieg gebracht hat, springt dann wie ein wild gewordener Gummiball über die Bühne, umarmt seinen Trainer und reißt sich zum Schluss die Träger seines Trikots von den Schultern, um stolz auf den Bundesadler auf seiner Brust zu zeigen. Nur wenige ahnen zu diesem Zeitpunkt, dass Steiner diese Goldmedaille nicht nur für Deutschland und auch nicht nur für sich erkämpft hat, aber wenig später geht seine Geschichte um die Welt.

Denn die anschließende Siegerehrung wird vor den Augen eines Millionenpublikums zu einer ganz besonders emotional geprägten Veranstaltung. Matthias Steiner, der mit diesem Sieg auch den Titel »Stärkster Mann der Welt« errungen hat, hält nicht nur stolz die Goldmedaille in die Kameras der versammelten Weltpresse und der Fernsehstationen aus aller Welt, sondern auch das Foto einer sympathischen jungen Frau. Seiner Frau, die ein Jahr vorher bei einem Verkehrsunfall ums Leben gekommen war.

Sie hätte eigentlich in diesem Augenblick des großen Triumphs dabei sein und ihrem Mann zujubeln sollen, aber das Leben wollte es anders. Und deswegen widmet Matthias Steiner an diesem Tag sein Olympiagold der großen Liebe, die er verloren hat, und ein Millionenpublikum rund um den Erdball wird Zeuge eines Moments, der in seiner ganzen Intimität und Vertraulichkeit eigentlich für nur zwei Menschen bestimmt ist. Die dahinterstehende Lebens- und Liebesgeschichte und der immer wieder von Schicksalsschlägen begleitete Weg, der Matthias Steiner schließlich bis auf das Siegerpodest in Peking führte, wird den Menschen erst in den darauffolgenden Tagen und Wochen durch unzählige Berichte und Interviews bekannt und bewusst werden.

AM ANFANG WAR ... FUSSBALL

»Und, Herr Steiner, wie sind Sie ausgerechnet zu einer Sportart wie Gewichtheben gekommen?« Diese Frage wird mir in Interviews immer wieder gestellt. Wenn ich dann meine Antwort beginne: »Also, mein Vater ist auch Gewichtheber ...«, dann kommt in den meisten Fällen sofort ein »Aaah!«, ein »Aha!« oder der Satz: »Dacht' ich mir doch!«, weil das natürlich für viele die logische Schlussfolgerung ist: Der Steiner wollte halt so sein wie sein Vater, hat viel geübt, und am Ende gewann er eine Goldmedaille!

Nein, ganz so einfach war es dann doch nicht. Zwar kommt man als Kind auf den Geschmack, wenn man das Vorbild des Vaters vor Augen hat. Und ich habe auch bewundernd zu meinem Vater aufgeschaut und war immer stolz auf das, was er machte. Denn mein Vater ist ein wahres Multitalent. Alles, was er anpackt, macht er mit einer großen Leidenschaft. So auch das Gewichtheben, das eines seiner Lieblingshobbys ist. Aber dennoch: Ganz so einfach und gerade, wie sich das mancher vorstellt, war mein Weg zum Gewichtheben nicht.

Natürlich war ich von Anfang an dabei, wenn mein Vater zweimal wöchentlich in Mödling trainierte oder an Wettbewerben und Meisterschaften teilnahm. Und von Anfang an hieß es bei mir, dass ich schon im Mutterleib den Lärm von zu Boden fallenden Hanteln mitbekommen haben muss, denn meine Mutter war bei allen Veranstaltungen eine begeisterte Zuschauerin. Wie sie erzählt, habe ich dann später als Baby auch beim größten Lärm immer friedlich geschlafen. Kein Wunder, ich war die Geräusche halt gewöhnt.

So gehörte Gewichtheben von klein auf zu meinem Leben, wobei ich weniger von dem Sport an sich fasziniert war als vielmehr von dem, was sich drum herum abspielte und die kindliche Entdeckerlust reizte!

Da gab es zum Beispiel diese Magnesia-Würfel, mit denen sich die Sportler die Hände einrieben, mit denen man sich aber auch wunderbar weiße Striche auf die Klamotten malen konnte. Oder es gab ganz kleine Hantelscheiben, die man als Kind geschäftig hin und her tragen konnte. Oder man konnte versuchen, die Hantelstange – ohne Gewichte natürlich – nach dem Vorbild der Großen wenigstens schon einmal bis Hüfthöhe zu heben. Aber das kam bei mir, so wie bei anderen Kindern dort auch, aus einem ganz normalen Spieltrieb heraus und nicht aus einem besonderen Interesse für das Gewichtheben.

Trotzdem wusste ich als Kind schon genau, was ich wollte, und mein eiserner Wille zum Durchhalten und auch zum Gewinnen kam schon damals des Öfteren zum Vorschein.

Im Herbst 1987 – ich war gerade fünf Jahre alt – flogen wir nach Puerto Rico. Dort fand in jenem Jahr die Senioren-Weltmeisterschaft im Gewichtheben statt, und natürlich war mein Vater einer der Athleten. Diese jährlichen Reisen zu den Austragungsorten in aller Welt wurden von vielen Teilnehmern meist auch gleich als Familienurlaub genutzt. So schlug man zwei Fliegen mit einer Klappe, wenn man denn schon so weit weg von zu Hause war. Und so flogen meine Mutter und ich mit.

Zum Freizeitprogramm gehörte auch ein Ausflug mit unserer ganzen Reisegruppe auf eine kleine Nachbarinsel, ich glaube, um dort Wale zu beobachten, aber so genau weiß ich das nicht mehr. Aber an ein Erlebnis, das ich beim Strandspaziergang auf dieser Insel hatte, kann ich mich genau erinnern, weil es mich für mein späteres Leben geprägt hat.

Auf den tropischen Inseln in der Karibik gibt es Bambus im Überfluss. Zum Spaß und aus sportlichem Übermut schnappte ich mir eines der dort herumliegenden Bambusrohre von sicher 10 Zentimetern Durchmesser und 2,5 Metern Länge. Es bis auf Schulterhöhe zu heben, war für mich keine Schwierigkeit, aber es dann mit gestreckten Armen über dem Kopf zu fixieren, da war ich kräftemäßig schlichtweg überfordert. Das blöde Ding war schwerer, als es den Anschein hatte.

Ich probierte es noch einmal und schaffte es wieder nur bis zur Schulter. Und noch einmal, jetzt brachte ich es bis über meinen Kopf, auf dem ich das Stück Bambus ablegen musste, weil ich meine dünnen Arme nicht durchstrecken konnte. Leider gibt es von diesem Versuch ein Foto, das meine Eltern geschossen haben und mit dem sie mich noch lange Jahre aufzogen.

Obwohl ich erst fünf Jahre alt war, wollte ich mich dieser Stange nicht geschlagen geben, erst recht nicht, als ich sah, dass meine treue Spielgefährtin Birgit Legel, nur knapp ein Jahr älter als ich und eben ein Mädchen, die Bambusstange beinahe lässig – so kam es mir jedenfalls vor – hochhob und sie sogar einige Zeit mit gestreckten Armen hochhalten konnte.

Nein, nicht mit mir!

Obwohl Birgit und ich fast wie Geschwister aufwuchsen – ihr Vater Walter Legel, der Jahre später mein erster Trainer werden sollte, und mein Vater waren seit der Kindheit beste Freunde – gönnte ich ihr den sportlichen Erfolg, den Sieg über die Bambusstange und den Applaus der umstehenden Spaziergänger nicht. Mir ging die Tatsache, dass sie es schaffte und ich nicht, gehörig gegen den Strich!

Zwischen Birgit und mir herrschte unterschwellig immer ein kleiner Konkurrenzkampf. So nach der Devise: Wer bekommt den schöneren Ball zum Spielen, wer die bessere Mundharmonika? Diese Duelle verlor ich ohnehin meistens, weil meine Eltern mir die teureren Sachen oft einfach nicht kaufen wollten, aus Angst, mich zu sehr zu verwöhnen.

»Okay, wenn ich schon nicht den schöneren Ball bekomme, dann will ich aber beim Bambusrohrheben gegen Birgit gewinnen!«, dachte ich mir damals, das weiß ich heute noch genau. Mein Stolz war zutiefst verletzt, ich kam mir lächerlich vor und hatte die Sorge, die Leute um mich herum könnten mich jetzt für einen Schwächling halten.

Also mobilisierte ich meinen schon damals vorhandenen Kampfgeist, probierte es noch einmal und wieder fiel mir dieses Stück Holz einfach vorne runter. Inzwischen schon mit einer richtigen Wut im Bauch, packte ich das Teil noch einmal, hob es mit aller Gewalt hoch und schaffte es letztendlich wirklich, es gültig zur Hochstrecke zu bringen. Es existiert sogar ein Super-8-Film (also noch ohne Ton) von diesem Kraftakt, und man sieht darauf auch den anschließenden Freudensprung, der auf meine damalige Körpergröße bezogen den späteren Luftsprüngen in Peking schon sehr nahekam.

Ich hatte also bereits als Kind den unbändigen Willen, eine Sache zum Erfolg zu bringen, ich musste nur lernen, diesen Willen entsprechend einzusetzen. Diese Erkenntnis brachte ich von Puerto Rico mit nach Hause. Ich habe mir oft die Frage gestellt, ob diese Eigenschaft zu kämpfen angeboren ist oder ob man sich das im Laufe des Lebens anlernt. Heute bin ich mir sicher, dass der eine mehr von einer Kämpfernatur in seinen Genen hat als der andere, dass aber die Erfahrungen, die man im Laufe des Lebens macht, notwendig sind, um sich selber seiner Fähigkeiten, seines Talents bewusst zu werden.

Schon als Kind habe ich an mir selbst festgestellt, dass ich einfach nicht verlieren konnte, und oftmals habe ich sogar bei unwichtigen Dingen jähzornig reagiert, wenn ich verloren hatte. Später habe ich dann an mir gearbeitet, und das »Nicht-verlieren-Können« wurde zu einem »Nicht-verlieren-Wollen«! Zu diesem Thema komme ich später noch. Nun aber zurück zum eingangs erwähnten Satz, dass ich erst auf Umwegen zum Gewichtheben kam.

Ich war zwar gerne bei Wettkämpfen mit dabei, weil ich dann meinem Vater zusehen konnte, und es waren auch immer andere Kinder da, mit denen ich spielen und herumtollen konnte. Außerdem fand ich die etwas anrüchige Wirtshausatmosphäre ganz spannend. Und etwas Gutes zu essen gab es dort auch. Aber das Gewichtheben an sich stand für mich als Kind nicht im Mittelpunkt.

Rumlaufen und rennen war das, was mir als Sechsjährigem am meisten Spaß machte, denn ich hatte immer schon einen ausgeprägten Bewegungsdrang. Etwa zu der Zeit, als ich auf die Grundschule kam, entwickelte ich eine Riesenlust auf Fußball. Dabei spielte sicher auch eine Rolle, dass fast alle meine Freunde gute Sportler waren, und deswegen meldeten wir uns mit Zustimmung unserer Eltern geschlossen beim SV Sulz im Weinviertel an und trainierten dort auch regelmäßig in der Gruppe. Von den damals sieben Spielern (es wird ja bei unter Zehnjährigen noch auf dem Querfeld gespielt) waren alleine schon drei Spieler aus meiner Schulstufe. Der Vater eines dieser Spieler war gleichzeitig unser Trainer.

Nur in der schönen Jahreszeit zu trainieren und zu spielen war mir und meinen Freunden zu wenig, und deshalb haben wir auch im Winter mit dem Trainer Extraeinheiten mit Kraftzirkeltraining und Ausdauertraining absolviert, was uns sportlich und konditionell bedeutend weiterbrachte. So habe ich damals schon die Erfahrung gemacht, dass sich Fleiß und Beharrlichkeit irgendwann bezahlt machen!

Im letzten Jahr unserer C-Knaben-Karriere (so hießen in Österreich die unter Zehnjährigen und tun es wahrscheinlich immer noch) waren wir schon äußerst erfolgreich für einen so kleinen, bescheidenen Klub. Man muss sich einmal vorstellen: Unsere Ortschaft Obersulz, wo der SV Sulz beheimatet ist, hatte gerade mal 800 Einwohner, und da war es schon etwas Besonderes, wenn wir zum Beispiel gegen den Klub von Zistersdorf, das gut 5000 Einwohner hatte, mit 15 : 0 gewannen. So ein Ergebnis war natürlich nicht die Regel, aber zuletzt hatten wir in der Weinviertel-Liga Nord einen regelrechten Durchmarsch veranstaltet. Und zum Schluss kämpften wir dann im letzten Spiel der Saison auswärts gegen das 20 Kilometer entfernte Jedenspeigen, knapp vor der slowakischen Grenze. Und da ging es um nichts weniger als um den Meistertitel!

Und damit komme ich schon zu meinem zweiten einschneidenden Erlebnis im Jugendalter, das mich sportlich mit Sicherheit am meisten geprägt hat. Obwohl wir noch niemals zuvor in einem so wichtigen Spiel gestanden hatten, lag durch unseren sportlichen Ehrgeiz und unseren unbändigen Siegeswillen schon ziemlich viel Spannung in der Luft. Wir sieben Mannschaftskameraden sind also an diesem sonnigen Samstag mit unseren Eltern nach Jedenspeigen gefahren, haben uns für das Spiel umgezogen, in der Kabine noch ein paar motivierende Sprüche losgelassen und sind dann geschlossen, den Sieg vor Augen, auf den Platz eingelaufen.

Es war kein Spiel wie immer, wir haben noch konzentrierter und abgeklärter gespielt als sonst. Schließlich ging es ja dieses Mal um den Titel. Wir führten zuerst 2 : 0, kassierten aber dennoch im weiteren Verlauf des Spiels zwei Gegentore. Das war leichtfertig, denn wir mussten gewinnen, wollten wir den Meistertitel holen.

Dann passierte etwas für uns Großartiges. Unser Stürmer wurde im Strafraum gefoult und der Schiedsrichter gab Siebenmeter. Und auf einmal riefen meine Mitspieler:

»Matthias, hau ihn rein!«

»Matthias, mach das Tor!«

Die ganze Mannschaft brachte mir das Vertrauen entgegen (vielleicht aber wollte sonst niemand die Verantwortung übernehmen?), ich sollte den entscheidenden Treffer schießen. Nun muss man wissen: Ich spielte in der Verteidigung und hatte auch schon ein paar Tore geschossen, sonst war aber vorne für mich nicht allzu viel zu tun. Doch ich sah das für mich als Chance, als die Chance, etwas Besonderes, etwas Entscheidendes zu tun, zumal es ja ein paar Minuten vor Schluss die

Entscheidung sein konnte. Ich legte mir also den Ball zurecht, fackelte nicht lange und versenkte ihn unhaltbar im linken oberen Eck. Damit stand es 3 : 2 für uns.

Die letzten paar Minuten verbrachten wir nur mehr damit, diesen Spielstand zu verteidigen, und das unter dem immer lauter werdenden Geschrei der gegnerischen Spielermütter, die uns das Ballhalten und das Siegestor natürlich übel nahmen. Als dann der erlösende Schlusspfiff kam, wollten wir eigentlich schon auf dem Platz gebührend jubeln und feiern, immerhin war es seit 20 Jahren wieder der erste Meistertitel für unseren Verein.

Aber dazu kam es gar nicht mehr!

Die Anhänger der Gegner traten erst den Schiedsrichter zu Boden und spuckten ihn an, und auch auf uns versuchten die anderen Spieler loszugehen. Wir sind dann nur noch schnurstracks in unsere Kabine, haben, ohne zu duschen, unsere Sachen zusammengerafft und sind zu den Autos gesprintet. Solche Ausschreitungen! Es war echt der Wahnsinn, und das bei den C-Knaben im Weinviertel!

Wir feierten dann zu Hause und machten dort die Pokalübergabe. Urkunde, Mannschaftsfoto und eine Medaille folgten auch noch. Meine erste Goldmedaille, meine erste Medaille überhaupt, und ich hatte das unheimlich gute Gefühl in mir, den entscheidenden Siebenmeter geschossen zu haben.

Von da an war mein sportlicher Ehrgeiz nicht mehr zu bremsen, und ich wurde regelrecht süchtig nach Erfolg. Ich hatte gemerkt: Es gibt nichts Schöneres, als nach erbrachter Leistung zu sagen: »Ich hab's geschafft!«

Unsere Siegermannschaft löste sich kurz darauf allerdings auf, weil zwei der besten Spieler und auch der Trainer nach Wien umzogen und wir damit zu wenige Spieler waren und natürlich auch keinen Trainer mehr hatten. Zusammen mit einem Schulfreund meldete ich mich im Fußballclub im einige Kilometer entfernten Ort Prottes an. Weil ich aber neu in der Mannschaft war und auch der Jüngste, saß ich während der Spiele meist auf der Reservebank und kam gar nicht zum Einsatz. Offenbar spielten mein Ehrgeiz, mein Trainingsfleiß und nicht zuletzt der Siegestreffer im Pokalendspiel meiner vorherigen Mannschaft in der jetzigen keinerlei Rolle.

Meiner Motivation war das nicht förderlich, und deswegen machte mir auch das wöchentliche Training keinen Spaß mehr. Aus lauter Langeweile begann ich schließlich, abseits des eigentlichen Geschehens der Mannschaft mit meinem Freund aufs Tor zu schießen. Ich hatte aber nicht damit gerechnet, dass meine Mutter zufällig vorbeifuhr und die Sache beobachtete.

Am frühen Abend wurde ich gleich von meinem Vater zur Rede gestellt: »Matthias, warst du beim Training?«

Entschlossen sagte ich: »Ja!« Natürlich hatte ich damit gelogen, aber immerhin war ja ein Funken Wahrheit dabei, dachte ich mir, denn ich war auf dem Platz, wenn auch nicht beim Training.

Wieder bekam ich die gleiche Frage gestellt, diesmal etwas schärfer: »Warst du beim Training?«, und wieder antwortete ich mit einem: »Ja!«

»Matthias, warst du wirklich trainieren?«, wurde ich zum dritten Mal gefragt, und wieder gab es von mir ein: »Ja!« Zack, hatte ich mir eine Ohrfeige eingefangen, die sich gewaschen hatte. Und das, obwohl mich mein Vater vorher nie geschlagen hatte, hinterher auch nie mehr. Denn was mein Vater absolut nicht tolerieren kann, ist, wenn man lügt.

Dieses Erlebnis war ziemlich heftig für mich, und ich war von meinen Eltern fürchterlich enttäuscht. Ich verstand nicht, warum ich eine Ohrfeige kassiert hatte, denn ich konnte ja nicht wissen, dass meine Mutter zufällig am Trainingsgelände vorbeigefahren war. Danach war erst mal Schweigen angesagt im Hause Steiner.

Erst am Abend, als ich mit meinem Vater im Badezimmer stand, kam das Thema wieder zur Sprache. »Ich sag dir, Matthias, fang ja nicht mit der Lügerei an«, begann mein Vater. »Und merk dir eines fürs Leben: Wer einmal lügt, dem glaubt man nicht, und wenn er auch die Wahrheit spricht!«

Doch da ich mir noch immer meiner Sache sicher war, fragte ich: »Woher wollt ihr denn wissen, dass ich nicht beim Training war?«

»Weil deine Mutter zufällig in Prottes vorbeigefahren ist und dich fernab von der Mannschaft mit deinem Kumpel rumballern gesehen hat!«, klärte mich mein Vater auf.

Zuerst war ich fürchterlich sauer auf meine Mutter und fühlte mich von ihr verpetzt. Aber dann begriff ich, dass ich mir im Grunde mit meiner Lügerei nur selbst schadete. Das Training bei dem Verein in Prottes hatte mir ja ohnehin schon längere Zeit keinen Spaß mehr gemacht, weil ich nicht meinen Möglichkeiten entsprechend gefordert und gefördert wurde und keine Erfolge hatte. Also bat ich meine Eltern um Entschuldigung.

Meine Mutter überließ mir die Entscheidung. Ihr Prinzip war schon damals: Mein Sohn kann alles machen, nur wenn er was macht, dann richtig, und dann unterstütze ich ihn auch voll.

»Matthias, du kannst gerne weiter Fußball spielen, wenn du das möchtest«, sagte sie, »aber du musst nicht. Wenn du nicht mehr willst, wirst du abgemeldet.« Ich überlegte nicht lange, ich wollte mit dem Fußballtraining aufhören.

Damit war ich aber immer noch nicht beim Gewichtheben angelangt. Nachdem es mit dem Fußballtraining zu Ende war, probierte ich auch noch einiges anderes aus, und durchaus mit Erfolg. Mit neun fing ich mit Tennisspielen an, nahm Kurse und spielte auch regelmäßig, aber immer nur bei uns in Obersulz. Als ich zehn war, meldeten mich meine Eltern am katholischen Gymnasium der Schulbrüder in Strebersdorf im 21. Wiener Gemeindebezirk an. Strebersdorf – was für ein Name für einen Internatsstandort!

Sport stand auf dieser Schule hoch im Kurs, und ich begann dort intensiv Tischtennis zu spielen. Das machte mir viel Spaß, ich habe täglich gespielt und sogar nachmittags nach dem Unterricht noch extra Trainingskurse genommen. Allerdings passte mein Lernverhalten nicht zum Gymnasium, sprich, ich war zu faul. Weil die Privatschule außerdem ziemlich viel Geld kostete, ergab das Ganze keinen Sinn und ich brach nach einem Jahr ab.

Von da an besuchte ich die Hauptschule in Hohenruppersdorf, 6 Kilometer von meinem Wohnort Obersulz entfernt. Tischtennis habe ich auch dort weitergespielt und sogar mal bei einem überregionalen Schulturnier eine Medaille gewonnen. Aber ich hatte das Gefühl: Weder Tennis noch Tischtennis waren meine Sportarten.

UND DANN DOCH GEWICHTHEBEN!

Eigentlich ganz nebenbei begann ich mit dem Gewichtheben. Man kann sagen, ich musste meinen Vater erst davon überzeugen. Denn es war nicht etwa so, dass mein Vater mir von klein auf gezeigt hätte, wie man Gewichte stemmt. Schon während meiner Fußballzeit, so ungefähr mit acht Jahren, wollte ich ihm beweisen, dass auch ich Ambitionen zum Gewichtheben habe. Aber er ignorierte dies, weil er sah, mit welcher Begeisterung und mit welchem Können ich Fußball spielte. Zudem glaubte er, dass ich wenig Zukunft in dieser Sportart hätte. Meine Mutter musste ihn ein halbes Jahr lang regelrecht bedrängen, mir aus einem einfachen Rohr eine Hantel zu schweißen. Schließlich ließ sich mein Vater breitschlagen. Mit dieser ersten Hantel, die ich heute noch besitze, konnte ich dann zu Hause auf dem kleinen Rasenstück vor unserem Holzschuppen meine ersten holprigen Versuche machen. Aber auch jetzt schenkte mir mein Vater wenig Aufmerksamkeit.

Diese Nichtbeachtung spornte meinen Ehrgeiz so an, dass ich immer häufiger zur Hantel griff. Mit zehn Jahren hatte ich meinen ersten Wettkampf im Verein meines Vaters in Mödling. Ich merkte, dass mir das Training immer größeren Spaß machte, und daher rückte mit zwölf Jahren dann mehr und mehr das Gewichtheben in den Vordergrund. Dass ich so schnell daran Gefallen fand, das habe ich einem ganz besonderen Menschen zu verdanken: Walter Legel, dem Vater meiner Kinderfreundin Birgit.

Walter Legel

Walter Legel war einer der erfolgreichsten österreichischen Gewichtheber. Er begann 1957, im Alter von 17 Jahren, für diese Sportart zu trainieren und qualifizierte sich bereits zwei Jahre später für die Teilnahme an den Olympischen Spielen 1960 in Rom. Bis zu seiner schweren Erkrankung im Jahre 1998, also über mehr als vierzig Jahre, nahm er an 13 Europameisterschaften und 14 Weltmeisterschaften teil, wobei er sich regelmäßig unter den Top 10 platzierte. Bei der EM 1974 in Verona gewann Walter Legel als einziger Westeuropäer gegen die Übermacht der osteuropäischen Athleten zwei Bronzemedaillen – im Reißen und im Olympischen Zweikampf.

Walter Legel startete nach 1960 noch dreimal für Österreich bei Olympischen Spielen, nämlich in München 1972, in Montreal 1976 und in Moskau 1980, jeweils in der Kategorie bis 67,5 Kilogramm.

Nach Erreichen der Altersgrenze von 35 Jahren errang Walter Legel bei den Meisterschaften der European Masters insgesamt 13 Meistertitel und bei den World Masters insgesamt 14 Meistertitel. Dabei gewann er Jahr für Jahr nicht nur in seiner Gewichtsklasse, sondern wurde immer Tagessieger seiner gesamten Altersklasse bzw. des gesamten Turniers.

Walter Legel war 53-mal österreichischer Meister in der Allgemeinen Klasse, davon 22-mal im Zwei- und Dreikampf und 31-mal in den Einzeldisziplinen Reißen und Stoßen. Er galt auch als »Rekordfabrik« mit insgesamt 68 österreichischen Rekorden in der Allgemeinen Klasse, den letzten bei den European Masters 1993 im deutschen Schrobenhausen im Alter von 53 Jahren.

Seine persönlichen Bestleistungen erreichte Walter Legel am 28. November 1981 in seiner Klasse bis 67,5 Kilogramm mit 130,5 Kilogramm im Reißen, 161,0 Kilogramm im Stoßen und somit 290,0 Kilogramm im Zweikampf.

Walter Legel starb am 4. Juli 1999 im Alter von nur 59 Jahren an den Folgen eines Gehirntumors.

Walter Legel und mein Vater waren Schulfreunde gewesen in Bruck an der Leitha, wo beide herstammen, und beim Gewichtheben waren sie, seit sie damit 1957 gemeinsam angefangen hatten, Trainingskollegen. Walter war als Gewichtheber ein echter Ausnahmekönner und hat in seiner Sportart in Österreich Geschichte geschrieben. Viermal hatte er an Olympischen Spielen teilgenommen, schon in Rom 1960 war er dabei und dann nacheinander in München, Montreal und auch noch – mit inzwischen 40 Jahren – 1980 in Moskau.

Seit ich denken kann, waren mein Vater und ich regelmäßig bei ihm, und Walter wurde mit der Zeit wie ein sportlicher Ziehvater für mich. Er hatte sich in seinem Haus in Deutsch-Wagram im Keller einen Trainingsraum mit zwei Gewichtheberplattformen und ein paar kleinen Gerätschaften eingerichtet, um zu Hause trainieren zu können. Denn in unserer ländlichen Umgebung gab es sonst kaum eine Möglichkeit dazu. Auch mein Vater trainierte dort zweimal in der Woche. Ich glaube, Walter Legel hat damals als Erster mit erfahrenem Blick meine besonderen Anlagen erkannt, und unter seiner Anleitung begann ich dann mit dem wirklich ernsthaften und regelmäßigen Training. Mein Vater war zwar immer dabei, versuchte sich aber in keiner Weise als mein Trainer. »Ich habe dafür nicht so ein gutes Auge wie Walter«, erklärte er dazu.

In dieser Zeit begann ich auch, meine Leistungen in einem Wettkampfverzeichnis festzuhalten. Im Mai 1994, mit noch nicht zwölf Jahren, schaffte ich schon 30 Kilogramm im Reißen und 42,5 Kilogramm im Stoßen, und das bei einem Körpergewicht von knapp 50 Kilogramm! Unter Walters Training gingen die erzielten Leistungen beständig nach oben. Ein Jahr später riss ich schon 45 Kilogramm und stieß 57,5 Kilogramm.

Reißen und Stoßen

Wettbewerbe im Gewichtheben werden in den Teildisziplinen Reißen und Stoßen ausgetragen. Die Leistungen des einzelnen Athleten in den beiden Teildisziplinen werden addiert und führen zum Gesamtergebnis im Zweikampf, das für die Platzierung im Wettbewerb entscheidend ist.

Es werden auch Medaillen für die in den Einzeldisziplinen erzielten Leistungen vergeben, so bei Europa- und Weltmeisterschaften, wobei allerdings die Platzierung im Zweikampf als sportlich wertvoller gilt. Bei den Olympischen Spielen hingegen ist ausschließlich das Gesamtergebnis aus Reißen und Stoßen, also der Zweikampf, von Bedeutung für einen Medaillengewinn.

Reißen und Stoßen unterscheiden sich durch den dabei vorgeschriebenen Bewegungsablauf. Bei beiden Disziplinen liegt die Hantel zunächst horizontal vor den Füßen des Hebers und wird von diesem mit den Handflächen nach unten gefasst.

Beim Reißen ist die Langhantel in einer einzigen fließenden Bewegung und ohne Pause vom Boden zur Hochstrecke zu bringen, das heißt in eine Lage über dem Kopf, wo sie mit senkrecht ausgestreckten Armen gehalten wird. Dabei ist es gestattet, einen Standwechsel vorzunehmen oder in die Hocke zu gehen. Ein Nachdrücken ist nicht erlaubt. Sobald der Körper des Hebers mit gestreckten Armen und Beinen völlig bewegungslos ist, hat das Kampfrichterzeichen zum Abstellen der Hantel zu erfolgen.

Das Stoßen erfolgt in zwei Teilbewegungen. Beim Umsetzen wird die Langhantel zunächst in einer einzigen Bewegung bis in Schulterhöhe gebracht, wobei es gestattet ist, einen Standwechsel vorzunehmen oder das Gewicht in der Hocke umzusetzen. Die Hantel soll dann auf der Brust, den Schlüsselbeinen oder den vollständig gebeugten Armen des Hebers zur Ruhe kommen. Beim nachfolgenden Ausstoßen wird die Hantel in einer fließenden Bewegung zur Hochstrecke gebracht, bis die Arme vollständig gestreckt sind. Nachdrücken macht den Versuch ungültig. Für das Kampfrichterzeichen gilt das Gleiche wie oben zum Reißen.

Bei den Superschwergewichtlern (+ 105 Kilogramm) liegt der Weltrekord im Reißen derzeit bei 213 Kilogramm, der im Stoßen bei 263 Kilogramm. Der aktuelle Weltrekord im Zweikampf liegt bei 472 Kilogramm.

Walter Legel hatte wirklich das perfekte Auge und feilte unerbittlich an meiner Technik. Nachdem ich etwa ein halbes Jahr recht stupide trainiert hatte, hielt er die Zeit für gekommen, mir den Daumenklemmgriff beizubringen. Dabei wird der Daumen zwischen der Hantelstange und den anderen vier Fingern eingeklemmt.

»Später, für höhere Lasten, ist der Daumenklemmgriff unabdingbar«, erklärte er mir damals, »sonst kannst du das Gewicht gar nicht halten!«

Als Kind konnte ich das nur schwer verstehen, denn die ersten paar Tage hatte ich in meinen Daumen, die dabei ziemlich gequetscht wurden, entsetzliche Schmerzen. Ich wollte auch zuerst nicht glauben, dass das wirklich notwendig sein sollte, sah es aber später ein. Der Mensch gewöhnt sich eben an alles, auch an den Daumenklemmgriff!

Zur gleichen Zeit nahm ich auch an den ersten Schülercups teil, wie die Mehrkampfmeisterschaften des Österreichischen Gewichtheberverbandes für die Acht- bis Vierzehnjährigen hießen. Gewichtheben – Reißen und Stoßen – gehörte dazu, das konnte ich natürlich, aber dann waren da noch die 40-Meter-Sprints aus der Bauchlage, der Fünfsprung aus dem Stand und das Kugelschocken, bei dem eine Eisenkugel mit beiden Händen rücklings über den Kopf hinweg möglichst weit geworfen werden musste. Diese Eisenkugel machte mir keine Probleme, den Umgang mit schweren Gewichten war ich ja gewohnt. Springen und Laufen hingegen, das entsprach zwar meinem natürlichen Bewegungsdrang, nur musste ich, um darin wirklich gut zu sein, trainieren. Und dabei hatte ich ein Problem: Weil ich in diesen Disziplinen eben nicht so besonders gut war, wollte ich nicht, dass mir jemand beim Training zusieht. Deswegen übte ich die Sprints und die Sprünge allein weit außerhalb von Obersulz auf den Feldern, und allmählich wurde ich auch darin besser.

So habe ich dann im Alter zwischen 12 und 14 Jahren einige dieser Wettkämpfe mitgemacht, sogar einen zwischen Nieder- und Oberösterreich. Meine Mutter hat mich in allem unterstützt und mich überall hingefahren, wofür ich ihr heute noch unendlich dankbar bin.

Als außergewöhnliches Talent im Gewichtheben galt ich anfangs übrigens nicht. Denn die Resultate auf dem Papier waren meist niedriger als die der Gegner. Allerdings hatte ich nur zweimal die Woche trainiert, die anderen vier- bis fünfmal. Von einigen »Trainern« oder selbst ernannten Experten wurde ich sogar ein wenig belächelt, weil ich eben immer in Begleitung meiner Mutter kam.

Doch beim Gewichtheben kommt es nicht darauf an, dass man es von Anfang an gut kann, wichtig sind die Lernfähigkeit und der feste Wille, und von beidem besaß ich mehr als genug! Außerdem brachte ich hervorragende körperliche Voraussetzungen mit: sehr gute Hebel und eine ungeheuer gute Muskelqualität, besonders an den Oberschenkeln und am Po. Und diese ausgeprägten Muskeln sind für einen Gewichtheber wie mich ein wahres Geschenk, weil ich so im Vergleich zu anderen mehr Beinkraft entwickeln kann und dadurch müheloser aus der Hocke hochkomme. Mir wurde von Masseuren auf der ganzen Welt – zuletzt vom Masseur der chinesischen Nationalmannschaft, der mich ein paarmal bei seinem Deutschlandbesuch im Juni 2009 massierte – immer wieder bescheinigt, dass ich da mit etwas ganz Besonderem ausgerüstet bin. Aber das hat damals niemand erkannt, außer Walter Legel, und der hatte zusätzlich noch die Fähigkeit, diese Anlagen bei mir zu fördern.

»So, Matthias«, eröffnete er mir eines Tages, »neben dem ständigen Training hier bei mir im Keller fährst du im Sommer für zwei Wochen in die Steiermark zu einem ganz speziellen Training nach Stubenberg. Auf der Bundessportschule auf Schloss Schielleiten werden spezielle Seminare für Gewichtheber im Jugendalter angeboten.«

Der Sommer kam und ich fuhr das erste Mal von vielen noch kommenden Sommern in die Steiermark.

FRÜHE ERFOLGE
UND EIN DURCHHÄNGER

Die Anlage hatte alles zu bieten, was ein Sportler benötigt: eine eigene Gewichtheberhalle, eine Sauna, Sportanlagen, einen Badeteich, und zu allem Überfluss wohnten wir auch noch in einem Schloss mit traumhafter Umgebung. Jeder Tag begann erst einmal mit Frühsport, es wurde viel Leichtathletik betrieben, außerdem standen, zur Förderung der Koordination, häufig Ballspiele auf dem Programm. Das brachte mir unglaubliche Leistungssteigerungen in kurzer Zeit, weil ich in diesen zwei Wochen ein Trainingspensum schaffte, für das ich ansonsten zwei Monate gebraucht hätte. Ich war ständig in Bewegung, und während meine Altersgenossen nach einer Woche Training völlig ausgepumpt waren, war ich immer noch fit, wollte weitermachen und fragte, was ich denn wohl noch trainieren könnte.

Durch diesen schier unermüdlichen Ehrgeiz und Trainingswillen fiel ich in der Bundessportschule dem Mann auf, der mich im darauffolgenden Jahrzehnt in meiner Sportlerkarriere entscheidend weiterbringen sollte, der Jahre später mein Trauzeuge wurde und der noch heute zu meinen besten Freunden gehört: dem damaligen Jugendsportwart des Gewichtheberverbandes, Peter Lauterer.

Wir waren auf Schloss Schielleiten eine Gruppe von zehn bis zwölf etwa Gleichaltrigen, die – weit weg von zu Hause – natürlich eine Menge Unsinn im Kopf hatten. Peter Lauterer war unser Lehrgangsleiter und, neben Walter Legel, ein weiterer, der mein Talent im Gewichtheben sofort erkannte und der, wie er mir später immer sagte, damals schon genau wusste: Aus dem Jungen wird einmal etwas ganz Beson-

Peter Lauterer

Peter Lauterer, Jahrgang 1957, war nicht nur als Gewichtheber einer der ganz Großen, sondern machte sich auch allgemein um den Sport in Österreich, insbesondere die Jugendförderung, verdient. In seiner aktiven Gewichtheberzeit zwischen 1970 und 1983 war der Vorarlberger in seiner Gewichtsklasse – bis 75 Kilogramm – achtmal österreichischer Meister und erzielte sieben nationale und sage und schreibe 174 Landesrekorde in Vorarlberg. Seine persönliche Bestleistung im Zweikampf liegt bei 292,5 Kilogramm.

In den Jahren 1984 und 1986 legte Peter Lauterer an der Sportuniversität Wien mit ausgezeichnetem Erfolg die Prüfungen zum Staatlich geprüften Lehrwart und zum Staatlich geprüften Diplomtrainer ab und absolvierte außerdem Trainerfortbildungen des Internationalen Gewichtheberverbandes. Ab 1983 war er auf verschiedenen Ebenen als Gewichthebertrainer tätig, so bis 2004 gleichzeitig als Vereinstrainer des AC Woge Bregenz und als Trainer des Gewichtheberverbands von Vorarlberg. Von 1992 bis 1999 war er außerdem österreichischer Jugendsportwart und danach bis 2002 österreichischer Sportwart in der Allgemeinen Klasse (Gewichtheber im Alter von 20 bis 35 Jahren).

Unter seiner Anleitung errangen österreichische Gewichtheber unzählige Medaillen und Titel in nationalen und internationalen Turnieren und brachen über 300 österreichische Rekorde.

Auch außerhalb des Gewichthebersports machte sich Peter Lauterer einen Namen, so als Trainer und Coach bei Fußball, Handball und Eishockey, aber auch in der Leichtathletik, im Skifahren, beim Judo, beim Boxen und beim Ringen. Elf österreichische Meistertitel in den verschiedensten Mannschafts- und Einzelsportarten gehen auf sein Konto als Trainer.

deres. Deswegen quartierte er mich nicht mit den anderen zusammen ein, sondern in einem weiter entfernt liegenden Flügel des Schlosses bei den Volleyballspielern und absolvierte mit mir auch ein spezielles Trainingsprogramm.

Was ich damals nicht wusste: Peter Lauterer hatte schon für Walter Legel in dessen letzten Jahren als Athlet die Trainingspläne geschrieben und – auf dessen Wunsch – dann auch für mich. Im Grunde hatte er mich also schon gekannt, als ich das erste Mal nach Stubenberg kam, denn Walter Legel hatte ihm natürlich viel von mir berichtet.

Peter Lauterer zählte in Österreich ebenfalls zu den Spitzenathleten unter den Gewichthebern. Das intensive Training mit den beiden Legenden dieses Sports zahlte sich für mich aus. Im Dezember 1996 fanden in Mödling Klubmeisterschaften statt, und ich schaffte es – als 14-Jähriger – erstmals die 100-Kilogramm-Grenze im Stoßen zu erreichen, nachdem ich noch einen knappen Monat zuvor »nur« 92,5 Kilogramm zur Hochstrecke gebracht hatte, und wurde damit sogar Klubmeister. Das war für mich die schönste Belohnung für all die Strapazen, die ich vorher auf mich genommen hatte. Eine andere Belohnung war auch, dass ich als Klubmeister beim anschließenden Bankett mit all den anwesenden Damen tanzen durfte, naja, mit einigen auch musste, aber für einen jungen Kerl wie mich war es trotzdem aufregend.

Ich freute mich damals wahnsinnig, und zum ersten Mal hatte ich so richtig Spaß am Gewichtheben. Von allen Seiten bekam ich Lob und Zuspruch, auch von den »Insidern« im Verein, die mich vorher nicht so richtig beachtet hatten. Für mich 14-jährigen war das eine neue Erkenntnis und auch ein tolles Gefühl: Ich war erfolgreich, weil ich fleißig trainiert hatte, und stand deshalb plötzlich im Mittelpunkt. »Ja, das taugt mir. Das möchte ich öfter erleben!«, dachte ich mir.

Doch noch immer hatte ich mich nicht endgültig für das Gewichtheben entschieden. Ich blieb zwar irgendwie dran am Gewichtheben, aber wenn ich »irgendwie« sage, dann deshalb, weil es so viele andere Dinge gab, die mir auch Spaß machten, meistens sogar fast mehr als das Gewichtheben. Ich düste zum Beispiel gerne mit meinen Freunden auf dem Fahrrad herum oder spielte mit ihnen Fußball. Außerdem war ich Ministrant in unserer Kirchengemeinde, wo ich immer mal die Gelegenheit hatte, mir ein paar Schillinge nebenher zu verdienen. Außerdem waren da noch meine beiden Halbschwestern Sabine und Gabi aus der ersten Ehe meines Vaters, die in Wien wohnen und die ich gerne besuchte. Zu Hause bei meinen Eltern war auch immer etwas zu tun, und wenn es Holzhacken für den nächsten Winter war. Ich war also immer beschäftigt, und das Schönste dabei war: Es hat mir alles Spaß gemacht, vielleicht auch wegen der ständigen Abwechslung.

So hatte ich mit knapp 15 trotz meiner beginnenden Erfolge beim Gewichtheben einen Durchhänger, weil mir das Training manchmal so eintönig wurde, dass ich sogar schon ans Aufhören dachte. Auf der anderen Seite war da mein Vater, von dem ich immer hoffte, dass er sich doch ein wenig für mich und »seinen« Sport interessierte, und ich hatte Angst, dass er enttäuscht sein könnte. Viele Jahre später habe ich einmal mit ihm darüber gesprochen und war über seine Antwort doch etwas überrascht: »Nein, Matthias«, sagte er, »ich habe immer nur gewollt, dass du das machst, was dir Spaß macht, und nicht das, was mir vielleicht gefallen könnte. Ich wäre also nie enttäuscht gewesen.« Ich hatte meinen Vater in dieser Sache völlig falsch eingeschätzt.

Und dann war da natürlich Walter Legel, der unermüdlich mit mir trainierte, an mich glaubte und mich immer wieder lobte und ansporte und den ich natürlich am allerwenigsten enttäuschen wollte. Also blieb ich bei der Stange, wie man so sagt, und trainierte weiter.

MENSCH, ÄRGERE DICH NICHT!

Und doch passierte es, dass ich gerade Walter Legel einmal ganz fürchterlich enttäuschen sollte. Nicht etwa deshalb, weil ich nicht weitertrainierte, nein, durch eine unsportliche Aktion von mir nach einem Wettkampf. Bei einem der Schülercups gab es einen, nennen wir es mal »kleinen Vorfall«, und damit sind wir beim Thema »Nicht verlieren können«.

Ich war als Kind immer ein schlechter Verlierer gewesen und bin es, wenn ich ehrlich bin, immer noch. Ich war zeitweise förmlich vom Ehrgeiz getrieben, immer und überall gewinnen zu wollen und der Erste und der Beste zu sein. Und wenn abzusehen war, dass das nicht klappte, egal ob bei einem sportlichen Wettbewerb oder nur beim Radfahren mit meinen Kumpels, dann wurde ich schnell jähzornig. Sogar bei einem so simplen Spiel wie *Mensch, ärgere dich nicht*, wo doch nur das Würfelglück über den Ausgang entscheidet, tobte ich, wenn das Spiel für mich nicht zu gewinnen war. Lieber hatte ich vor dem Schluss das Spielbrett mit allen Figuren gepackt und durchs Zimmer geschleudert, als dass ich die Niederlage akzeptiert hätte. Das nur mal vorausgeschickt, um mein Verhalten beim Wettkampf ein wenig zu »erklären«.

Der Schülercup fand in Vösendorf südlich von Wien statt. Ich glaube, es waren sogar die Österreichischen Schülermeisterschaften, also auf jeden Fall etwas Überregionales. Meine Mutter war wie immer dabei und eben auch Walter Legel, der natürlich schauen wollte, wie ich seine Trainingseinheiten und Ratschläge im Wettkampf umsetzte.

Der Wettkampf begann mit dem Gewichtheben, und da lief es für mich noch recht gut. Aber bei den Sprints und den Sprüngen in der Leichtathletik, da waren andere einfach besser als ich, was ich überhaupt nicht ertragen konnte. In mir stieg eine Wahnsinnswut hoch.

Bei der Siegerehrung stand Walter Legel stolz als mein Trainer neben mir, schließlich war ich Zweiter geworden. Aber ich machte bloß ein Gesicht wie sieben Tage Regenwetter und freute mich kein bisschen. Dann kamen ein paar Leute auf mich zu, um mir zum zweiten Platz zu gratulieren. Doch was machte ich? Ich ließ mit einem Mal meinen ganzen Ärger über den zweiten Platz raus, tobte, heulte und machte einen Riesenaufstand – und warum? Nur deshalb, weil ich nicht Erster geworden war!

»Ich will diesen Preis nicht. Den nehme ich gar nicht mit, denn der erinnert mich doch nur daran, dass ich nicht gewonnen habe!« Immer mehr steigerte ich mich in meinen Zorn hinein.

Walter Legel war entsetzt. Er hielt mein Toben irgendwann nicht mehr aus und wandte sich wortlos von mir ab. Er war ein wirklich geduldiger, herzensguter Mensch, der sich nie mit jemandem stritt. Durch meinen Wutanfall war er fürchterlich enttäuscht von mir und zeigte mir das auf seine spezielle, ruhige Art: Er ignorierte mich einfach und ging weg von mir.

Ich war aber so in meiner Wut gefangen, dass ich das nicht einmal mitbekam. Auch meine Mutter war entsetzt über mein Auftreten, und erst als sie mich darauf aufmerksam machte, was ich alles durch meine Wut angerichtet hatte, tat mir mein Verhalten leid. Ich entschuldigte mich bei meiner Mutter und sie sagte: »Matthias, du weißt, ich fahre gerne überall mit dir hin und helfe dir, wo es geht. Aber so was wie heute, das will ich nie mehr bei dir sehen! Ich habe mich sehr für dich geschämt und Walter ganz sicher auch.«

Die Worte meiner Mutter trafen mich sehr und ich wäre am liebsten im Erdboden versunken, als mir die Tragweite meines Herumtobens bewusst wurde. Zudem sah auch ich jetzt, dass Walter sich von mir abgewandt hatte, was mir sehr wehtat, immerhin war er für mich so etwas wie eine zweite Vaterfigur.

Einige Tage später, beim nächsten Training, entschuldigte ich mich bei Walter Legel, und er merkte sofort, dass es mir ernst war mit meinen Beteuerungen, an mir arbeiten zu wollen. Es war nicht leicht, eine so festgefahrene Eigenschaft zu ändern, aber mit der Erinnerung an die enttäuschten Gesichter meiner Mutter und meines Trainers war mir klar, dass ich, wenn ich mal nicht gewinne, Haltung bewahren muss, sprich das Verlieren akzeptieren muss.

Ich verliere zwar immer noch nicht gerne und es ärgert mich auch heute noch jedes Mal, wenn ich nur Zweiter bin, aber ich gehe mit einer solchen Niederlage seit damals anders um und kann sie besser wegstecken.

Mit Walter Legel war schnell alles wieder wie vorher, weil er sehen konnte, dass ich meinen Vorsatz sehr zu Herzen nahm, und ich trainierte weiter mit ihm wie zuvor. Im Nachhinein betrachtet (mit der olympischen Goldmedaille um meinen Hals) hatte wahrscheinlich mein Wutanfall doch auch etwas Gutes: Da ich Walter Legel nicht noch einmal enttäuschen wollte, sagte ich ihm nichts von meinen heimlichen Überlegungen, ob das Gewichtheben weiterhin das Richtige für mich wäre. Ich fühlte mich damals ein wenig wie in einer Zwickmühle, obwohl ich dazu überhaupt keinen Grund hatte, weil sowohl mein Vater als auch Walter Legel es ganz meiner Entscheidung überlassen hätten.

Also habe ich dann einfach weitergemacht mit dem Training, allein schon deshalb, weil inzwischen auch eine gewisse Regelmäßigkeit da war und mir das Zusammensein mit meinem Vater und Walter Legel in seinem Trainingskeller Spaß machte. Aus dem Alter, wo ich allein im Hof mit der von meinem Vater geschweißten Hantel trainieren konnte, war ich längst heraus, und Schweiß und Luftzug im Freien, das vertrug sich ohnehin nicht sonderlich.

KNÖDELAKADEMIE UND LEHRE IN WIEN

Da ich nun für mich alleine die Entscheidung traf, mit dem Gewichtheben weiterzumachen und mehr als bisher zu trainieren, stellte sich als Nächstes die entscheidende Frage: Wo trainiere ich und wie komme ich dorthin?

Die nächste Möglichkeit zum Training gab es für mich eben nur in Walter Legels Keller, im fast 30 Kilometer entfernten Deutsch-Wagram. Nachmittags nach der Schule hätte ich Zeit dafür gehabt, doch mit meinen 14 Jahren war ich noch nicht motorisiert und brauchte für die Entfernung die Unterstützung meiner Eltern.

Es gab leider keinen Busverkehr direkt nach Deutsch-Wagram, aber zum Glück fuhr der Bus nach Wien durch unser Dorf. So stieg ich also an den Trainingstagen nach der Schule um 16 Uhr in den Bus und fuhr eine Stunde bis zum Stadtrand von Wien, von wo mein Vater mich nach seiner Arbeit abholte. Anschließend fuhren wir gemeinsam in Walter Legels Trainingskeller. Das Ganze war schon ein ziemlicher Aufwand.

Wenn mein Vater mal keine Zeit hatte, schwang ich mich auf mein Rennrad und fuhr die weite Strecke zu Walter Legel, um dort alleine Gewichtheben zu üben. Und natürlich radelte ich anschließend wieder zurück. Ich sah das als zusätzliche Trainingseinheit an, auch wenn meine Eltern von meinem langen Radfahren (vor allem, wenn es draußen schon dämmrig war) nicht so begeistert waren.

Es war schon eigenartig: Wenige Monate zuvor hatte ich noch überlegt, ob ich weitertrainieren wollte, und mit einem Mal war ich völlig verrückt nach diesem Sport. Meine Freunde hatten zwar Verständnis, dass ich oft keine Zeit für sie hatte, aber dass ich zum Training so weit mit dem Fahrrad fuhr, das rief bei den meisten meiner Kumpels Kopfschütteln hervor. Keiner von ihnen, so sagten sie mir ständig, würde diese Strapazen für ein Hobby in Kauf nehmen. Aber ich ließ mich nicht beirren, hielt eisern durch, denn ich hatte schon beim Fußball gelernt, dass vor allem regelmäßiges Training wichtig ist, wenn man es in einer Sportart zu etwas bringen möchte.

Die Entscheidung für das Gewichtheben war gefallen und die nächste Entscheidung stand an. Die Hauptschule hatte ich inzwischen beendet und wusste schon ziemlich genau, dass ich eine Lehre beginnen würde. Das hatte mit meinem Bewegungsdrang zu tun. Längeres Stillsitzen war für mich eine Qual, selbst wenn es sich nur um eine Doppelstunde Unterricht handelte. Ebenso genau wusste ich, dass ich das nötige neunte Pflichtschuljahr nicht auf einer berufsvorbereitenden Schule verbringen würde. Ich entschloss mich für die Hauswirtschaftsschule in Mistelbach, für die sogenannte »Knödelakademie«, wie dieser Schulzweig in Österreich etwas abfällig bezeichnet wird.

Dort waren wir zunächst noch drei Jungs, aber nach einem halben Jahr kniffen die beiden anderen und ließen mich mit 25 Mädchen allein. Manch einer mag das vielleicht für ein Paradies halten, aber das war es nicht. Die meisten Mädchen waren voll in der Pubertät, und entsprechend zickig verhielten sie sich auch. Trotzdem machte mir dieses Jahr auf der Hauswirtschaftsschule Spaß. Ich lernte dort Kochen und Nähen, fertigte Badematten an und für mich selbst sogar ein Jeanshemd! Damals entdeckte ich auch meine Vorliebe fürs Kochen, und noch heute stehe ich (leider immer seltener) gerne in der Küche und probiere neue Gerichte aus.

Sport war auch Unterrichtsfach, und natürlich war ich meinen Klassenkameradinnen, egal was wir machten, haushoch überlegen. Wir hatten eine sehr engagierte Sportlehrerin, die von meinem sportlichen Können begeistert war und mich immer wieder ermuntern wollte, ich solle auf der Schule bleiben und später einmal Sport studieren. Das ließ ich mir damals wirklich durch den Kopf gehen, denn ich stand ja mit knapp 15 vor der Entscheidung, wie es mit mir schulisch oder beruflich weitergehen sollte. Die neun Pflichtschuljahre hatte ich fast hinter mir, und es ging um die Frage: weiterführende Schule oder Lehrberuf?

Das Gewichtheben spielte dabei auch eine ganz wichtige Rolle, denn ich wusste: Wenn ich weiter zur Schule gehen würde, dann nur dort, wo ich auch in der Nähe trainieren konnte. Das gleiche Kriterium galt ebenso für eine Lehre. Meine Eltern hielten sich so weit wie möglich heraus und gaben mir nur Ratschläge, sodass die Entscheidung letztendlich ganz allein bei mir lag, was für einen Halbwüchsigen gar nicht so einfach war.

Schlussendlich hatte ich über meine berufliche Zukunft aber ganz rational entschieden. Ich stellte mir selbst einige Fragen, und nach deren Beantwortung wusste ich ziemlich genau, was ich wollte und was nicht. Ich wollte so schnell wie möglich eigenes Geld verdienen, und ich wollte nicht noch jahrelang die Schulbank drücken. Damit war klar: Ich würde eine Lehre beginnen.

Blieb nur noch die Frage: Welches Handwerk sollte es sein? Auch da hatte ich schon feste Vorstellungen: Es musste etwas sein, das mein Vater nicht beherrschte.

Das war gar nicht so einfach, denn mein Vater ist, wie eingangs erwähnt, ein Multitalent. Er hatte Tischler gelernt und mit Auszeichnung abgeschlossen, konnte also alles, was mit Holz zu tun hatte. Später arbeitete er dann als Schlosser, was er gleich im privaten Bereich auf Automechaniker ausdehnte, denn es gab kein Motorrad, das er nicht wieder flottbekam, und kein Auto, an dem er nicht Schäden an Karosse und Motor spurlos beseitigte. Normale Elektroinstallationen bereiteten ihm ebenfalls keine Probleme. Nur für Wasser und Heizung bei uns im Haus, da musste er sich jemanden holen, weil er das nicht konnte. Womit meine Entscheidung relativ schnell klar war.

Ich bewarb mich also auf eine Empfehlung hin bei einer Installateurfirma in Wien, die jährlich drei bis vier Lehrlinge einstellte. Ich musste eine Aufnahmeprüfung machen, was hieß, dass man mir ein Heft mit Aufgaben in die Hand drückte und mir eine Stunde Zeit für die Beantwortung der Fragen ließ. Es muss wohl alles zur Zufriedenheit ausgefallen sein, denn noch am gleichen Tag hieß es: »Herr Steiner, Sie können sofort bei uns anfangen.« Was ich aber nicht konnte, weil ich ja noch das Schuljahr zu Ende bringen musste.

Ab August 1997 fing ich mit meiner Lehre in Wien an. Es war eine Doppelausbildung, die insgesamt vier Jahre dauern sollte: drei Jahre Gas- und Wasserinstallation und das vierte Lehrjahr Zentralheizungsbau.

»Wieso in Wien? Gab es in der Umgebung von Sulz keine Lehrstelle?«, wurde ich schon oft gefragt. Doch, die gab es, und ich hätte mich auch viel lieber in der Nähe beworben, alleine wegen der täglichen Fahrerei nach Wien. Aber wie schon gesagt, ich kam einfach nicht mehr los vom Gewichtheben, und die besten Trainingsmöglichkeiten dafür gab es, neben dem Trainingskeller von Walter Legel, nun einmal in Wien.

Dass ich dann doch die nächsten zwei Jahre drei- bis viermal wöchentlich fast ausschließlich bei Walter in Deutsch-Wagram trainierte und viel Zeit mit ihm verbrachte, war im Nachhinein betrachtet ein Geschenk, von dem ich zum Glück vorher keine Ahnung hatte.

Mein Tag begann um Viertel vor fünf in der Früh, dann ging es um halb sechs mit dem Bus Richtung Wien, denn mein Arbeitsbeginn war um sieben. Gegen halb sieben musste ich dann an der Stadtgrenze in einen anderen Bus oder in die Tram (so heißt die Straßenbahn in Wien) umsteigen, um die jeweilige Baustelle irgendwo in Wien zu erreichen. Wenn ich dann um kurz vor sieben angehetzt kam, gab es meist schon strafende Blicke vom Gesellen, der in Wien wohnte und nur einen kurzen Weg zur Arbeit hatte. Erst als er Monate später erfuhr, dass ich so einen weiten Anfahrtsweg hatte, zeigte er Verständnis, wenn ich ein paar Minuten zu spät kam.

Bis mindestens nachmittags um vier wurde gearbeitet, dann fuhr ich noch für zwei bis drei Stunden zum Training nach Deutsch-Wagram. Manche meiner Arbeitskollegen verstanden nicht, wie ich mich so auf eine einzige Sache wie Gewichtheben konzentrieren konnte, aber ich merkte: Je länger ich am Ball blieb, umso besser wurde ich. Außerdem war Gewichtheben irgendwie etwas Außergewöhnliches, für manche auch etwas Eigenartiges, das habe ich an den Reaktionen vieler Leute gemerkt, denen ich von meiner Sportart erzählte.

Von manchen wurde ich auch belächelt, aber meist waren die Leute beeindruckt, dass ich diesen Sport mit solcher Begeisterung und Zähigkeit betrieb, so auch mein damaliger Chef, Herr Offner. Der bekam natürlich mit, dass ich mir Urlaubstage nahm, um mich irgendwo in Österreich in einem Trainingslager unter Tonnen von Eisen zu quälen, und nicht, um mich irgendwo in die Sonne zu legen. Jedenfalls war es für mich nie ein Problem, Urlaub zu bekommen, weil ich fleißig arbeitete und mich über das Normale hinaus beruflich engagierte. Aber genau diese Einstellung sollte mir später noch auf eine Weise schaden, die niemand vorhersehen konnte.

Alles lief perfekt in diesem Jahr 1998. Ich hatte einen Superjob, meine Kollegen arbeiteten gern mit mir, und ich bekam Anerkennung und Lob von meinen Chefs. Sogar einen viertägigen Betriebsausflug nach Italien zahlte meine Firma für mich. Ich wechselte zum Verein von Peter Lauterer nach Bregenz, trainierte fleißig für die Europameisterschaft der unter 16-Jährigen in La Coruna in Spanien und hatte Spaß an den Witzen zwischen Walter und meinem Vater während des Trainings. Besser hätte die Vorbereitung bis zum Wettkampf also nicht laufen können. Aber ausgerechnet dann lief etwas schief!

DER ERSTE SCHICKSALSSCHLAG

Der österreichische Gewichtheberverband meldete mich für die U16-EM an, buchte aber den Rückflug einen Tag zu früh, sodass ich nicht mehr an dem entscheidenden Wettkampf teilnehmen konnte. Nachdem der Fehler bemerkt worden war, versuchte man noch krampfhaft, mich an einem früheren Tag in einer anderen Gewichtsklasse starten zu lassen, was auch klappte. Allerdings war das regelwidrig, und mein errungener achter Platz wurde im Nachhinein nicht anerkannt. Tagelang lief ich stinksauer herum und diesmal war sogar mein sonst so ausgeglichener Trainer Walter Legel grantig.

Aber es sollte noch viel schlimmer kommen. Ab Winter 1998 wurde ich innerhalb eines halben Jahres aus dem unbeschwerten Jugendleben in die Erwachsenenwelt gerissen. Ob ich das wollte oder nicht, ich wurde einfach nicht gefragt.

Dazu muss ich etwas ausholen: Bereits im Frühjahr 1998 kamen mein Vater und ich wie gewohnt zu Walter Legel zum Training. Anni, seine Frau, empfing uns an der Tür und war völlig aufgelöst. Walter war beim Training zusammengebrochen und seither nicht mehr auf die Beine gekommen. Er lag bereits seit zwei Tagen in seinem Trainingskeller auf der Couch, auf der wir uns normalerweise nach dem Training noch zum Ausklang zusammensetzten. Er war davon ausgegangen, dass er bald wieder fit sein würde, wollte keinen Arzt und keine Hilfe, und Anni hatte ihm alles, was er brauchte, hinuntergebracht.

»Kein noch so gutes Zureden half, er wollte hier liegen bleiben. Er hatte sich die ganze Zeit mit dem Gedanken getröstet, dass er ohnehin gleich aufstehen könne, um nach oben zu kommen,« berichtete uns Anni verzweifelt.

»Und warum hast du uns nicht sofort angerufen?«, fragten wir sie.

»Ach, ihr kennt doch Walter. Das wollte er nicht. Er wollte euch auf gar keinen Fall Umstände machen!«

»Umstände? Welche Umstände?« Weder mein Vater noch ich verstanden das.

Walter war seit Jahren für uns da, trainierte mich kostenlos, investierte all sein Wissen und sein Können in mich und dann wollte er uns keine Umstände machen?

Mein Vater und ich trugen ihn sofort hoch ins Schlafzimmer und seine Frau rief einen Arzt an, der jedoch bei der Untersuchung kurze Zeit später nichts Auffälliges feststellen konnte. Trotzdem sagte uns eine innere Stimme, dass mit Walter was nicht stimmen konnte. Ein Dreivierteljahr später, im Dezember, offenbarte sich die ganze Katastrophe.

Mein Vater und ich hatten bei Walter am Freitag unser Abschlusstraining für die Klubmeisterschaft absolviert, die am Wochenende stattfinden sollte. Nach dem Training hatten wir noch mit unseren beiden Familien einen gemütlichen Saunaabend verbracht und gemeinsam zu Abend gegessen. Alles schien so wie immer zu sein.

Walter hatte an diesem Wochenende ebenfalls einen Wettkampf in seinem Verein und am Montag trafen wir uns dann wie gewohnt bei ihm zum Training. Und da erfuhren wir zu unserem Entsetzen, dass Walter gar nicht zum Wettkampf angetreten war, weil er am Morgen davor einen epileptischen Anfall gehabt hatte. Sofort waren wir besorgt und dachten an seinen Zusammenbruch vor ein paar Monaten, doch Walter beruhigte uns mit den Worten: »Ach, mir geht es schon wieder gut, lasst uns doch trainieren!«

Es schien ihm wirklich besser zu gehen, denn er trainierte den ganzen Abend ohne die geringsten Probleme.

»Walter, egal, welche Ausreden du jetzt parat hast, bitte versprich uns, dass du dich in der Klinik untersuchen lässt,« bat mein Vater seinen ältesten und besten Freund.

Wir verabschiedeten uns von ihm und er gab uns das geforderte Versprechen.

Im Lauf der Woche ging Walter dann in die Klinik, um sich komplett untersuchen zu lassen. Das Ergebnis der Blutanalyse und der Untersuchungen war niederschmetternd. Binnen kürzester Zeit stand fest: Walter hatte Krebs, einen bösartigen Gehirntumor, und auch der beste Experte konnte ihm nicht mehr helfen, weil der Krebs bereits wichtige Teile des Gehirns befallen hatte. Eine Operation hätte zu viel von seinem Gehirn zerstört.

Fassungslos hörten wir die Nachricht und besuchten Walter täglich mehrere Stunden im Krankenhaus.

»Wieso Walter, wieso er?«, fragte ich meine Eltern unentwegt. »Wieso kann man nichts für ihn tun?«

Für mich war das wie ein Schlag ins Gesicht. Ich wusste überhaupt nicht, wie ich reagieren sollte, was das genau bedeutete, aber ich spürte, dass das nicht gut ausgehen konnte. Walter würde sterben, und wir konnten nichts dagegen tun. Walter kam aus dem Krankenhaus nach Hause, fühlte sich sogar tageweise wieder ein wenig besser und wollte mir unbedingt beim Training zuschauen.

Doch das waren nur kleine Highlights. Bald ging es ihm rapide schlechter. Seine Frau und auch seine Tochter Birgit versuchten verzweifelt, ihm mit alternativen Behandlungsmethoden zu helfen, aber nichts wirkte und nichts half.

Und jetzt, da wir wussten, dass er Krebs hatte, konnten wir einige Dinge aus der Vergangenheit richtig einordnen. Walter hatte als Vollblutsportler gelebt, war immer gesund gewesen, kaum Alkohol getrunken, keine Zigaretten geraucht. Aber er war in den zwei Jahren davor immer wieder mal beim Training zusammengeklappt. Ihm wurde dann richtiggehend schlecht, manchmal tat er sich beim Aufstehen schwer, was er aber auf zu viele Trainingseinheiten schob, auf den Kreislauf, und hin und wieder kokettierte er auch ein wenig mit seinem Alter.

Das waren jedoch bereits die Anfänge des Tumors gewesen, aber keiner von den Ärzten, zu denen er gegangen war, hatte das erkannt, sondern Flüssigkeitsmangel oder Kreislaufbeschwerden vermutet. So konnte der Tumor in Walters Kopf wachsen und wachsen, bis er inoperabel war.

Nach vier Monaten ging es Walter so schlecht, dass er fast ständige Pflege brauchte. Er kam noch einmal für einige Wochen ins Krankenhaus, aber seine Frau entschied, ihn nach Hause zu holen und ihn dort in seiner gewohnten Umgebung zu betreuen. Nun könnte man meinen, er hätte vielleicht Ruhe gebraucht, aber er gab uns zu verstehen, dass mein Vater und ich weiterhin bei ihm trainieren sollten, damit er den Lärm der Hanteln hören konnte. Gewichtheben war Walters Leben, und an den Geräuschen wollte er sich bis zur letzten Sekunde erfreuen.

Der Monat Juni begann und Walter verfiel zusehends. Jedes Mal, wenn ich zu ihm kam, freute ich mich, ihn noch zu sehen, und das Wörtchen »noch« brachte mich fast zur Verzweiflung. Anfang Juli war er nicht mehr ansprechbar. Jedes Mal, wenn wir uns nach dem Training bei ihm verabschiedeten, bangten wir, ob wir ihn am übernächsten Tag noch lebend sehen würden. Den 4. Juli 1999, einen Sonntag, verbrachte ich bei uns zu Hause. Meine Eltern waren mit Bekannten unterwegs und ich wollte am Nachmittag mit meinen Freunden etwas unternehmen. Kurz vor Mittag rief Walters Frau an.

»Matthias, der Arzt war da. Er sagt, dass Walter nur noch ein paar Stunden leben wird, maximal zwei Tage!«

Was konnte ich noch für ihn tun? Ich wusste erst nicht, was ich machen sollte, bin wie ein Stier auf und ab gelaufen, nahm immer wieder unser Telefon, doch meine Eltern konnte ich nirgendwo erreichen, denn Handys hatten wir damals noch nicht. Aber ich wollte Walter unbedingt in seinen letzten Stunden beistehen. So bin ich auf mein Moped gestiegen und nach Deutsch-Wagram gefahren.

Als ich an seinem Krankenbett im Wohnzimmer stand, sagte seine Frau zu ihm: »Walter, der Matthias ist da«, und er hustete wie zur Reaktion ganz laut. Ich bin mir ganz sicher, dass er mitbekommen hatte, dass ich da war.

Ich verbrachte dann gemeinsam mit seiner ganzen Familie die letzten Stunden seines Lebens an seinem Bett. Immer wieder versuchte ich, meine Eltern zu Hause oder bei ihren Freunden anzurufen, aber vergeblich. Ich wollte doch wenigstens, dass mein Vater noch käme, schließlich waren er und Walter Freunde seit über fünfzig Jahren. Aber ich hatte keine Chance, ich konnte meine Eltern nirgendwo erreichen.

Dann, nach etwa sechs Stunden, kam der Augenblick, der für mich schrecklich war. Walter röchelte noch einmal laut und hörte auf zu atmen. Obwohl ich seit Monaten genau wusste, dass er sterben würde, brach für mich in diesem Moment eine Welt zusammen.

Es war endgültig.

Es war vorbei.

Ich bekam zum ersten Mal in meinem Leben einen Heulkrampf, der überhaupt nicht mehr aufhören wollte. Alles war für mich mit einem Mal sinnlos geworden, und ich fragte immer wieder nur: »Warum? Warum?«

Noch lange blieben wir an seinem Bett stehen, bis der Arzt und der Leichenbeschauer kamen und seinen Tod medizinisch und amtlich feststellten. Walter wurde in einen Blechsarg gelegt, und da die Treppe hinunter nicht breit genug war (wer baut schon ein Haus so, dass man einen Sarg raustransportieren kann?), half ich mit, den Sarg zum Leichenauto zu bringen.

Von da an befand ich mich tagelang in einem Ausnahmezustand. Immer wieder wurde ich von einer solchen Traurigkeit erfüllt, die ich noch niemals vorher in meinem jungen, bis dahin völlig unbeschwerten Leben erfahren hatte.

Am Tag seiner Beerdigung kamen von überall her Freunde, Bekannte, Sportkollegen und Reporter, und der Weg bis zu seiner letzten Ruhestätte war von unzähligen Blumenkränzen gesäumt. Als ich am offenen Grab stand, haderte ich mit dem Schicksal. Ich wollte mir nicht vorstellen, dass ich Walter nie mehr wiedersehen würde. Beim nachfolgenden Leichenschmaus saßen seine Familie und seine Freunde beisammen, aßen und tranken, und ich blickte mich um: Der einzige Mensch, der in dieser Runde fehlte, war Walter. Abermals fragte ich: »Warum gerade er? Walter war herzensgut. Warum er?« Und wieder konnte mir niemand eine Antwort darauf geben.

Ich weiß genau: Hätte Walter Legel 2008 noch gelebt, er wäre mit meinen Eltern gemeinsam nach Peking geflogen, und ich bin ganz sicher, dass sein Luftsprung nach meinem Sieg den meinen bei Weitem übertroffen hätte!

DER TAG VOR MEINEM 18. GEBURTSTAG

In Österreich kann man seinen Pkw-Führerschein auf verschiedene Arten machen. Zum einen natürlich in einer Fahrschule, mit Fahrstunden bei einem geprüften Fahrlehrer und einem Theorieunterricht mehrmals in der Woche. Zum anderen beim Bundesheer, während der Militärzeit, wenn man das Glück hat, den Kraftfahrern zugewiesen zu werden. Und dann gibt es da noch die Möglichkeit, nach einigen Stunden Fahrschule seinen Führerschein im Wege des Privatunterrichtes zu erlangen – mit einem Familienmitglied, das vorher mindestens zehn Jahre unfallfrei gefahren sein muss. Am Heckfenster des Privatautos wird dafür ein großes Schild angebracht, auf dem ein für alle anderen Verkehrsteilnehmer gut sichtbares »L« steht. Lediglich zur Führerscheinprüfung muss man dann wieder in die Fahrschule.

Meine Eltern und ich wählten die dritte Möglichkeit, und das hieß, dass ich bereits ein paar Monate vor meinem 18. Geburtstag mit meinem Vater für die Führerscheinprüfung paukte und – mit ihm an meiner Seite – auch auf öffentlichen Straßen fahren durfte. Parallel dazu machte ich in der Fahrschule meinen Motorrad- und auch meinen Lkw-Führerschein, denn ich wollte immer eine berufliche Übergangslösung haben, sollte es mit dem Sport oder als Installateur mal nicht klappen. Als Lkw-Fahrer, so dachte ich mir damals, würde ich sicherlich irgendwo einen Job finden.

Gleich nachdem wir uns die Erlaubnis zur privaten Ausbildung bei der Behörde in der über zwanzig Kilometer entfernten Stadt abgeholt hatten, setzte sich mein Vater auf den Beifahrersitz und überließ mir die Rückfahrt.

Ich war schon oft mit Traktoren herumgegurkt, wie das bei uns auf dem Land üblich ist, aber das war auf Feldern, auf Wiesen und auf unbefahrenen Landstraßen gewesen, wo wenig oder gar kein Verkehr herrscht. Ich war mit meinem Fahrrad und später mit meinem Moped überallhin gefahren, doch eben noch nie am Steuer eines richtigen Autos. War unser Wagen eigentlich schon immer so breit? Auf der Beifahrerseite sah es irgendwie ganz anders aus …

»Ist das dein Ernst?«, fragte ich meinen Vater.

»Sicher«, erwiderte er, »denn ab heute darfst du fahren und dann tust du das auch!«

Tat er nur so entspannt oder war er wirklich so cool?

Er erklärte mir die Bedienung und alle technischen Details am Auto, als ob ich ihm noch niemals vorher beim Autoreparieren zugesehen oder geholfen hätte. Doch er machte das mit so einer Genauigkeit, dass ich über kurz oder lang unseren Nissan hätte auseinandernehmen und wieder zusammenbauen können.

Ich legte den Sicherheitsgurt an, startete, blinkte und fuhr zum ersten Mal im Auto ohne einen richtigen Fahrlehrer los. Es war ein komisches Gefühl, die alleinige Gewalt über das Fahrzeug zu haben. Umso mehr genoss ich die Monate bis zu meiner Führerscheinprüfung. Egal, wo mein Vater hinmusste, ich durfte fahren. So auch nach Wien, in die Millionenstadt. Und das sogar mehrmals in der Woche. Hätte ich meinen Führerschein ausschließlich bei der Fahrschule in unserer Umgebung gemacht, ich hätte meine Fahrstunden nur in den Kleinstädten nahe unseres Dorfes absolvieren können, nach Wien jedoch, in die Hauptstadt, wären wir nie gefahren.

Mein Vater aber sagte immer: »Nur in der Großstadt lernst du Auto fahren und mit allen möglichen und unmöglichen Situationen zurechtzukommen. Bei uns am Land begegnet dir nur alle paar Minuten mal ein anderes Auto, in Wien hast du aber drei und mehr Fahrspuren, wo du dich zurechtfinden musst!« Er ließ nicht locker, nahm sich für meine Fahrausbildung unheimlich viel Zeit und wir fuhren mehrmals die Woche mehrere Stunden.

»Wenn du dein Auto beherrschst und alle Verkehrsregeln kennst, dann sei dir trotzdem nie sicher, dass alles glattgeht. Schau immer, was die anderen machen! Denn die meisten Unfälle geschehen, wenn andere in dich hineinkrachen, weil sie abgelenkt sind!« Sieben Jahre später war es dann genau eine Situation wie die von ihm beschriebene, die in Sekundenbruchteilen mein Leben so tragisch verändern sollte.

Drei Tage, bevor ich 18 wurde, bestand ich meine offizielle Führerscheinprüfung für das Auto und das Motorrad, nur das Papier, den Führerschein, den durfte ich mir erst am Tag meines 18. Geburtstags, also am 25. August, abholen. Die Prüfung für Lkw plus Anhänger stand erst nach meinem Geburtstag an.

»Matthias, selbst dann, wenn du eine Strecke jeden Tag fährst, schau trotzdem auf alle Verkehrsschilder, denn auch da kann sich ständig was ändern«, hatte mein Vater einmal zu mir gesagt. Hatte ich deshalb so schnell gemerkt, dass an jenem Nachmittag vor meinem Geburtstag etwas anders war als sonst? Ich fuhr wieder, mit meinem Vater an der Seite, da ich ja den Führerschein noch nicht in Händen hatte, durch die mir vertraute Gegend, und da war wie immer das Geschwindigkeitsschild »70 Kilometer«. Ich hatte es jedes Mal gesehen beim Vorbeifahren. Bloß jetzt sah ich es plötzlich verschwommen und konnte die Ziffern kaum erkennen. Was war auf einmal los mit mir?

Doch der Reihe nach: Der Sommer im Jahr 2000 war heiß. Schon seit Wochen wollte ich nur trinken, trinken, trinken. Ich kam durch den Sport ohnehin täglich auf mindestens vier bis fünf Liter Flüssigkeit, die ich zu mir nahm, aber mit einem Mal war ich noch durstiger als sonst.

Ich hatte kaum Appetit, schob das aber auch auf die Hitze, denn wer will bei fast 40 Grad schon gern viel essen? Ich nahm von 94 Kilogramm auf 89 Kilogramm ab. Das erschien mir zwar komisch, doch nachvollziehbar. Außerdem hatte ich vor einigen Monaten eine schlimme Grippe gehabt und fühlte mich manchmal noch ein wenig schlapp, aber auch diese Symptome schob ich auf die Hitze.

Ich hatte seit Jahren einen kleinen Sehfehler und trug deshalb Kontaktlinsen, weil sie mich bei meinem Sport und beim Trainieren nicht wie eine Brille störten. Erst ein paar Wochen war es her, dass ich neue Kontaktlinsen bekommen hatte, und mit einem Mal sollte ich die Zahl 70 auf dem Verkehrsschild nicht klar und deutlich erkennen können?

»Papa, ich weiß, da war eben die 70er-Tafel, aber ich konnte nicht richtig sehen, was draufsteht. Ich sehe plötzlich einige Dinge verschwommen!«, sagte ich zu meinem Vater.

»Wie kann es sein, dass du die Tafel nicht richtig siehst?«, fragte mich mein Vater erstaunt.

»Matthias, dann halt an, ich fahre weiter, und wir machen gleich einen Termin mit dem Augenarzt aus, der soll sich das mal anschauen, vielleicht stimmt was nicht mit deinen neuen Linsen!«

Da mein Augenarzt, wie sich herausstellte, leider im Urlaub war, beschlossen wir, ins 20 Kilometer entfernte Krankenhaus nach Mistelbach zu fahren, um dort in der Augenambulanz meine Sehkraft überprüfen zu lassen. Mein Vater und ich saßen eine halbe Stunde im Wartezimmer, bis wir drankamen, und überlegten inzwischen, was wir nachher noch machen wollten. Einiges sollte noch besorgt werden für meinen morgigen Geburtstag, trainieren wollte ich auch noch, und mein Vater hatte mit meiner Mutter Pläne für den Abend.

Dann bat uns der Augenarzt ins Behandlungszimmer. Nachdem ich ihm meine Symptome geschildert hatte, erstreckte sich zu meiner

Überraschung die Untersuchung nicht nur auf meine Augen, sondern er maß auch gleich mit einem Gerät meinen Blutzucker, da er schon ahnte, was mir eigentlich fehlen könnte. Das Display des Messgerätes zeigte einen Wert von 412 Milligramm pro Deziliter an, aber ich hatte natürlich keinen blassen Schimmer, was dies bedeuten sollte – doch der Mimik des Arztes zufolge auf jeden Fall nichts Gutes.

»Herr Steiner, wie ich bereits vermutet habe, stimmt etwas mit Ihrem Blutzucker nicht. Der Normalwert liegt zwischen 80 und 140 Milligramm pro Deziliter, Sie haben über 400 Milligramm pro Deziliter. Das kann verschiedene Ursachen haben und muss nicht gleich das Schlimmste, nämlich Diabetes, bedeuten. Eine genauere Diagnose kann ich als Augenarzt allerdings nicht stellen, dazu muss ich Sie auf die Station für Stoffwechselkrankheiten überweisen.«

Ich nahm das Ganze zunächst recht gelassen auf, da ich erstens nicht glauben konnte, dass mit mir irgendwas Schlimmeres los sein sollte, und ich zweitens mit dem Begriff »Diabetes« nicht viel anfangen konnte. Wir bekamen auch direkt einen Termin bei einem Arzt in der Diabetologie zwei Stockwerke tiefer. Dort wurde ich grundlegend untersucht, Bluttest, Blutdruck, Herztest, was eben alles dazugehört. Wieder mussten wir vor dem Behandlungszimmer warten, dieses Mal waren die Gespräche aber nicht mehr so unbeschwert, vielmehr schwiegen mein Vater und ich, bis wir zum Arzt hineingerufen wurden. Dort erklärte uns der Mediziner dann, dass ich an Diabetes erkrankt bin. Also doch das Schlimmste!

Er fragte mich, ob ich in den letzten zwei bis drei Monaten eine Grippe gehabt hätte.

»Ja, die hatte ich.«

»Mit hohem Fieber?«

»Sicher hatte ich Fieber, aber das war für mich noch lange kein Grund, mich ins Bett zu legen. Ich bin im letzten Jahr meiner Ausbildung und wir hatten auf einer Baustelle so viel zu tun. Es waren ohnehin schon einige Kollegen wegen Urlaub und Krankheit ausgefallen, da wollte ich nicht auch noch daheimbleiben!«, antwortete ich wahrheitsgetreu. Ich hatte einen echt tollen Chef, ein super Arbeitsklima in der Firma und hätte damals schon den Kopf in der Schlinge tragen müssen, um nicht zur Arbeit zu gehen. Außerdem war da noch das Training, es stand ja die Qualifikation zur Junioren-Europameisterschaft an.

Herr Steiner, durch die nicht auskurierte Grippe haben Sie sich eine schwere Bauchspeicheldrüsenentzündung zugezogen. Sie sind jetzt zuckerkrank!«

»Zuckerkrank? Wie lange dauert das, bis das wieder vergeht?«, fragte ich völlig ahnungslos.

»Herr Steiner, Sie haben einen Zuckerwert von über 400! Ihre Bauchspeicheldrüse arbeitet nicht mehr. Das vergeht auch nie mehr. So leid mir das tut, ab sofort müssen Sie sich Insulin spritzen. Täglich und mehrmals.«

LEISTUNGSSPORT UND DIABETES – GEHT DAS?

Obwohl der Arzt das sicherlich nicht so gemeint hat, in diesem Moment dachte ich mir nur: Wiso ist der gute Mann beim Erteilen dieser niederschmetternden Diagnose so unsensibel?

»Was heißt das: nie mehr?«, fragte ich, weil ich immer noch nichts begriff.

»Herr Steiner, das, was es heißt: Sie müssen sich ab sofort bis zum Lebensende ein Hormon spritzen, weil es Ihr eigener Körper nicht mehr selbst produzieren kann.«

»Und wie weiß ich, wie ich das machen muss?«

»Indem Sie jetzt mindestens zwei Wochen hier bei uns im Krankenhaus bleiben!«, antwortete mir der Arzt.

»Zwei Wochen? Ab sofort? Das geht nicht!«

»Das muss sein, Herr Steiner. Wir müssen Sie noch weiter untersuchen, und Sie müssen lernen, wie und wie oft Sie sich spritzen.« Er beugte sich über den Schreibtisch. »Es wäre wirklich besser gewesen, Sie hätten sich mit Ihrer Grippe ein paar Tage ins Bett gelegt. Sie hätten auch eine schwere Herzmuskelentzündung bekommen können!«, stellte er sachlich und emotionslos fest.

Klar, ich hatte mich seinerzeit die paar Tage nicht sonderlich gut gefühlt, aber so schlecht, dass ich jetzt mein Leben lang dafür die Konsequenzen tragen sollte, ging es mir auch wieder nicht.

»Ich kenne doch so viele, die erkältet sind, dies oder das haben, manchmal auch auf dem Zahnfleisch daherkommen und trotzdem arbeiten gehen«, überlegte ich weiter. »Wieso hat meine Grippe solche verheerenden Folgen bei mir ausgelöst? Zuckerkrank? Niemand, den ich kenne, ist das. Doch, halt, die Oma von einem Freund, die hat das auch. Muss die auch spritzen? Nein, die nimmt Tabletten, fiel mir ein. Das geht bestimmt auch bei mir.«

Mein Vater unterbrach meine Gedanken. »Mein Sohn ist Leistungssportler und trainiert beinahe täglich mehrere Stunden. Das ist hoffentlich kein Problem?« Er musste sich ein paarmal räuspern, bevor er dem Arzt diese Frage stellte.

Die Antwort des Arztes war nichts weniger als brutal für uns: »Leistungssport und Diabetes? Das können Sie getrost vergessen, Herr Steiner!«

Erst einige Jahre und viele selbst gemachte Erfahrungen später kann ich sagen: Der Arzt hatte schlichtweg keine Erfahrung mit Leistungssport und Diabetes. Aber das kann man ihm auch nicht übel nehmen, denn nirgendwo gab es zu dieser Zeit Literatur, wo man über einen Fall wie den meinen hätte nachlesen können.

Kein Wunder, dass heute die Säle voll mit Betroffenen und Interessierten sind, wenn ich zum Thema »Diabetes und Sport – ein Spitzensportler erzählt vom Umgang mit dieser Krankheit aus seinem täglichen Leben« von verschiedenen Instituten und auch Krankenhäusern eingeladen werde und ich dort den Menschen berichte, wie das damals bei

Diabetes

Trotz einer Vielzahl von jährlichen Neuerkrankungen in den westlichen Industriestaaten herrschen über die Ursachen und die Auswirkungen von Diabetes noch weitgehend Unwissenheit und falsche Vorstellungen.

Zunächst einmal: Diabetes ist nicht gleich Diabetes. Hauptsächlich wird unterschieden zwischen dem Diabetes mellitus Typ I und dem Diabetes mellitus Typ II, auch Alters- oder Zivilisationsdiabetes genannt. In beiden Fällen handelt es sich um eine Erkrankung des Stoffwechsels, genauer gesagt, um eine Störung der Produktion beziehungsweise Verwertung des Hormons Insulin.

Jede der Milliarden Zellen unseres Körpers braucht je nach Beanspruchung eine tägliche Menge Energie, die ihr über das Blut in Form von Glukose zugeführt wird. Glukose entsteht im Körper durch die Verdauungsvorgänge und wird in der Leber gespeichert. Die Menge der von dort ins Blut abgegebenen Glukose wird durch das Insulin gesteuert, das in der Bauchspeicheldrüse erzeugt und je nach Bedarf in den Blutkreislauf abgegeben wird. Weiterhin sorgt Insulin dafür, dass die Glukose überhaupt in die Zellen gelangt.

Diabetes zu haben bedeutet nun, dass die Bauchspeicheldrüse entweder kein oder zu wenig Insulin für die Bedürfnisse des Körpers produziert und der Blutzuckerspiegel ständig überhöht wäre, wenn man kein Insulin spritzen würde. Ohne Insulinbehandlung würde dies langfristig zu Komplikationen an Augen, Nieren, Herz, Nerven und Füßen führen. Symptome für beide Erscheinungsformen sind übermäßiger Durst, gesteigertes Harnlassen, verschwommenes Blickfeld und Erschöpfungszustände.

Diabetes mellitus Typ I: Er liegt vor, wenn die Zellen der Bauchspeicheldrüse kein Insulin mehr erzeugen, wobei die genaue Ursache hierfür nicht genau bekannt ist. Mögliche Gründe sind Virenerkrankungen, Schädigungen des Immunsystems und eine genetische Veranlagung. Betroffen sind meist Menschen, die jünger als 30 Jahre und schlank sind. Diabetes Typ I erfordert die lebenslange Zuführung von Insulin.

Diabetes mellitus Typ II: Hierbei produzieren die Zellen der Bauchspeicheldrüse zwar Insulin, aber weniger, als benötigt wird. Betroffene – circa 90 Prozent aller Diabetiker – sind meist über 40 mit einer Neigung zu Übergewicht und schlechter Ernährung. Beste Therapie bei Typ II ist eine gesunde Ernährung verbunden mit einem normalen Gewicht, außerdem viel Bewegung, gegebenenfalls ist eine Tabletteneinnahme nötig. Mediziner befürchten, dass Diabetes Typ II aufgrund der ungesunden Lebensweise weiter Bevölkerungskreise in zehn Jahren Volkskrankheit Nummer eins sein wird.

mir war. Die Leute hängen an meinen Lippen und stellen Fragen über Fragen. Meine Selbsterfahrung mit dieser Krankheit und meine sicher nicht immer einfach umzusetzenden Anforderungen an mein Leben als Gewichtheber, geben mir aber die notwendige Sicherheit, den Menschen helfen zu können.

War es die Brutalität, wie mir meine Zukunftsperspektiven von diesem Arzt von einer Minute zur anderen gekappt wurden, oder kam – wie eigentlich immer in meinem Leben – sofort mein unbändiger Kämpferwille durch? Ich kann es nicht sagen. Ich weiß nur eines genau, dass ich mir schon damals ganz sicher war, mich nicht mit diesem Satz abzufinden: »Diabetes und Leistungssport geht nicht!«

Niemand beschäftigt sich mit einer Krankheit und ihren daraus resultierenden Folgen, solange er sie nicht selber hat, solange es nicht ihn oder einen nahen Angehörigen oder Freund betrifft. Das ist klar, so ist das mit allem. Ist man dann krank, dann hofft man, dass einem ein Mediziner dabei hilft, alle Zusammenhänge zu verstehen. Mir wurde, das muss ich zur Ehrenrettung des Arztes sagen, innerhalb der nächsten zwei Wochen meines Klinikaufenthaltes alles über Diabetes erzählt, was man aus Lehrbüchern lernen kann. Doch die Fragen, die mir am meisten auf der Seele brannten, konnte mir niemand beantworten. Zum Thema »Leistungssport und Diabetes« bekam ich die ganze Zeit keine befriedigende Antwort. Also musste ich später selbst herausfinden, was ich wissen wollte.

Während ich mit meinem Vater noch immer wie unter Schock im Behandlungszimmer saß, telefonierte der Arzt schon mit der Diabetesstation im Hause und reservierte sofort ein Bett für mich. »Eine halbe Stunde müssen Sie noch warten, dann können Sie in die Abteilung gehen«, teilte er uns mit.

»Aha, es gibt offenbar so viele mit dieser Krankheit, dass die hier sogar eine eigene Station dafür haben«, dachte ich bei mir.

Der Arzt schrieb die Zimmernummer auf einen Zettel und reichte ihn uns mit den Worten: »Wir sehen uns dann später im Zimmer.«

Mein Vater und ich gingen in die Cafeteria des Krankenhauses. Hier hatten wir schon einige Male gesessen, als wir Freunde oder Verwandte im Krankenhaus besucht hatten. Wir bestellten Kaffee, und obwohl er gut schmeckte, hatte er für uns etwas von einer Henkersmahlzeit. Erst hier, nach einigen Minuten, konnten wir über das eben Erfahrene reden.

»Papa, das kann es doch nicht gewesen sein? Ich will doch weiter Gewichtheben! Das ist mein Sport!« Bei diesen Worten liefen mir die Tränen die Wangen herunter.

Und nun sah ich auch meinen Vater weinen. Das hatte ich noch niemals zuvor gesehen. Er stützte seine Ellbogen am Tisch ab, vergrub sein Gesicht in den Händen und schluchzte laut. »Wenn ich dir das nur abnehmen könnte, Matthias, ich würde es tun!« Jetzt fingen wir an zu heulen wie Schlosshunde, weil wir mit allem gerechnet hatten, aber nicht mit einer Diagnose, die uns völlig überforderte. Ich war laut Testergebnis ein schwer kranker Mann.

Gleichzeitig wurde ich extrem traurig. Ich wollte meinem Vater kein Leid zufügen. Und er litt, das konnte ich sehen.

»Matthias, da müssen wir durch. Ich helfe dir!«

Mehr konnte er nicht sagen, weil wir einfach nicht wussten, wie es überhaupt weitergehen würde. Wir gingen auf die Station, und da sahen wir nur alte Menschen. Keiner von denen war 18, so wie ich. Eine Krankenschwester führte uns in ein leeres Zweibettzimmer.

»Gott sei Dank, ein Zimmer für mich alleine!«, sagte ich leise zu meinem Vater. Offenbar nicht leise genug, denn sofort hieß es seitens der Schwester: »Das bleibt es so lange, bis wir jemanden zu Ihnen legen müssen!«

Vom Krankenhaus bekam ich einen Pyjama gestellt, was notwendig war, denn ich hatte ja nichts dabei. Mein Vater meinte, er wolle jetzt mal schnell nach Hause fahren und alles, was ich für meinen Aufenthalt brauchte, einpacken und herbringen.

Ja, und meiner Mutter musste er auch erzählen, was in den vergangenen Stunden geschehen war. Die Tragweite meiner Erkrankung wurde uns – stückchenweise – immer klarer. Ich kann ja nicht behaupten, dass es mir schlecht gegangen wäre. Klar, ich sah schlechter, hatte ständig Durst und verlor Gewicht. Aber so wirklich krank gefühlt hatte ich mich die ganze Zeit nicht und jetzt auch nicht. Deshalb wollte ich mich mit dieser niederschmetternden Diagnose nicht so schnell abfinden.

Vielleicht ist ja bei mir alles anders, und es ist wirklich nach ein paar Tagen oder Wochen alles wieder wie vorher, dachte ich voller Hoffnung.

Nur ja nicht unterkriegen lassen!

Meine Eltern (auch meine Mutter sah ganz verheult aus) kamen und brachten mir alles, von dem sie meinten, dass ich es brauchen würde. Meinen tragbaren CD-Player genauso wie meine Lieblingsbücher und die Sportzeitschriften. Waschzeug, Pyjamas, Bademantel und Hausschuhe inbegriffen. Nur was zum Essen, das brachten sie nicht.

Solange ich mich zurückerinnern kann, bekam ich zu meinem Geburtstag von meiner Mutter eine selbst gebackene Sachertorte. Übrigens: mit Abstand die beste Sachertorte der Welt! Schon immer hatte es am Tag vor meinem Geburtstag im ganzen Haus nach Schokolade und selbstgemachter Marillenmarmelade gerochen. So war es auch, als ich am Nachmittag dieses Tages mit meinem Vater das Haus verließ, um unsere Übungsfahrt anzutreten. Mit einer Nase voll Tortenduft war ich ins Auto gestiegen und hatte mich schon auf das gemeinsame Frühstück mit meinen Eltern und meiner Oma am nächsten Morgen gefreut. Getreu der Kultsilvestershow *Dinner for one*: The same procedure as every year! – Die gleichen Prozedur wie jedes Jahr!

Umso schlimmer traf mich mit einem Mal die Erkenntnis, dass ich zu meinem 18. Geburtstag auf gar keinen Fall eine Sachertorte bekommen würde. Ich verspürte eine unbändige Wut auf meine Krankheit und auf meinen Körper, der sonst immer alles gemacht hatte, was ich wollte, und der mich jetzt auf einmal, an der Schwelle zum Erwachsenwerden, schmählich im Stich ließ. Und noch etwas fiel mir ein: »Meinen Führerschein kann ich mir morgen auch nicht abholen!«

Der Arzt kam ins Zimmer und erklärte, er müsse mir jetzt Augentropfen geben, um meinen Augendruck und den Augenhintergrund zu messen. Klang ja nicht schlimm, also ließ ich ihn ohne Vorbehalte machen. Nur, dass ich danach drei Tage kaum etwas sehen würde, das sagte er mir nicht! Ich konnte nicht lesen, nicht fernsehen, nur Musik hören. Und mit einem Mal ging es mir sauschlecht.

Was mich noch weiter deprimierte: In jedem Krankenhaus gibt es natürlich eine Pathologie, aber hier in Mistelbach lag sie genau neben der Diabetesstation im Erdgeschoss. Es verging kein Tag, an dem nicht mindestens ein Blechsarg an meiner fast ständig offenen Terrassentür vorbeigeschoben wurde, und war die Tür mal angelehnt, konnte ich schon am Geräusch erkennen, dass da schon wieder ein Sarg vorbeirollte. Es waren zwar viele alte Menschen auf meiner Station, und natürlich stammten die Verstorbenen auch aus den anderen Abteilungen der Klinik, aber wenn man mitbekommt, dass da dauernd einer wegstirbt, dann kommen einem ganz schnell seltsame Gedanken.

»Meine Güte«, dachte ich zum Beispiel, »ist die Pathologie so nah dran, weil hier fast keiner mehr lebend rauskommt?«

Das einzig Positive an meinem Krankenzimmer war, dass diese Terrassentür auch direkt hinaus in einen Park führte. Dort waren Bänke und Tische aufgestellt, die im Laufe der nächsten zwei Wochen von meinen Freunden bevölkert wurden. In Obersulz hatte es sich schon wie ein Lauffeuer herumgesprochen, dass ich im Spital war, und an manchen Tagen waren bis zu 25 junge Burschen und Mädchen bei mir zu Besuch. Mein Freund Christoph, auch Stofferl genannt, besuchte mich täglich ab 14 Uhr, und nach und nach trudelten dann auch die anderen Kumpels ein.

Meine Freunde kümmerten sich rührend um mich, wir spielten Karten, und alle gaben mir das Gefühl, es sei alles wie vorher. Sogar der Lehrlingsbeauftragte meiner Firma kam ins Krankenhaus und brachte Zeitschriften mit und eine Karte, auf der mir sämtliche Arbeitskollegen baldige Besserung wünschten. So nahm ich am Leben draußen regen Anteil, die ganze Sache bekam etwas Normales, und bald störte ich mich auch nicht mehr so sehr an den Blechsärgen, die noch immer an meiner Krankenzimmertür vorbeigefahren wurden.

So schön es auch war, dass ich häufigen Besuch hatte, er konnte nur schwer über die Tatsache hinwegtrösten, dass ich hier war, um zu lernen, wie ich in Zukunft mein Leben mit Diabetes in den Griff bekomme. Die ersten drei Tage maßen mehrmals täglich die Krankenschwestern den Blutzuckerwert und verabreichten mir danach die notwendige Menge Insulin. Doch danach kam ich nicht drum herum, und bereits am Morgen des vierten Tages musste ich versuchen, selbst zu messen, zu bestimmen und mir das Insulin selbst zu spritzen.

Sich selbst mit der Stechhilfe (ich nannte sie scherzhaft ein Bolzenschussgerät) in den Finger zu piksen und sich dann einen Tropfen Blut aus dem Finger zu quetschen ist schon extrem gewöhnungsbedürftig – vor allem wenn man so was vorher noch nie gemacht hat, sich dann aber mit einer Spritze in den Oberschenkel oder Bauch zu stechen, noch viel mehr. Es gehörte bei mir schon gutes Zureden und Beruhigen von zwei, drei Schwestern gleichzeitig dazu, bis ich mich endlich dazu überwunden hatte. Wenn es nur einmal die Woche gewesen wäre, das jedenfalls stellte ich mir damals vor, hätte ich problemlos damit leben können, aber so musste ich mich schnell damit abfinden, diese Prozedur mehrmals täglich hinter mich zu bringen. Und vor allem – mein ganzes Leben lang.

TRAINING IM KRANKENHAUS

Nach einer Woche Stillliegen und Stillsitzen hielt ich es weder in meinem Bett noch im Zimmer noch im Park aus, ich brauchte wieder Bewegung und wollte mich sportlich betätigen, besser noch, wieder trainieren. Mein Körper und ich hatten fast so etwas wie Entzugserscheinungen. Jahrelang hatte ich supersportlich gelebt und mit einem Mal lag ich nur träge herum. Deshalb sprach ich meinen behandelnden Arzt darauf an.

»Wie stellen Sie sich das vor?«, fragte er mich.

»Na, gibt es in diesem Spital hier kein Rad? Einen Hometrainer? Irgendwas, auf dem ich mich wenigstens ein klein wenig sportlich betätigen kann?«

»Oben, in einem der Stockwerke gibt es so was, aber wir haben kein Personal übrig, das sich da mit Ihnen hinstellt, damit Sie überwacht werden. Für den Fall, dass Ihnen schlecht wird.«

»Wieso sollte mir schlecht werden? Sagen Sie mir nur, wo das Rad steht, und ich geh mal rauf und probier es aus.« Ich ließ mich nicht abwimmeln.

»Na schön, messen Sie vorher noch mal Zucker, und nehmen Sie aber auf jeden Fall einen Traubenzucker mit und steigen Sie sofort vom Rad runter, wenn Sie merken, dass es Ihnen nicht gut geht. Und machen Sie ja keine unsinnigen Experimente! Ich informiere eine Schwester der Krankengymnastik, dass sie zumindest ab und zu ein Auge auf Sie wirft.« Ganz offensichtlich bezweifelte er, dass es klappen würde.

Meine Güte, war ich froh, dass ich aus dem Zimmer rauskam! Solange mir der Arzt nicht das Radfahren gänzlich verbot, konnte ich wenigstens Hoffnung schöpfen. Da mir niemand sagen konnte, wie das mit mir und meinem Sport weitergehen sollte, musste ich es halt selbst herausfinden. Ich nahm mir auf dem Weg zu meiner ersten »Trainingseinheit Radfahren« als Diabetiker vor, Tag für Tag auszuprobieren, wie weit ich belastbar war. »Learning by doing«, lautete meine Devise von nun an. Und: Wenn man's nicht versucht hat, weiß man's nicht!

Endlich hatte ich das Rad gefunden, öffnete das Fenster daneben und setzte mich auf den Sattel. Langsam begann ich zu treten. 10 Minuten vergingen, alles war bestens. Ich horchte in mich hinein und merkte, dass ich mich von Minute zu Minute besser fühlte. Eine geschlagene Stunde blieb ich auf dem Hometrainer und schwitzte endlich wieder einmal wegen der sportlichen Betätigung und nicht, weil auch Anfang September die Temperaturen beinah noch so hoch waren wie im Hochsommer.

Von diesem Tag an hatten das Rad und ich unsere tägliche Verabredung. Die nächsten zwei Tage nur am Vormittag, danach zusätzlich noch am Nachmittag. Ich fühlte mich von Mal zu Mal besser und optimistischer, auch was meine sportliche Zukunft betraf.

Dann besuchte mich ein Arbeitskollege meines Vaters, ein Mann von Mitte 30, ebenfalls an Diabetes Typ I erkrankt. Er brachte meine aufkeimende Hoffnung auf ein fast normales Leben beinahe wieder zum Erliegen. Nicht, dass der gute Mann irgendetwas machte oder sagte, was nicht den Tatsachen seiner eigenen Erkrankung und Erfahrung entsprach. Aber ich konnte und wollte mir nicht vorstellen, dass so meine Zukunft aussehen sollte.

Der Mann lebte seit Jahren mit einer Insulinpumpe.

Insulinpumpe?

Sportler, die mit Diabetes leben

Sir Steve Redgrave: Der Ruderer war bereits 4-facher Olympiasieger, als er 1997 die Diagnose Diabetes bekam. Nichtsdestotrotz holte er im Jahr 2000 in Sydney zum fünften Mal Gold in seiner Disziplin. Ein Jahr später wurde der gelernte Maurer von Königin Elisabeth II. zum Ritter geschlagen, weil sie seinen Mut, mit der Krankheit umzugehen, und sein Engagement für die sportliche Verständigung bewunderte.

Claudia Grundmann: Bei der Eishockeyspielerin kam die Diagnose Diabetes ebenfalls nach einer verschleppten Grippe. Und auch sie hatte die gleichen Symptome, wie ich sie hatte: fürchterlichen Durst, schlechtes Sehen und rapide Gewichtsabnahme. Sie trainierte weiter und belegte mit ihrer Mannschaft den sechsten Platz bei den Olympischen Spielen in Salt Lake City.

Gary Hall Jr.: Der amerikanische Weltklasseschwimmer hatte schon mehrere Medaillen bei den Olympischen Spielen 1996 in Atlanta erschwommen, als bei ihm 1999 Diabetes diagnostiziert wurde. Genau wie bei mir hieß es auch bei ihm seitens der Ärzte, dass er die Sache mit dem Spitzensport am besten ein für alle Mal vergessen solle. Und genau wie ich ließ er sich nicht unterkriegen und suchte nach Medizinern, die bereit waren, ihn zu unterstützen, und ihm letztendlich halfen, Diabetes und Spitzensport doch unter einen Hut zu bekommen. So konnte er ein Jahr später bei den Spielen in Sydney und sogar noch einmal 2004 in Athen Medaillenerfolge feiern.

Muhammad Ali: Die Boxerlegende hat seit vielen Jahren neben einer Parkinson-Erkrankung auch Diabetes.

Anja Renfordt: Als Anja anderthalb Jahre alt war, merkten die Eltern, dass mit ihrer Tochter etwas nicht stimmt. Ärzte stellten sofort die richtige Diagnose: Diabetes Typ I. Ihre Eltern brachten ihr fortan einen verantwortungsvollen Umgang mit der Zuckerkrankheit bei und legten so einen wichtigen Grundstein für Anjas spätere sportliche Leistungen beim Kickboxen. Bis zu ihrem offiziellen Ausstieg aus dem Wettkampfgeschehen im Jahre 2005 war Anja Renfordt im Vollkontakt-Kickboxen fünffache Weltmeisterin.

Carsten Fischer: Als bei dem Hockeyspieler 1990 Diabetes Typ I festgestellt wurde, war er bereits Junioren-Weltmeister und zweimaliger olympischer Silbermedaillengewinner. Auch er ließ sich nicht beirren, nahm nach kurzer Zeit wieder sein Training auf und wurde zwei Jahre später bei den Olympischen Spielen in Barcelona Olympiasieger.

Sportler, die mit Diabetes leben

Daniel Schnelting: Im Jahre 1991, als er fünf Jahre alt war, wurde bei ihm die Diagnose Diabetes gestellt. Von klein auf lernte er, mit der Zuckerkrankheit zu leben, sodass er heute sagt: Diabetes gehört einfach zu meinem Leben dazu. Und seine Gold- und Silbermedaillen im Sprinten bei den Europameisterschaften beweisen, dass Hochleistungssport und Diabetes sich durchaus vereinen lassen.

Michael Hackert: Der Eishockeyspieler ist seit 2001 zuckerkrank. Auch bei ihm begann alles mit den typischen Symptomen: Innerhalb kurzer Zeit verlor er 10 Kilogramm Gewicht, hatte ständig Durst und war müde und erschöpft. Er schaffte es aber, durch Disziplin und gezieltes Training seinen Diabetes und seine sportliche Karriere zu vereinen.

Dimo Wache: Der deutsche Fußballprofi steht seit 1998 mit Diabetes im Tor des FSV Mainz 05. Sein Motto lautet: »Man kann lernen, mit Diabetes zu leben und auch Leistungssport zu treiben.«

Auch viele andere prominente Menschen bekamen irgendwann in ihrem Leben Diabetes (Typ I oder II):

Halle Berry, Andrew Lloyd Webber, James Cagney, Elisabeth Taylor, Johnny Cash, Jerry Lewis, Larry Hagmann, Michael J. Fox, Ernest Hemingway, Spencer Tracy, Thomas Fuchsberger, Barry White, Chris Rea, Elvis Presley, Neil Young, Ivan Rebroff, Jazz Gitti, Karl Moik, Miles Davis, Ella Fitzgerald, Patti LaBelle, Udo Walz, McDonald´s-Gründer Roy Kroc und Apple-Gründer Steve Jobs, Sir Peter Ustinov, Judy Winter, Paul Cézanne, Giacomo Puccini, Michail Gorbatschow, Charles de Gaulle, Luc Bondy, Alfonso Prinz zu Hohenlohe, Leo Kirch, Meinrad Knapp.

Besonders erwähnen möchte ich den amerikanischen Sänger Nick Jonas: Der 1993 geborene Schwarm aller Teenies ist zum Vorbild für jugendliche Diabetiker geworden. Im November 2005 wurde bei Nick während einer Tournee mit seiner Band The Jonas Brothers Typ-I-Diabetes festgestellt. Die klassischen Symptome wie übermäßiger Durst, Gewichtsverlust, schlechteres Sehen und eine für ihn ganz untypische Launenhaftigkeit führten dazu, dass die Diagnose sehr schnell medizinisch feststand. Sein Blutzucker hatte zu diesem Zeitpunkt einen Wert von über 700 Milligramm pro Deziliter. Heute nutzt er seine Popularität, um allen Jugendlichen, die an Diabetes erkrankt sind, Mut zu machen und ihnen zu helfen. Seit er offen ein Notfallhalsband mit allen wichtigen Fakten trägt, ist das so etwas wie ein »Markenzeichen« bei vielen seiner ebenfalls an Diabetes erkrankten Fans geworden.

Das Gespräch mit dem Arzt, wie meine weitere Therapie aussehen würde, war erst für den übernächsten Tag geplant, sodass ich bis zu diesem Zeitpunkt noch nichts über diese Pumpe erfahren hatte. Daher ließ ich mir vom Arbeitskollegen meines Vaters alles genau erklären. Mir war alles recht, wenn es etwas gab, was mir helfen konnte, zur Normalität zurückzufinden. Doch je länger er mit mir sprach, umso unwilliger wurde ich.

»Was?«, dachte ich, »ich muss diese Pumpe immer am Körper tragen? Da ist ein Schlauch dran, und der führt in meinen Bauch? Nein, das kommt für mich nicht infrage, das stört mich schon, wenn ich es nur höre!«

Doch der Kollege meines Vaters schwor auf diese Pumpe. Er erklärte mir die Vorteile dieser Behandlungsmöglichkeit gegenüber der anderen, bei der man sich mehrmals am Tag selbst das Insulin in den Oberbauch spritzen muss.

»Durch die Insulinpumpe erreichst du eine besonders gute Abdeckung des basalen Insulinbedarfs. Daneben kann durch die Pumpentherapie dein Tagesablauf flexibel gestaltet werden«, klärte er mich auf.

Am nächsten Tag wollten mich auch die Ärzte von dieser Methode überzeugen, doch je mehr ich davon hörte, umso mehr verkrampfte sich alles in mir. Mein Bauch sagte nein, tu das nicht! Ich konnte mir unmöglich vorstellen, dass man mit dieser Pumpe problemlos gewichtheben kann.

Ich wollte nämlich wieder voll trainieren, auch wenn die Ärzte sagten, dass sei nicht vereinbar mit meiner schweren Erkrankung des Stoffwechsels, und dass ich meinen Körper nicht überfordern sollte und dass ich zwar Sport betreiben konnte, doch alles in Maßen.

In Maßen?

So ein Blödsinn!

Das konnte für den einen zu viel und für den anderen fast gar nichts sein. Für mich waren das alles unbefriedigende Aussagen, und deshalb beschloss ich ganz allein für mich einige sehr entscheidende Dinge:

1. Die Krankheit nicht als Krankheit, sondern einfach als neuen Lebensumstand anzunehmen und sich damit auseinanderzusetzen.

2. Tipps und Ratschläge von Ärzten und Betroffenen einholen, aber das Ganze nicht als in Stein gemeißelt anzusehen, sondern lediglich als Hilfestellung, um grobe Fehler zu vermeiden.

3. Erfahrungen zu sammeln und eine dauerhafte, lebbare Lösung für mich zu finden.

4. Mich nicht von meinen Zielen abbringen zu lassen!

Also informierte ich mich über die andere Methode: täglich eventuell bis zu zehnmal messen und täglich bis zu zehnmal spritzen. Komischerweise schreckte mich das zu keinem Zeitpunkt so ab wie die Alternative mit der Dauerinsulinpumpe. Wieder voll zu trainieren, das hieß auch gleichzeitig: übermäßiges Schwitzen und mehrmaliges Duschen pro Tag. Das alles konnte und wollte ich mir mit einer Pumpe am Bauch gar nicht erst vorstellen. Klar, man muss zum Duschen die Pumpe abnehmen, einen Stöpsel auf den Schlauch draufgeben, aber das alles erschien mir viel umständlicher als das eigene Messen und Spritzen. Die offene Stelle, wo der Schlauch in den Bauch reingeht, stellte ich mir als permanent entzündet vor, da sie ja bei meinen Erfordernissen an den sportlichen Alltag dauernd mit Schweiß und Wasser in Berührung kommen würde. Dann musste ich ja die Hantel ziemlich nahe an meinem Bauch vorbeiführen, und da stellten sich meine sportlichen Nackenhärchen auf. Und als junger Mann mit normalen Bedürfnissen konnte und wollte ich mir Sex mit so einem Gerät schon gar nicht vorstellen!

Ich habe im Laufe der folgenden Jahre mit vielen Diabetikern gesprochen und festgestellt, dass die einen auf die Pumpe schwören und die anderen sie genauso vehement ablehnen, wie ich es tue. Jeder muss halt die Methodik finden, die für ihn am besten umsetzbar ist.

Ich verließ das Krankenhaus ohne diese Pumpe und hielt mich haargenau an alle medizinischen und diätetischen Anweisungen, die man mir während des zweiwöchigen Klinikaufenthalts für mein weiteres Leben mit Diabetes beigebracht hatte. Jeden Bissen, den ich zu mir nahm, wog ich vorher ab und wandelte ihn in Broteinheiten, kurz BE genannt, um. Schon nach kurzer Zeit war die Ernährungsumstellung für mich kein Problem mehr. Relativ schnell wusste ich, was ich essen durfte und in welcher Menge.

WIEDER GANZ DER ALTE!

Die erste große Bewährungsprobe nach meiner Diabetesdiagnose musste ich genau eine Woche nach meiner Entlassung aus dem Krankenhaus bestehen: die Lkw-Führerscheinprüfung. Die Fahrerlaubnis für den Pkw und das Motorrad hatte ich ja bereits kurz vor dem Krankenhaus erlangt (also schon mit Diabetes), aber beim Lkw-Schein wollte ich kein Risiko eingehen, deshalb sagte ich weder meinem Fahrlehrer noch dem Prüfer eine Silbe davon, dass ich Diabetes hatte.

Kaum eine Woche war seit meinem Disput mit der Amtsärztin der Führerscheinstelle vergangen. Genau am Tag meiner Entlassung aus dem Krankenhaus wollte ich mir meine Fahrerlaubnis für den Pkw und das Motorrad abholen. »Ich habe Diabetes«, offenbarte ich der Amtsärztin, und sofort begann eine heftige Auseinandersetzung. Sie wollte mir den Schein nur befristet ausstellen lassen. Nach langem Hin und Her, nach einigen Telefonaten und nach Untersuchungen von Kopf bis Fuß bekam ich zwei Tage später endlich meinen unbefristeten Führerschein.

Also schwieg ich diesmal. Ich wollte weder, dass mich der Fahrlehrer gar nicht zur Prüfung antreten ließ, noch dass mich der Prüfer unnötigerweise zu sehr auf »Herz und Nieren« prüfte.

Doch ich hatte keinerlei Erfahrung, wie sich meine Zuckerwerte unter Druck und Stress entwickeln würden. Werden sie höher, werden sie tiefer? Deshalb hatte ich mich mit allem Notwendigen ausgerüstet, maß in einem unbeachteten Moment im Lkw noch meine Zuckerwerte und aß zur Sicherheit auch noch ein paar Stück Traubenzucker. Eine Stunde später hatte ich die Unterschrift des Prüfers unter meinem Prüfungsprotokoll, und noch eine Stunde später hatte ich meinen Lkw-Schein in der Tasche.

Ich war glücklich. Darüber, dass ich anstandslos meine Prüfung bestanden hatte und dass ich so gut mit meiner neuen körperlichen Situation umgehen konnte.

Bereits nach kurzer Zeit bemerkte ich allerdings, dass ich mit der vorgeschriebenen Diät nur schwer trainieren konnte. Ich wurde schneller müde und war nicht so ausdauernd wie sonst – zumal ich ja auch gleichzeitig noch meine Lehre zu absolvieren hatte.

»Hätte ich mich vielleicht doch für die Insulinpumpe entscheiden sollen?«, dachte ich immer häufiger. Und: »Ich muss zu einem Arzt.« Doch den ganzen Tag über arbeitete ich ja in Wien und wollte nicht schon wieder fehlen. Und wenn ich abends nach Hause kam, hatten die Ärzte ihre Praxen bereits geschlossen.

Der Zufall brachte mich schließlich zum richtigen Arzt. Eine unserer Baustellen war im Allgemeinen Krankenhaus der Stadt Wien.

»Wenn du schon mal da bist«, dachte ich mir, »dann such doch im AKH einen Sportmediziner auf. Vielleicht kann dir der besser helfen als ein praktischer Arzt.«

Glücklicherweise lernte ich so einen der renommiertesten Sportmediziner Österreichs, Prof. Dr. Paul Haber, kennen, der sich zudem bei Stoffwechselkrankheiten bestens auskannte. Er untersuchte mich, und kein einziges Mal hörte ich von ihm, dass ich als Diabetiker nicht auch Gewichtheber sein könne.

Im Gegenteil, er gab mir gleich bei der ersten Untersuchung hilfreiche Tipps, wie ich sowohl meine Diät als auch mein Training unter einen Hut bringen könnte. Er kontrollierte fortan laufend meine Blutwerte, verlangte von mir, dass ich Tagebuch über meine täglichen Gewohnheiten im Training, im Job und auch beim Essen führte.

Gemeinsam mit dem Arzt, Peter Lauterer und meinem zukünftigen Trainer Maged Salama arbeiteten wir einen Trainingsplan und einen Ernährungsplan aus. Zuerst hatten wir das Training an den Diabetes angepasst, nun kehrten wir dieses System um: Wir passten den Diabetes an das Training an!

Binnen kurzer Zeit war ich fast wieder der Alte, konnte trainieren und wartete mit neuen Bestleistungen auf. Bereits zehn Wochen nach der Diagnose Diabetes belegte ich im Oktober bei der Junioren-Europameisterschaft in Rijeka (Kroatien) in meiner Altersklasse den achten Platz. Ich verbesserte mein Zweikampfresultat von der Junioren-WM in Prag vom Juli 2000 (also vor der Diagnose) von 307,5 Kilogramm auf 320 Kilogramm bei der EM. Von da an spürte ich, dass ich auf dem richtigen Weg war. Meine Siegermentalität hatte mich nicht verlassen!

Allerdings stellte sich das Einhalten der Diät doch als ein größeres Problem dar, und deshalb empfahl mir Prof. Haber die Teilnahme an einem speziellen einwöchigen Kurs, genannt FIT (Funktionelle Insulin-Therapie), damit ich mit meinen Mahlzeiten und dem Spritzen nicht mehr von der Tageszeit abhängig war. Diese Therapie machte ich dann auch umgehend im Klinikum Mistelbach. In Deutschland wird übrigens meines Wissens die intensivierte konventionelle Insulintherapie (ICT) angewendet, die aber der FIT sehr nahekommt. In zwei Wochen lernte ich alles über Kohlenhydrate, also Zucker, und wie viele Broteinheiten (BE) Kartoffeln, Schokolade oder Brot haben. Ich lernte auch, dass zum Beispiel Wurst und Gemüse keinen Zucker haben. Dann wird einem gezeigt, wie viel Insulin man je nach Broteinheiten spritzen muss. Im Prinzip lernt man seinen Körper und die Lebensmittel einzuschätzen, um dann individuell das Insulin einzusetzen: Wie hoch ist der aktuelle Blutzucker? Wie viel werde ich essen (in Gramm Kohlenhydrate)? Habe ich in den nächsten 3 bis 6 Stunden vermehrte körperliche Aktivität? Wie viel Insulin muss ich spritzen? Zu welchem Zeitpunkt? Um jederzeit meinen Blutzuckerspiegel messen zu können, benutze ich seit Jahren die Messgeräte von Accu-Chek und bin damit sehr zufrieden.

Diese für Diabetiker auf größtmögliche Selbstständigkeit gestützte Therapieform ist für mich persönlich die einzig nachvollziehbare. Sie ist für mich eine konsequente und auch einfache Methode, einen Überblick über die eigene Stoffwechselsituation zu erlangen und den täglichen Bedarf an Insulin im Griff zu haben. In FIT werden die verschiedenen Funktionen des Insulins getrennt in das langsam über den ganzen Tag hinweg wirkende Basalinsulin (das ich mir zweimal täglich spritze) und in das schnell wirkende Insulin, das sowohl zum Essen als auch zum Korrigieren des Blutzuckerwertes genommen wird. Sogenannte Mischinsuline werden bei dieser Therapie nicht verwendet. Ich messe also mehrmals am Tag meinen Zuckerwert und spritze je nach Bedarf die notwendige Menge Insulin mit einem Pen (einer speziellen Insulinspritze) in meinen Bauch oder Oberschenkel.

»Herr Steiner, achten Sie bitte zukünftig auch darauf, dass Sie einen geregelten Schlafrhythmus haben. Nicht die Nächte um die Ohren hauen und dann bis zum Mittag oder noch länger schlafen, das können Sie vergessen, das könnte fatale Folgen für Sie haben!« Prof. Haber erklärte mir genau, was alles während 24 Stunden in meinem Körper geschieht und wie der Insulinbedarf während dieser Zeitspanne schwankt. Nach dem Aufstehen ist der Bedarf wegen der vorausgegangenen Schlaf- und Ruhephase am höchsten, mittags am niedrigsten, und gegen Abend steigt er wieder an.

»Durch Ihr Training bringen Sie Ihren Körper ohnehin schon in eine Sonderleistung, da sollten Sie ihn nicht auch noch zusätzlich mit unregelmäßigem Zubettgehen belasten.«

Das alles waren für mich keine schlimmen Anweisungen, ich hatte mich recht schnell mit allem arrangiert. Das einzig Wichtige war für mich nur: Sport geht wieder, und ich kann wieder voll trainieren. Alles andere nahm ich in Kauf, mit dem musste ich halt leben und tue es bis heute, neun Jahre nach der Diagnose, immer besser. Ich weiß genau, was mir guttut, und ich weiß genau, was mir schadet. Man ist ja als Diabetiker sein eigener Arzt, weil man eben alle Lebenssituationen mitbekommt, die ein Arzt nie wissen kann. Das Fatale an der Zuckerkrankheit ist nur, dass sie ganz schleichend kommt und nicht wehtut.

Inzwischen bin ich ein Routinier im Umgang mit Zucker und Spritzen. Nur zur Kontrolle habe ich Ärzte und lasse mir gern Tipps geben, aber wie viel ich spritze oder wie viel ich esse und wie das alles mit meinem Training zusammenpasst, bestimme ich selbst. Diabetes hindert mich an gar nichts!

Mein Trainer Frank Mantek ist mittlerweile so vertraut mit meinem Diabetes, dass er mich regelmäßig, vor allem vor und während des Trainings, nach meinen Werten fragt und diese Werte auch einzuordnen weiß. Denn der Blutzuckerspiegel ist manchmal auch ein Indikator für Müdigkeit.

Wenn ich heute meine Fanpost durchsehe, sind darunter viele Briefe von Jugendlichen oder von Eltern betroffener Kinder mit dem Inhalt, dass zuckerkranke Kinder von ihren Mitschülern gehänselt werden, und in denen ich um Rat gefragt werde. Sogar Lehrerinnen und Lehrer, so schreibt man mir, bereiten unnötigen Stress, weil sie es nicht für notwendig erachten, sich mit dem Thema »Diabetes« zu befassen, wenn sie eine zuckerkranke Schülerin oder einen zuckerkranken Schüler in ihrer Klasse haben.

Dazu kann ich nur sagen: Unterstützen Sie ihr Kind darin, selbstbewusst mit Diabetes umzugehen. Klar, es ist zwar eine Krankheit, aber wenn ihr Kind gehänselt wird, dann soll es in Zukunft sagen: »Der stärkste Mann der Welt, der Matthias Steiner, hat auch Diabetes, also hört auf, mich blöd anzuquatschen!«

Eltern können sich auch Rat bei der Stiftung »Dianiño« einholen. »Dianino« hilft mit geschultem Personal Familien mit diabetischen Kindern bei ihren Alltagsproblemen. Das heißt, die Krankenschwestern und Helfer kommen direkt zu der jeweiligen Familie nach Hause. Das Ganze kostet die Familien übrigens keinen Cent und finanziert sich ausschließlich über Spenden. Dieses Projekt gefällt mir so gut, dass ich die Stiftung finanziell unterstütze. Wenn Sie sich informieren oder spenden möchten: www.stiftung-dianino.de.

Ebenso unterstütze ich die Stiftung »Das zuckerkranke Kind«. Sie wurde 1993 als Tochterstiftung der Deutschen Diabetes-Stiftung gegründet. Ziel der Stiftung ist es, die Forschung auf dem Gebiet des Diabetes Typ I zu unterstützen, sodass man der Krankheit besser vorbeugen, sie vielleicht sogar heilen kann (Webadresse: www.das-zuckerkranke-kind.de).

Wenn ich all diese Briefe lese, bin ich froh, dass ich bereits 18 war, als ich die Diagnose bekam. Wobei ich mir sicher bin, dass sich bei meinen Freunden niemals etwas geändert hätte und sicher auch nicht bei meinen Lehrern. Doch in der Pubertät, wo man vor Kraft strotzt und alles machen möchte, was das Leben bietet, kann es mitunter für ein Kind einen ziemlichen Knick im Selbstbewusstsein bedeuten, wenn es die Diagnose Diabetes bekommt. Es war auch für mich zu Anfang sehr schlimm! Es ist heute noch manchmal lästig, nur des Blutzuckerspiegels wegen essen zu müssen, obwohl man keinen Hunger hat. Das Nervigste bis heute ist, abends nach dem Zähneputzen beim Zuckermessen festzustellen, dass der Wert zu tief ist und man noch einmal was essen muss, obwohl man müde ist und eigentlich nur mehr ins Bett möchte. In so einem Moment komme auch ich noch manches Mal ins Grübeln, fühle mich sogar ein wenig hilflos und verloren, weil ich feststelle, dass ich eben doch weitestgehend auf mich alleine gestellt bin.

Es ist sicher anfangs gewöhnungsbedürftig, ständig den Blutzucker zu messen und zu spritzen, jedoch sind dies die einzigen Einschränkungen, die im Zusammenhang mit Diabetes für mich entstanden sind.

Meine Ratschläge für Diabetiker

Die meisten Erfahrungen im Umgang mit Diabetes habe ich selber machen müssen. Auch auf die meisten Ratschläge, die ich hier weitergebe, bin ich im Laufe meiner Diabeteserkrankung von selbst gekommen:

Bleiben Sie, wenn Sie eine Grippe mit Fieber haben, im Bett. Besser, Sie kurieren sich drei Tage aus, als dass Sie ein Leben lang an den Folgen einer übergangenen Grippe leiden müssen.

Wenn Sie feststellen, dass irgendetwas bei Ihnen ganz anders ist als sonst (mehr Durst, Gewichtsabnahme, Sehschwäche, Mattigkeit), lassen Sie sich so schnell wie möglich von einem Arzt untersuchen. Erstellen Sie keine Selbstdiagnosen, wie ich dies zu Anfang machte. Das Fatale am Diabetes ist: Er kommt schleichend, kann unbehandelt alles schädigen und, vor allem, er tut nicht weh!

Wenn der erste Arzt nichts bei Ihnen feststellt, lassen Sie nicht locker, gehen Sie zu einem zweiten.

Wenn Sie die Diagnose Diabetes bekommen, verzweifeln Sie nicht, Sie bekommen die Krankheit besser in den Griff, als Sie vielleicht anfangs glauben.

Halten Sie sich die erste Zeit ganz genau an die medizinischen Vorgaben. Sie müssen sich selbst und Ihrem Körper Zeit geben, mit der völlig neuen Situation umzugehen.

Notieren Sie, was Ihnen guttut, und streichen Sie, was Ihnen nicht bekommt.

Treiben Sie regelmäßig Sport! Die sportliche Betätigung hilft Ihnen, bei dieser Krankheit mehr Normalität in Ihr Leben zu bekommen.

Bereits nach einiger Zeit werden Sie feststellen, dass Sie es recht gut im Griff haben, ob Ihr Zuckerwert hoch oder niedrig liegt. Beachten Sie aber, dass Sie nach dem Trinken von mehreren Tassen Kaffee diese Sensibilität möglicherweise nicht mehr haben. Daher besser öfter messen, wenn man gerne und viel Kaffee trinkt!

Meine Ratschläge für Diabetiker

Haben Sie immer Traubenzucker dabei. Es kann sein, dass Sie Unterzucker haben, und da hilft nichts anderes schneller. Praktisch ist auch »Jubin«, eine Zuckerlösung aus der Apotheke. Eine kleine Tube, die in jede Hosentasche oder auch Handtasche passt. Ich habe festgestellt, dass auch Trockenobst nicht nur lecker schmeckt, sondern sofort ins Blut geht. Getrocknete Datteln zum Beispiel haben neben einem hohen Fruchtzuckeranteil zusätzlich auch viel Eisen! Mein Geheimtipp in diesem Zusammenhang: getrocknete Aprikosen aus dem Kühlschrank!

Besuchen Sie nach der Diagnose, wie ich es machte, einen FIT-Kurs (Funktionelle Insulin-Therapie – wird auch in Deutschland angeboten), damit Sie mit dem Essen und dem Spritzen nicht mehr von der Zeit abhängig sind.

Je offener Sie mit Ihrer Zuckererkrankung umgehen und je mehr Personen davon wissen, desto leichter kann Ihnen im Ernstfall geholfen werden! Ihr unmittelbares Umfeld unbedingt informieren!

Es ist wichtig, dass es Ihnen nicht peinlich ist, in der Öffentlichkeit Ihren Blutzuckerwert zu messen oder Insulin zu spritzen.

Um gesund zu bleiben und Spätfolgen zu vermeiden, sollte sich jeder Diabetiker darüber im Klaren sein, dass er diszipliniert leben muss.

Haben Sie immer eine Ampulle Glucagon (eine Art Gegenhormon des Insulins) dabei, damit Ihnen jemand im Notfall (falls Sie das Bewusstsein verlieren) dieses Mittel spritzen kann. Bitten Sie Personen, die mit Ihnen eng zusammenarbeiten oder zusammenleben, Sie zu Ihrem behandelnden Arzt zu begleiten und sich umfassend über Diabetes zu informieren.

Meiner Meinung und Erfahrung nach ist Bewegung oder Sport das Wichtigste für einen Diabetiker. Wenn man ausreichend Sport betreibt, kann man sich annähernd »normal« ernähren, und man muss sich weniger Insulin spritzen.

Haben Sie immer und überall Ihre »Diabetes-Utensilien« dabei und seien Sie bereits im Vorfeld auf alle Lebenssituationen vorbereitet. Haben Sie wirklich mal die Utensilien vergessen mitzunehmen, dann bekommen Sie gegen einen (hohen) Bareinsatz in jeder Apotheke Tag

Meine Ratschläge für Diabetiker

und Nacht Insulin und Einwegspritzen. Ich zum Beispiel trage meine Utensilien immer unauffällig in einer schwarzen Gürteltasche bei mir.

Die Einhaltung des Blutzucker-Langzeitwertes HbA1c-Wert ist wichtig, um breitgefächerte Spätfolgen zu vermeiden. Ich selbst achte darauf und rate daher auch jedem Betroffenen, mindestens viermal im Jahr diesen Wert bestimmen zu lassen. Nicht nur, weil er wichtig für eine lange Gesundheit ist, sondern auch wegen des Erfolgserlebnisses, das man verspürt, wenn der Wert gut ist. Mein aktueller Wert beträgt 6,5, was okay ist, und mein schlechtester Wert bisher war nur knapp über der magischen 7.

Lernen Sie, Diabetes nicht als Krankheit zu betrachten, sondern als veränderte Lebenssituation!

In Anbetracht der heutigen technischen Hilfsmittel, die einem ein schnelles, beinahe schmerzfreies und vor allem bequemes Messen ermöglichen, gibt es keinen Grund, den Blutzucker nicht häufig zu kontrollieren. Ich selbst verwende ein Gerät, mit dem ich meine gemessenen Werte sogar innerhalb von Sekunden auf meinen Computer überspielen kann.

Daher mein Rat: Nichts auf das Geschwätz dummer Mitschüler geben, offen mit der Krankheit umgehen, durchhalten und mental stark werden! Auch die Lehrer bitten, sich mit dem Thema ernsthaft und sachlich auseinanderzusetzen, damit es zu einen reibungslosen Ablauf im Unterricht kommt.

Das lohnt sich auf jeden Fall. Denn wie man an meinem Beispiel sieht: Man kann mit Diabetes Typ I sogar Olympiasieger werden!

Ich habe für mich folgenden, recht simplen Vergleich für mein Leben mit Diabetes gefunden: Man stelle sich ein Auto mit Automatik und eines mit Gangschaltung vor. Das Automatikauto ist wie jeder Mensch, der nicht zuckerkrank ist, denn der braucht kein spezielles Nachdenken, wie sein Körper funktioniert. Und ein Diabetiker, der täglich spritzen muss, ist das Auto mit der Gangschaltung. Um vorwärtszukommen, muss man manuell eingreifen.

Und ich weiß ganz genau: Meine Zuckerkrankheit hat mich Zuverlässigkeit und Disziplin gelehrt, ohne die ein Diabetiker nicht leben und ein Sportler nicht siegen kann!

ZUCKER UND EISEN

Der Jahresanfang 2001 brachte einen Trainerwechsel beim österreichischen Gewichtheberverband mit sich. Der Ägypter Maged Salama löste den bis dahin als Bundestrainer tätigen Polen Jerzy Sczallezky ab. Für mich änderte sich dadurch letztlich überhaupt nichts. Denn Jerzy Sczallezky war ausschließlich für die Athleten und Athletinnen der Allgemeinen Klasse – also der 20- bis 35-Jährigen – und für die Heeressportgruppe zuständig gewesen. Sportlerinnen und Sportler der Altersgruppe U20, zu der ich ja 2001 noch gehörte, fielen hingegen in den Verantwortungsbereich meines Freundes und Förderers Peter Lauterer. Maged Salama und er hatten schon seit 1999 im Verein AC WOGE Bregenz, zu dem ich im Jahr davor gewechselt war, gemeinsam an der Umsetzung des Nachwuchskonzeptes gearbeitet.

Es ging also fast alles so weiter wie vorher, außer dass mich mein Diabetes bei allem, was ich tat, auf Schritt und Tritt begleitete und ich mehrmals täglich Blutzucker messen und Insulin spritzen musste. Aber damit kam ich von Tag zu Tag besser zurecht, und mit der Zeit wurde es Routine. Wenn man nur ein wenig auf die Signale seines Körpers achtet, lernt man sehr schnell einzuschätzen, was man ihm zumuten kann und was nicht. Außerdem hatte ich Peter Lauterer an meiner Seite, der unermüdlich und in ständigem Informationsaustausch mit Maged Salama an meinen Trainingsplänen arbeitete. Wir waren zwar räumlich weit auseinander, die beiden in Bregenz und ich praktisch am anderen Ende Österreichs, aber es funktionierte wunderbar. Ich konnte weiterhin in Walter Legels privatem Gewichtheberraum trainieren – auch nach seinem Tod – oder in den Gewichtheberstützpunkten im Wiener Prater-Stadion oder in Tulln

Gewichts- und Altersklassen

In den Anfängen des Gewichthebersports – Ende des 19. Jahrhunderts – wurde noch keine Einteilung der Athleten nach Alter oder Körpergewicht vorgenommen, womit schwerere und jüngere Athleten deutlich im Vorteil waren. Erstmals Mitte 1905 wurden die Starter dann in die drei Kategorien bis 70 Kilogramm (Leichtgewicht), bis 80 Kilogramm (Mittelgewicht) und über 80 Kilogramm (Schwergewicht) eingeordnet. In den Folgejahren wurde diese Einteilung auf bis zu zehn Gewichtsklassen erweitert und immer wieder geändert und verfeinert. Bezeichnungen wie Fliegen-, Feder-, Bantam-, Halbschwer- und Mittelschwergewicht kamen hinzu, wurden 1977 jedoch offiziell abgeschafft. Seit 1998 gibt es bei den Männern acht Gewichtsklassen: bis 56 Kilogramm, bis 62 Kilogramm, bis 69 Kilogramm, bis 77 Kilogramm, bis 85 Kilogramm, bis 94 Kilogramm, bis 105 Kilogramm und die Klasse über 105 Kilogramm, die als Superschwergewicht bekannt ist und bei Publikum und Medien die größte Aufmerksamkeit genießt.

Außerdem macht eine Einteilung in Altersklassen einen besseren Vergleich der Gewichtheber verschiedenen Alters möglich. Derzeit sind dies:

Jugend: von 13 bis einschließlich 17 Jahre (mit eigenen Gewichtsklassen)

Junioren: bis einschließlich 20 Jahre

Senioren: allgemeine Klasse

Master: ab 35 Jahre

In Deutschland wie auch in Österreich gibt es in den jeweiligen Altersklassen noch weitere Aufgliederungen nach dem Körpergewicht.

Im April 2001 fand in Trencin (Slowakei) die Europameisterschaft in der Allgemeinen Klasse statt, wo ich mit 93,6 Kilogramm Körpergewicht noch knapp in der Kategorie bis 94 Kilogramm an den Start ging. Um diese Grenze aber überhaupt einzuhalten, hatte ich vor dem Wettkampf mein Gewicht deutlich nach unten bringen, sprich: mir einige Kilo abhungern müssen. Das wiederum führte zu erheblichen gesundheitlichen Problemen, die mich auch noch während des Wettkampfes plagten. Trotzdem belegte ich dann am Ende mit 325 Kilogramm im Zweikampf einen achtbaren 16. Platz.

Für Peter Lauterer und Maged Salama war jetzt klar, dass dies auf jeden Fall mein letzter Wettkampf in der Kategorie bis 94 Kilogramm gewesen war und ich bei der kurz darauf im Juli stattfindenden Junioren-WM im griechischen Saloniki bereits in der Klasse bis 105 Kilogramm, also im Schwergewicht, starten musste. Genau das erklärten sie auch ausdrücklich und unwiderruflich gegenüber dem Bundesfachverband.

Was dann schieflief, ob es beim Verband ein Irrtum war oder Gleichgültigkeit, ließ sich nicht mehr klären. Fest stand zuletzt nur: Entgegen den Forderungen von Peter Lauterer und Maged Salama hatte mich irgendjemand vom Fachverband für die Junioren-WM in Saloniki in der Klasse bis 94 Kilogramm gemeldet.

Es war meine allererste Weltmeisterschaft überhaupt. Als Wettkampfbetreuer war mir – auf Betreiben von Peter Lauterer – Maged Salama zur Seite gestellt worden. Er reiste bereits nach Saloniki voraus, während ich im Keller von Walter Legel mein Abschlusstraining absolvierte. Überraschend meldete er sich telefonisch am Vorabend meiner Abreise.

»Matthias, du kannst nicht starten«, eröffnete er mir unumwunden.

Ich erstarrte. »Was soll das heißen, ich kann nicht starten? Was ist passiert?«, fragte ich.

Maged Salama war sichtlich verärgert. »Der Verband hat dich für 94 Kilogramm angemeldet und nicht für 105. Du bist also zu schwer für die gemeldete Kategorie und wirst deshalb keine Startgenehmigung bekommen.«

»Das kann doch kein Problem sein«, polterte ich, »dann werde ich halt nachgemeldet oder umgemeldet in die höhere Klasse! Das muss doch gehen!«

»Das habe ich bereits versucht«, antwortete Maged Salama, »aber der Weltverband IWF sieht die Meldung als verspätet an. Da ist ganz einfach die Meldefrist abgelaufen.«

Natürlich hatte ich eine Stinkwut auf den Verband, der schuld war, dass ich jetzt nicht starten konnte, aber alles Toben half nichts, es war für eine Meldung einfach zu spät. Die andere Möglichkeit – leichter werden – schied von vornherein aus. Ich lag mit meinem Gewicht bereits bei 101 Kilogramm, denn ich hatte mir natürlich im Vertrauen auf die richtige Nennung in der höheren Gewichtsklasse auch keine Beschränkungen mehr auferlegt, was die Nahrungszufuhr anbelangte. In der kurzen Zeit bis zum Start sieben Kilo zu verlieren, war unmöglich, und jeder Versuch in diese Richtung wäre mit meinem Diabetes geradezu ein Raubbau an meiner Gesundheit mit unabsehbaren Folgen gewesen.

Dennoch wollte Salama, dass ich am nächsten Morgen anreise, vielleicht würde sich durch einen glücklichen Zufall doch noch was an der aussichtslosen Situation ändern. Doch das tat es leider nicht.

Salama und ich waren dazu verdammt, den Wettbewerb vom Zuschauerraum aus zu verfolgen und dann unverrichteter Dinge den Heimweg anzutreten. Das Ärgerlichste war, dass, gemessen an meinen Leistungen im vorbereitenden Training, eine Bronzemedaille für mich durchaus in erreichbarer Nähe gewesen wäre. Und überhaupt: Die Tatsache, dass ich bei der allerersten WM meines Lebens nicht antreten durfte, war für mich ein herber Schlag ins Gesicht. Wozu das harte Training?

Von Verbandsseite her war man sich übrigens keiner Schuld bewusst, sondern verwies auf den Bundestrainer und Wettkampfbetreuer, der schließlich die letzte Möglichkeit für eine Ummeldung in die höhere

Klasse versäumt habe. Auf diese Weise wurde Maged Salama aus der Tatsache, dass er sich bei der Anmeldung für die WM auf den Verband verlassen hatte, jetzt ein Vorwurf gemacht. Er hätte ja schließlich noch einmal nachfragen können, hieß es. Über den ursprünglichen Fehler bei der Anmeldung wurde kein Wort mehr verloren. Das Gefühl, dass bei der ganzen Sache bestimmte Sympathien, Antipathien und Animositäten innerhalb des Gewichtheberverbandes und natürlich der Trainerwechsel eine Rolle gespielt haben, bin ich bis heute nicht losgeworden. Zumal es nicht der letzte Vorfall dieser Art sein sollte.

Als nächster internationaler Wettbewerb stand gleich im September die Jugend-EM in Kalmar in Schweden an. Mit der Meldung in der richtigen Gewichtsklasse klappte es dieses Mal sogar, man wollte sich beim Gewichtheberverband wohl nicht denselben Fehler zweimal hintereinander leisten. Ich ging mit 102,3 Kilogramm Körpergewicht an den Start, und vielleicht trieb mich beim Wettkampf mein fester Wille, denen im Verband mal zu zeigen, was ich in Saloniki hätte erreichen können.

Zum Schluss stand ich jedenfalls stolz mit je einer Bronzemedaille im Zweikampf und im Reißen auf dem Siegertreppchen, im Stoßen war ich immerhin noch auf dem vierten Platz gelandet. Meine Leistung im Zweikampf hatte ich seit Trencin im April um 35 Kilogramm auf 360 Kilogramm gesteigert. Ich fühlte mich fantastisch, denn es ging immer weiter nach oben, Peter Lauterer und Maged Salama glaubten an mich und förderten mich, wo sie nur konnten, und das gab mir unwahrscheinlichen Auftrieb.

SÄGE KEIN SÄGEMEHL!

Im gleichen Jahr 2001 legte ich mit Erfolg meine Gesellenprüfung als Gas- und Wasserinstallateur und als Zentralheizungsbauer ab. Zwar fehlten mir im Bereich Heizungswartung einige praktische Erfahrungen, weil meine Firma immer nur auf Großbaustellen Heizungen gebaut hatte, aber das war meinen Prüfern von vornherein bekannt und wurde entsprechend berücksichtigt.

Die Querelen mit dem Verband schienen auch vorbei zu sein – glaubte ich wenigstens bis zur Weltmeisterschaft in der Allgemeinen Klasse im November in Antalya (Türkei). Ich war ordnungsgemäß gemeldet, und dann geschah das Unglaubliche: Der damalige Generalsekretär des Österreichischen Gewichtheberverbandes zog meine Nennung ohne Rücksprache mit Peter Lauterer als zuständigem Sportwart und Bundestrainer Maged Salama wieder zurück. Ich war außer mir vor Zorn. Wieder einmal hatte der Verband meine Teilnahme an einem internationalen Wettbewerb torpediert, und ich durfte nicht nach Antalya fahren.

Die nachgeschobene Begründung für das Verhalten des Generalsekretärs war nicht geeignet, mich zu besänftigen. Man habe eine »Überforderung« vermeiden wollen, hieß es lapidar, da ich ja zu dieser Zeit eigentlich noch zu den U20 gehörte. Was für ein Unsinn da geredet wurde, zeigt sich an der folgenden Geschichte: Während der WM in Antalya stellte der oberösterreichische Schwergewichtler Silvio Ajfrid einen neuen österreichischen Rekord in der Allgemeinen Klasse auf. Etwas später am gleichen Tag übertraf ich diesen Rekord im Rahmen der Bundesliga-Mannschaftsmeisterschaft, an der ich stattdessen teilgenommen hatte. Natürlich war dieser Wettbewerb kein Ersatz für die Weltmeisterschaft, denn dort hätte ich – vor allem im Hinblick auf Athen 2004 – dringend notwendige Erfahrungen für die Teilnahme an internationalen Wettbewerben sammeln können.

Einer meiner liebsten Sprüche ist: »Säge kein Sägemehl!« Die Weltmeisterschaft 2001 in Antalya war für mich abgehakt, und für mich machte es keinen Sinn, weiter nach den Ursachen für die mehr als fragwürdige Entscheidung des Generalsekretärs zu forschen. Aber ich spürte bei allem, dass mir im Verband der Wind ins Gesicht blies. Nur Peter Lauterer und Maged Salama hielten weiterhin fest zu mir, und unter ihrer Anleitung zeigte meine Leistungskurve beständig nach oben.

Im April 2002, bei der EM der Allgemeinen Klasse, wiederum in Antalya, durchbrach ich im Stoßen erstmals bei einem internationalen Wettkampf die 200-Kilogramm-Grenze und erreichte 207,5 Kilogramm und in der Gesamtwertung Platz elf. Ich war dort übrigens – mit 109,2 Kilogramm Körpergewicht – erstmals bei den Superschweren (über 105 Kilogramm) gestartet, was aber nichts anderes war als ein genialer Schachzug von Peter Lauterer im Hinblick auf die Junioren-WM im tschechischen Havirów einen Monat später. Jeder erwartete nämlich, dass ich dort ebenfalls wieder in der schwersten Klasse starten würde, aber das tat ich nicht, sondern reihte mich zur allgemeinen Überraschung mit 104,6 Kilogramm wieder bei den Schwergewichtlern ein.

Die Taktik ging auf, die Gegner waren verunsichert, und ich stand dreimal auf dem Siegertreppchen mit je einer Bronzenen im Reißen, im Stoßen und im Zweikampf. Drei dritte Plätze, das war meine bis dahin beste Leistung in einem internationalen Wettbewerb. Bei der Junioren-EM in Nuoro (Italien) im Oktober konnte ich dieses Ergebnis wiederholen und dabei meine persönliche Bestleistung im Stoßen auf 215 Kilogramm steigern. Im November, bei der Allgemeinen WM in Warschau, verbesserte ich mich dann im Reißen auf 180 Kilogramm und kam im Zweikampf auf 395 Kilogramm, was Platz zwölf bedeutete. Die 400-Kilogramm-Grenze war damit für mich in greifbare Nähe gerückt und ebenso die Teilnahme an den Olympischen Spielen 2004 in Athen.

Das Jahresende 2002 brachte für mich in sportlicher Hinsicht eine Zäsur. Die EM in Nuoro war meine letzte Teilnahme an einer Juniorenmeisterschaft gewesen, weil ich im August des gleichen Jahres 20 Jahre alt geworden war. Ab dem Jahresanfang 2003 gehörte ich zu den Senioren, was bedeutete, dass ich nicht mehr jährlich an vier internationalen Wettbewerben teilnehmen durfte, sondern nur noch an zwei: der Europameisterschaft im April und der Weltmeisterschaft im November. Gleichzeitig war mir klar: Ab sofort hatte ich gegen ungleich härtere Konkurrenz zu bestehen, wollte ich meinen Erfolgsweg fortsetzen.

Die erste Bewährungsprobe ergab sich im April 2003 bei der EM im griechischen Loutraki. Mit 392,5 Kilogramm belegte ich zwar letztlich im Zweikampf Platz acht, brachte allerdings vier von sechs Versuchen nicht gültig zur Hochstrecke und musste mich schließlich sowohl im Reißen als auch im Stoßen mit den Anfangsgewichten zufriedengeben.

Ende Juni war Udine in Italien Austragungsort für den jährlichen Promotion Cup des Europäischen Gewichtheberverbandes EWF. Dieser Promotion Cup ist nach der Europameisterschaft der zweitwichtigste Gewichtheberwettbewerb in Europa. Im Jahr 2003 traten dort hochkarätige Athleten aus 16 europäischen Nationen gegeneinander an, und Peter Lauterer sah meine Teilnahme als wichtigen Prüfstein für meine Olympiaqualifikation an, außerdem sollte ich natürlich so viel Erfahrung wie möglich auf internationalen Turnieren sammeln.

Ich ging mit einem Körpergewicht von 108,13 Kilogramm in den Wettkampf, legte beim Reißen eine fehlerlose Serie hin und trat mit einer Vorlage von 180 Kilogramm beim nachfolgenden Stoßen an, bei dem ich nach zwei gültigen Versuchen im letzten 222,5 Kilogramm zur Hochstrecke brachte. Das bedeutete Gold in der Tageseinzelwertung und insgesamt Turnierbestleistung. Außerdem hatte ich erstmals bei einem internationalen Wettbewerb ein Zweikampfresultat von über

400 Kilogramm abgeliefert. Es schien, als müsste ich mir wegen der Qualifikation für Athen im Jahr darauf keine Sorgen machen.

Aber so glatt lief es dann doch nicht. Bei einem der Versuche im Reißen hatte ich plötzlich einen Schlag im Oberschenkel verspürt, danach hatte ich ständige Schmerzen in der Adduktorengegend. Ich ging, ebenso wie Lauterer und Salama, erst einmal davon aus, dass die Beschwerden nach einer Woche wieder vorbei sein würden, so wie meistens, wenn es irgendwo zwickte. Aber wir hatten uns getäuscht. Mehrere Wochen vergingen, und die Schmerzen waren immer noch da.

Ich lief in Österreich mehrere Sportärzte ab, ich wurde abgetastet, geröntgt, mit Ultraschall untersucht, aber es war nichts festzustellen. Einer der Ärzte vermutete, die Adduktorensehne sei eingerissen, aber das konnte nicht sein, denn ich machte im Training weiter meine Kniebeugen mit 250 Kilogramm auf den Schultern, und das hätte eine beschädigte Sehne nicht lange ausgehalten. Ein anderer Arzt stellte dann fest, dass die Sehne völlig in Ordnung war, nur. Die Schmerzen blieben.

Inzwischen war es November geworden, und am 17. sollte ich bei der Weltmeisterschaft in Vancouver starten, deren Ergebnisse als Qualifikation für Athen 2004 zählten. Damit ich überhaupt teilnehmen konnte, bekam ich schließlich – wegen der Dopingbestimmungen mit ärztlicher Ausnahmegenehmigung – Cortison gegen meine Beschwerden verabreicht. So flog ich nach Kanada.

Trotz der Beeinträchtigung schaffte ich in Vancouver den siebten Platz im Zweikampf und eine Leistung von 402,5 Kilogramm, notwendig wäre der achte Platz gewesen. Damit hatte ich die Qualifikation für Olympia in der Tasche, glaubte ich, doch der Verband in Österreich sah das anders. Ich müsse das noch einmal bestätigen, hieß es, und zwar bei der EM in Kiew im Frühjahr.

Die Schmerzen in der Leiste wollten nicht verschwinden, auch das Cortison half nicht, und kein Arzt konnte die Ursache finden. Im Dezember fuhr ich deswegen auf Empfehlung nach Deutschland, in das Medical Center in Bad Wiessee am Tegernsee, in der Hoffnung, dass mir einer der dortigen Fachleute helfen könnte. Zunächst wollte man mit mir ein wenig Training machen, ich bestand jedoch auf einer Untersuchung. Ich wurde wieder geröntgt, ohne Ergebnis. Auch die Ultraschalluntersuchung ergab keinen Befund. Nach einer Kernspintomografie wurde mir dann von den Ärzten eröffnet, dass die Ursache für die Schmerzen eine Wassereinlagerung im Beckenastknochen sei, an dem die Adduktorensehne angewachsen ist, und zwar dort, wo sie am Becken ansetzt. Man könne das Wasser aber nicht herausziehen, ich müsse mir das eher so vorstellen wie ein Stück Holz, das sich vollgesaugt hat. Als Therapie wurde mir Wärme empfohlen, am besten durch einen kurzzeitigen Aufenthalt in einem Land mit trockenem und heißem Klima. Und tatsächlich: Drei Wochen Ägypten – auch im Januar hat es dort schon 30 Grad – und ich war meine Schmerzen los.

Mitte März 2004 fanden in Budapest die EU-Meisterschaften statt, die ich mit dreimal Gold abschloss. Im April 2004 fuhr ich dann zur Europameisterschaft in Kiew, um, wie der Verband gemeint hatte, die in Vancouver bereits erworbene Olympiaqualifikation noch einmal zu bestätigen. Ich schaffte mit insgesamt 405 Kilogramm wiederum den siebten Platz, wobei ich allerdings im Reißen knapp am Totalversagen vorbeischrammte. Aber letztlich reichte es, und ich hatte damit die Fahrkarte nach Athen in der Tasche. Als ich nach der EM wieder in Obersulz eintraf, ahnte ich noch nicht, dass Kiew mein Leben auch noch auf ganz andere Weise verändern sollte.

Geschichte des Gewichthebens

Das Gewichtheben gilt als eine der ältesten Sportarten der Welt. Bereits bei den Olympischen Spielen der Antike traten Athleten in diesem Wettkampf gegeneinander an, um festzustellen, wer von ihnen der Stärkste sei, wobei anfangs große Steine als Gewichte dienten.

Im Laufe der weiteren Geschichte entstanden teilweise skurrile Wettbewerbe, bei denen die unterschiedlichsten schweren Gegenstände auf die verschiedensten Arten gehoben, gestemmt oder gelüpft wurden. Im Vordergrund stand dabei nicht so sehr der Gedanke des Sports oder der Körperertüchtigung, denn häufig traten die sogenannten Kraftmenschen auf Jahrmärkten vor Publikum auf und verdienten sich so einen Obolus. Daneben hatte es aber schon immer seinen ganz besonderen Reiz, als stärkster Mann des Dorfes, der Stadt oder eines anderen größeren Gebietes Ruhm zu erlangen, und deswegen sind bis in die heutige Zeit in vielen ländlichen Regionen traditionelle Wettbewerbe erhalten geblieben, bei denen im Rahmen eines Volksfestes Steine, Bierfässer, Kirchenglocken oder auch gleich ganze Ochsen mit reiner Muskelkraft in die Höhe gehoben werden.

Das Gewichtheben, so wie man es heute als sportliche Auseinandersetzung mit allgemeingültigen Ablaufregeln kennt, kam erst im 19. Jahrhundert auf. 1891 wurde in Deutschland der erste offizielle Gewichtheberverband gegründet. Seit 1896 – mit mehreren Unterbrechungen in den Folgejahren – ist Gewichtheben Teil der Olympischen Spiele. Anfangs handelte es sich um eine Kombination aus ein- und beidarmigem Stoßen, wobei das Körpergewicht der Athleten noch keine Rolle spielte. Ab 1920 wurde Gewichtheben dann reguläre olympische Disziplin, und die Sportler starteten erstmals in fünf verschiedenen Gewichtsklassen.

Seit 1928 traten die Athleten im sogenannten Dreikampf gegeneinander an, der aus drei Einzeldisziplinen bestand: dem Reißen, dem Stoßen und dem Drücken. Beim Drücken musste das Gewicht zunächst wie beim Stoßen umgesetzt und dann ohne Beineinsatz zur Hochstrecke gebracht werden. Die Teildisziplin Drücken wurde nach den Olympischen Spielen 1972 in München abgeschafft. So entstand der heute übliche Zweikampf aus Reißen und Stoßen.

Stemmen mit Hut und Zigarre verboten

Aus den »Richtlinien für das Training in Vereinen« des Wiener Athleten-Club-Verbandes von 1891

Aus den »Richtlinien fuer das Training in Vereinen« des Wiener Athleten-Club-Verbandes von 1891

1. Jedes Mitglied hat die Pflicht, jede Uebung, welche der Trainer vorzeigt, so gut es moeglich ist, nachzuueben und hat daher jedes Mitglied sich den Anordnungen des Traineurs ohne Widerrede und Murren zu fuegen.

2. Ist waehrend der Uebungen das Turnen und Heben mit Requisiten im Strassenanzuge unerlaubt und hat jedes Mitglied das ihm gehoerige Tricotleibchen waehrend der Uebungen anzuhaben.

3. Jenes Mitglied, welches fremde Monturen oder Ausruestungsgegenstaende ohne Erlaubnis des Eigenthuemers benutzt, unterliegt einer Strafzahlung. Dieselbe besteht fuer die erstmalige Uebertretung in zwei, fuer die zweite in vier Liter Wein usw.

4. Das Ueben der Mitglieder sowie Gaesten mit der Cigarre im Munde oder in der Hand, ferner mit Hut auf dem Kopfe, ist sowohl waehrend als auch ausser der Uebungsstunde verboten.

5. Alle Mitglieder haben die gewoehnlichen Anstandsregeln, hauptsaechlich aber das Abnehmen des Hutes im Clublokale waehrend der Uebungen zu beachten.

6. Mitglieder, welche sich waehrend der Uebung ausschliessen, duerfen die naechstfolgenden in der betreffenden Stunde nicht mehr mitmachen.

7. Saemtliche Mitglieder haben sich zur bestimmten Stunde, d. i. 8 Uhr abends, zur Uebung einzufinden. Waehrend derselben hat unbedingt die groesste Ruhe zu herrschen und haben sich die Mitglieder immer in der Naehe um den Traineur zu versammeln.

8. Beim Eintritt in das Clublokal ist der vorgeschriebene Handschlag dem Clubhandschuh zu leisten.

9. Erscheint ein Mitglied am Uebungstage im Clublokale, so hat dasselbe die Uebungen ohne Widerspruech mitzumachen. Krankheit entschuldigt.

10. Vor Beginn der Uebung ist keinem Mitglied erlaubt, mit den Geraeten zu hantieren, so auch Niemandem eine Uebung vor Eintreffen des Traineurs oder dessen Stellvertreters zu zeigen.

11. Bei jeder Production oder Schauuebung hat jedes Mitglied eine Stunde nach Schluss der Production das Costum abzulegen.

E-MAIL FÜR MICH

Ich war gerade zwei Tage von Kiew zurück, endlich wieder daheim in Mutters Küche und glücklich über meine Qualifikation für meine ersten Olympischen Spiele, und setzte mich an meinen Computer.

»Na, mal schauen, was sich da angesammelt hat.«

Anfragen von Fans für Autogrammkarten, Post vom Fanclub, Reiseversprechen von dieser und jener Fluglinie und eine E-Mail von einer Susi mit einer E-Mail-Adresse, die eher nach SPAM aussah, also einer unerwünschten Werbung, mit dem Betreff: An Matthias Steiner persönlich.

Zunächst überlegte ich mir, ob ich die Mail überhaupt öffnen sollte oder ob ich sie direkt in den Papierkorb verschiebe, aber dann war ich doch zu neugierig und begann zu lesen. Der Brief war komplett anders als das, was ich sonst so erhielt. Ich war überrascht, wie nett die Absenderin geschrieben hatte.

Sie hatte mich zufällig im Fernsehen bei der Übertragung der EM in Kiew auf dem Sender Eurosport entdeckt. Eigentlich hatte sie sich auf diesem Kanal ein Tennismatch angesehen, war aber dann bei der nachfolgenden Sendung über die Gewichtheber-EM hängen geblieben, gerade als ich dort an der Reihe war. Irgendwie hatte sie mich wohl auf Anhieb sympathisch gefunden und dann den ganzen Tag an mich gedacht – bis sie sich am Abend nicht mehr an meinen Namen erinnern konnte. Das gefiel mir, denn für mich hieß das, ich als Person habe ihr gefallen und der Name war Nebensache. Ich musste ob dieser Ehrlichkeit beim Lesen schmunzeln.

Über das Internet hatte sie meinen Namen dann zum Glück, wie sie schrieb, wiederentdeckt und auch meine E-Mail-Adresse auf der Verbandshomepage gefunden.

In Stil und Inhalt hob sich das Schreiben wie gesagt meilenweit von der üblichen Fanpost und den Autogrammanfragen ab. Am Schluss ihrer Zeilen bat sie mich, ihr doch zurückzuschreiben, wenn ich Lust hätte.

Hatte ich schon – aber vorher wollte ich noch mit meinem Freund René darüber sprechen. Ich erzählte ihm nur grob, was in der E-Mail stand, den genauen Wortlaut verriet ich ihm natürlich nicht.

»Du, Metzger, meinst du, die meint das ernst? Kannst du dir vorstellen, dass jemand so was per E-Mail schreibt?«

»Na ja, klingt doch supernett, ich glaub schon, dass das ernst gemeint ist. Wirst du ihr denn schreiben?«

»Ja, das werde ich«, antwortete ich.

So schrieb ich noch am selben Tag eine E-Mail an Susann zurück und bat darin auch gleich um ein Foto von ihr. Schließlich hatte sie den großen Vorteil mir gegenüber, dass sie mein Aussehen bereits vom Fernsehen her kannte, aber ich hatte überhaupt keine Vorstellung von ihr.

Wenig später erhielt ich eine E-Mail, der sie ein Bild von sich angehängt hatte, und ich musste zugeben, Susann gefiel mir wirklich sehr gut. Von Anbeginn an.

Absichtlich meldete ich mich erst einmal zwei Tage nicht mehr, um die Sache spannender zu machen. Eigentlich überhaupt nicht meine Art. Hatte mich der Teufel geritten? Nein, rückblickend gesehen bin ich fast sicher, dass mich das erste Mal bei einem Mädchen »der Bammel« überkommen hatte.

Wie Susann später erzählte, war sie nicht nur etwas verärgert darüber, sondern auch verunsichert, weil sie annahm, mir hätte das Foto von ihr nicht gefallen. Sie hatte auch ihre Telefonnummer angegeben, und nach zwei Tagen Zappelnlassen rief ich sie schließlich an. Zwischen uns passte es vom ersten Moment an, und wir stellten eine ganze Menge Gemeinsamkeiten fest. Es vergingen ein, zwei Wochen, und unsere Telefonate wurden zum täglichen Ritual. Wenn man mir vorher erzählt hätte, dass man sich nur über Telefon und Briefwechsel in einen Menschen verlieben kann, dann hätte ich bloß darüber gelacht. Doch auf einmal war es so.

Wir verliebten uns ineinander, und uns beiden war klar: Das mit uns ist kein Strohfeuer.

Mein Trainer Maged Salama durfte von alldem natürlich nichts erfahren, denn er war ein strikter Gegner von Frauengeschichten im Leistungssport. Keine Ahnung, ob da seine Nationalität oder seine eigene Lebensgeschichte eine Rolle spielten, ich hielt jedenfalls alles, was mit Susann zusammenhing, von ihm fern und vor ihm geheim. Da kannte mich mein Trainer wohl nicht gut genug, denn es mag Athleten geben, die sich ablenken lassen, doch ich gehöre sicher nicht dazu – im Gegenteil, mich hat das bei meinen sportlichen Leistungen erst richtig angespornt!

Doch das eigentliche Hindernis bei unserer frisch entflammten Zuneigung zueinander war nicht mein Trainer, sondern die Zeit und die Entfernung. In den ersten drei Monaten schafften wir es nicht ein einziges Mal, uns zu sehen. Sie lebte in Deutschland, genauer gesagt in Wilkau-Haßlau bei Zwickau in Sachsen. Das wäre ja noch alles kein unüberwindbares Problem gewesen, doch nach einem Monat Telefonieren und Schreiben (da hatten wir festgestellt, dass wir einander auch treffen wollen) standen für mich über fünf Wochen Training in Spanien auf dem Programm, und die machten einem persönlichen Kennenlernen erst einmal einen gehörigen Strich durch die Rechnung.

Ich will heute gar nicht mehr darüber nachdenken, wie hoch meine Telefonrechnung damals war, obwohl ich jede freie Minute dafür genutzt hatte, in einem Internetcafé an Susann zu schreiben.

Endlich war ich danach wieder in Österreich, aber auch nicht gleich zu Hause, nein, erst ging es in die Steiermark zum Training. Und irgendwann Mitte der Woche hieß es seitens des Trainers: »Am Wochenende ist mal Pause angesagt. Matthias, du kannst nach Hause fahren, aber am Sonntagabend bist du wieder hier!«

Endlich!

Ich rief sofort Susann an und sie sagte: »Egal, auch wenn ich länger hin und her fahre, als dass ich Zeit mit dir verbringen kann, ich komme mit dem Zug nach Wien!«

Ich fuhr mit dem Auto vom Trainingslager los und kam am Freitag spät abends in Wien an, um Susi am Bahnhof abzuholen. Gott, war ich nervös!

Da ich noch etwas Zeit hatte, kaufte ich ihr einen schönen Strauß Blumen. Als Susis Zug nach zehn Stunden Fahrt endlich einfuhr und sie schließlich ausstieg und mir fröhlich lachend zuwinkte, war es wirklich um mich geschehen! Wir wussten sofort, dass es passt! Wir hatten es schon vorher gewusst, aber das persönliche Treffen hatte dann die absolute Gewissheit gebracht. Wir sind noch auf ein Eis in die Innenstadt und bummelten noch etwas durch Wien. Es war aufregend, endlich die Frau in den Armen zu halten, die ich bis dato nur vom Telefon und von Briefen kannte. Eine Traumfrau!

Auch meine Eltern fanden meine Freundin auf Anhieb unheimlich sympathisch und nahmen sie herzlich in unsere Familie auf. Meine Mutter sagt heute über diesen Tag: Es war, als sei sie schon immer ein Teil von uns gewesen. Eigenartig, aber genau so war es. Es tat nicht nur mir leid, dass Susann am Sonntagvormittag wieder zurück in ihre Heimat reisen musste, sondern auch meinen Eltern. Ich fuhr am Nachmittag wieder zum Training und tat so, als sei alles wie vorher.

Aber nichts war mehr wie vorher. Ich war verliebt und glücklich.

Glücklich vor allem darüber, dass Susi nicht umgeschaltet hatte, als das Tennisturnier bei Eurosport vorbei war, sondern sich – wie sie immer sagte – Knall auf Fall in den Kerl aus Österreich verliebte und nicht locker ließ, bis sie mich ausfindig gemacht hatte. Denn, so überlegte ich oft, wie hätte ich von meiner Seite aus Susi kennenlernen sollen? Es heißt: Wenn es passt, dann passt es! Und bei uns war das so. Vom ersten Moment an.

Deshalb war es für uns auch kein Problem, dass wir uns erst nach Olympia wiedersehen sollten.

MEINE ERSTEN OLYMPISCHEN SPIELE

Gewichtheben ist für mich eine ehrliche Sportart, im Sinne von exakt mess- und vergleichbar, weil weder das Material noch die Witterungsverhältnisse eine Rolle spielen. Jeder Athlet findet dieselben Bedingungen vor. Bei vielen anderen Sportarten wird der Athlet äußeren Gegebenheiten ausgesetzt, die ihn begünstigen oder benachteiligen können. Das kann das Wetter sein, die Windrichtung, die Temperatur, der Zustand des Platzes beim Fußball oder der Strecke bei der Formel 1. Beim Skirennen kann die Piste beim ersten Starter besser sein als beim letzten oder schlechter, wenn Nebel entweder einfällt oder sich hebt. Beim Schwimmen kann das Material des Anzuges entscheidend sein, beim Radfahren das des Fahrrads, um nur einige Beispiele zu nennen. Und da kann es passieren, dass der Schlechtere gewinnt, weil er das Glück hatte, bessere Bedingungen vorzufinden.

Beim Gewichtheben gibt es das alles nicht. Gewichtheben wird immer in der Halle betrieben. Der Belag auf der Bühne ist immer gleich, die Hantelstangen sind genormt und natürlich auch die Gewichte. Wenn man zum Beispiel 200 Kilo stößt, dann sind es für jeden Athleten 200 Kilo und nicht etwa für den einen 195 und den anderen 205. Wie ich immer sage: 200 Kilo bleiben 200 Kilo, egal wie man es dreht und wendet!

Es hängt alles nur vom Athleten ab, von seiner Kraft, seiner Technik, seiner persönlichen Tagesform. Es gibt auf der Bühne nur ihn und die Hantel, die er zur Hochstrecke bringen muss. Und bei jedem seiner Versuche kämpft der Gewichtheber zunächst einmal gegen sich selbst.

Das ist bereits im täglichen Training so, denn jeder Heber strebt danach, seine persönliche Bestleistung immer weiter nach oben zu bringen. Er kann sich aber auch mit anderen messen, ohne dass er im direkten Wettbewerb gegen sie antreten muss. Denn, wie gesagt, eine Hantel von 200 Kilo Gewicht wiegt immer gleich viel, egal, wo auf der Welt sie gehoben wird. Und so kann jeder Gewichtheber bereits im Training einschätzen, ob er besser oder schlechter ist als seine Konkurrenz.

Das A und O für jeden Sportler ist natürlich der direkte Vergleich im Wettkampf, denn da warten ganz andere Herausforderungen auf einen als im Trainingsraum: Die Spannung, die in der Luft liegt, das Publikum und die Gewissheit, dass es jetzt wirklich darauf ankommt, spornen den einen zu Höchstleistungen an und lassen den anderen an seiner Nervosität scheitern.

Egal, ob es eine Klub-, Bezirks-, Landes-, Staats-, Europa- oder Weltmeisterschaft ist, jeder Wettbewerb ist auf seine Art spannend und hat seinen Reiz, aber die Krönung in jedem Sportlerleben ist die Teilnahme an Olympischen Spielen. Darauf hatte ich jahrelang hingearbeitet, hatte hart trainiert und es geschafft. Ich hatte mich in Vancouver und Kiew für Athen 2004 qualifiziert. Seit 1988 war das keinem österreichischen Gewichtheber mehr gelungen. Darauf war ich natürlich mächtig stolz.

Mitte Juli 2004 wurde ich vom Österreichischen Olympischen Komitee offiziell für die Teilnahme an den Olympischen Sommerspielen in Athen nominiert und am 3. August zusammen mit 73 anderen Sportlerinnen und Sportlern aus 18 Disziplinen vom österreichischen Bundespräsidenten Heinz Fischer vereidigt. Ich war der einzige Gewichtheber im Olympiakader Österreichs.

Schon die Einkleidung für die Olympischen Spiele in Wien war etwas Besonderes. Ich kam mir vor wie im Schlaraffenland. Ich bekam Schuhe, Hosen, T-Shirts, Trainingsanzüge, Taschen und alles Mögliche mehr, und ich wurde vermessen, damit für mich extra ein Anzug maßangefertigt werden konnte. Wow!

Wenig später saß ich mit meinem Trainer Maged Salama im Flugzeug nach Athen. Erst dort vor Ort wurde mir so richtig bewusst, bei welch einzigartiger Riesenveranstaltung ich dabei sein durfte. Es hieß zwar, einige Sportstätten seien nicht ganz fertig geworden, weil die Griechen zu spät mit den Arbeiten angefangen hätten, aber was sie im zentralen Sportstättenkomplex und rund um Athen auf die Beine gestellt hatten, das war schon eindrucksvoll genug.

Die Eröffnungsfeier der Spiele am 13. August, einem Freitag, war dann für mich ein atemberaubendes Erlebnis. Über 10 000 Athleten zogen unter dem Jubel von mehr als 70 000 Zuschauern vor Ort und weiteren 3,8 Milliarden an den Fernsehgeräten in aller Welt in das Olympiastadion ein, dessen Stadionmitte kurz zuvor noch für die von 4000 Darstellern präsentierte Eröffnungsshow mit über zwei Millionen Litern Wasser geflutet gewesen und dann innerhalb von nur drei Minuten leergepumpt worden war. Von den Darbietungen selbst bekamen wir gar nichts mit, weil wir währenddessen nebenan in einer Sporthalle untergebracht waren und dann ganz langsam, im Schneckentempo, zum Stadion marschierten, was allein schon eine gute Stunde dauerte, weil jede Nation einzeln vorgestellt wurde. Wir hatten noch Glück, weil A wie Austria ziemlich am Anfang der Parade dran war. Als wir durch einen Tunnel ins Stadion liefen, hörten wir bereits die pulsierende Atmosphäre im Inneren, dann traten wir aus dem Dunkeln ins Scheinwerferlicht. Überall Menschen, Musik, fröhliche Gesichter, ein Schauer lief mir über den Rücken. Sofort suchten wir österreichischen Athleten nach österreichischen Flaggen im Publikum. Ah, hier waren also unsere Fans. Wir jubelten in ihre Richtung.

Eine wahnsinnige Atmosphäre, besonders als nach den Ansprachen der Präsidentin des Griechischen Olympischen Komitees und des Präsidenten des IOC schließlich gegen Mitternacht feierlich die Flamme des Olympischen Feuers entzündet wurde.

Wir wohnten bereits seit einigen Tagen im Olympischen Dorf, um uns an das griechische Klima zu gewöhnen, und auch das war für einen jungen

Mann wie mich ein einzigartiges Erlebnis. 10 000 Athleten und sicherlich noch einmal so viele Betreuer, Trainer, Ärzte, Physiotherapeuten wohnten in dieser nach außen hin abgeschlossenen Kleinstadt. Man muss sie sich vorstellen wie einen Hochsicherheitstrakt. Niemand kommt ohne Kontrolle hinein. An den Toren muss man seine Akkreditierungen vorzeigen, dann muss man wie am Flughafen durch einen Metalldetektor gehen und wird noch einmal abgetastet. Bei Bussen und Autos werden mit Spiegeln die Unterböden kontrolliert, um sicherzugehen, dass keine Bomben oder andere Dinge eingeschleust werden. Innerhalb des Dorfes gibt es eine eigene Buslinie, mit der man von seiner Unterkunft zur Entspannung in die Sauna, ins Fitnessstudio oder in die Schwimmhalle fahren konnte oder in die Kantine, die übrigens die Größe von zwei Fußballfeldern hatte. Und eisig kalt war's da, draußen hatte es immer über 40 Grad und hier wurden die Räumlichkeiten auf 18 bis 19 Grad runtergekühlt, sodass ich immer mit Jacke essen gehen musste, um mich ja nicht zu erkälten. So kurz vor dem Ziel will man solch ein Risiko auf gar keinen Fall eingehen. Hier gab es auf jeden Fall alles. was es in einer Kleinstadt auch gibt, sogar ein Fast-Food-Restaurant.

Man fühlt sich wie auf einem anderen Planeten, man trifft nur Sportler und Betreuer, und die kommen auch noch aus unterschiedlichen Disziplinen und Nationen. Man hört so viele unterschiedliche Sprachen und sieht so viele interessante Gesichter.

Am Rande des Dorfes gab es eine sogenannte Mixed Zone, eine Mischzone, wo sich auch Reporter und Angehörige aufhalten durften. Nur mit einer Sondergenehmigung durften sie auch stundenweise mit ins Dorf.

Die Gewichtheberwettbewerbe wurden nicht in der zentralen Sportstättenanlage, sondern in der Nikaia Olympic Hall, knapp 30 Kilometer vom Olympischen Dorf entfernt, ausgetragen. Diese Halle mit 5100 Zuschauerplätzen ist die einzige Halle auf der Welt, die ausschließlich für Gewichtheben konzipiert wurde. Ich startete wie in den Wettbewerben zuvor in der Gewichtsklasse bis 105 Kilogramm, mein Körpergewicht lag am Wettkampftag bei 104,35 Kilogramm, also wieder einmal denkbar knapp unter dem Limit. Geschafft hatte ich das nur, weil ich in den Tagen davor hauptsächlich Wassermelone gegessen hatte und ab und zu ein Stück Hühnchenfleisch mit etwas Reis. Das Fast-Food-Restaurant, das sich im Dorf befand, mied ich dagegen wie der Teufel das Weihwasser. Zudem ging ich regelmäßig in die Sauna, und das, obwohl draußen ohnehin eine Bullenhitze herrschte, aber so konnte ich mir noch einmal ein paar Gramm wegschwitzen. Gesund war das auf alle Fälle nicht.

Es war sehr heiß und stickig in der Halle, und das machte mir zu schaffen. Nach dem Wiegen hatte ich versucht, noch einiges zu essen und zu trinken, aber durch das viele Abnehmen vorher wurde mir schnell schlecht. Mit diesen Voraussetzungen nahm ich meinen ersten Versuch im Reißen mit 182,5 Kilogramm in Angriff. An diesem Tag lief es nicht gut für mich. Der erste Versuch war ungültig, auch der zweite, mit dem gleichen Gewicht, ging schief. Aber auch der Konkurrenz erging es nicht viel besser. Drei Athleten hatten jeweils drei Fehlversuche und waren aus dem Rennen, tja, und ich hatte auch nur noch diesen einen Versuch. Ein enormer Druck lastete auf mir, zumal extra meine Eltern und 18 Mann aus meinem Fanclub angereist waren, auch Peter Lauterer mit Familie. Vor ihnen wollte ich mich auf keinen Fall blamieren. Die Streitereien zwischen dem Verband und meinem Trainer in den Wochen und Monaten zuvor hatten heftig an meinen Nerven gezerrt, aber jetzt musste ich mich noch einmal zusammenreißen. Im dritten und entscheidenden Anlauf, erneut mit 182,5 Kilo, brachte ich die Hantel schließlich gültig zur Hochstrecke. Immerhin war ich damit weiter, aber psychologisch war das dennoch keine sonderlich gute Ausgangsposition für das anschließende Stoßen.

Hier lief es dann genau umgekehrt. Ich startete mit 222,5 Kilo, die ich sicher nach oben brachte, aber danach ging dann nichts mehr. Um mich vielleicht doch noch ein paar Ränge nach oben zu schieben, versuchte ich es gleich mit 230 Kilo, scheiterte jedoch, und auch der dritte Versuch, ebenfalls mit 230 Kilo, klappte nicht. Ich muss dazu sagen, neben der ganzen Abnehmaktion war ich zu diesem Zeitpunkt auch noch kein begnadeter Techniker, womit ich die fehlende Kraft hätte wettmachen können. Immerhin hatte ich am Ende im Zweikampf 405 Kilo erreicht, das bedeutete in der Gesamtwertung Platz acht Vom Goldmedaillengewinner, dem Russen Dmitri Berestow, trennten mich aber immer noch stattliche 20 Kilo, was in dieser Gewichtsklasse viel ist.

Später rutschte ich sogar noch auf Platz sieben in der Gesamtwertung vor, denn dem Zweitplatzierten Ferenc Gyurkovics aus Ungarn wurde die Silbermedaille wegen eines Dopingvergehens aberkannt. Mein Trainer Maged Salama hatte in Interviews vor den Spielen einen Platz unter den Top Ten vorausgesagt, gleichzeitig aber durchblicken lassen, dass ich sicher noch für eine Überraschung gut sei. Die war mir mit Platz sieben gelungen, und ich durfte mich mit Fug und Recht zur Weltspitze in meiner Gewichtsklasse zählen.

Erst beim abendlichen Interview des ORF, kurz vor Mitternacht, wurde ich daran erinnert, dass ich ja in wenigen Minuten meinen 22. Geburtstag hatte, und es gab im Club Austria noch ein rauschendes Fest, bei dem natürlich auch mein gutes Abschneiden bei Olympia gebührend gefeiert wurde.

Am nächsten Tag hieß es für mich bereits Koffer packen, und es ging nach Hause, nach Obersulz. Mein Fanclub hatte für mich einen überwältigenden Empfang organisiert, das ganze Dorf war zu meiner Begrüßung auf den Beinen, die Musikkapelle marschierte auf, der Bürgermeister schüttelte mir die Hand und überreichte mir einen Scheck über 3 000 Euro, was nicht nur damals viel Geld für mich war, denn es half mir, meinen Sport weiterhin zu finanzieren. Seit Beendigung meiner Lehre im Jahr 2001 bekam ich von unterschiedlicher Seite finanzielle Unterstützung, die gerade so zum Überleben reichte.

Dankenswerterweise bekam ich von der Firma der Schwiegermutter meines Freundes René, Georgine Müllner, 150 Euro im Monat, weitere 150 Euro von meinem früheren Lehrbetrieb, zu dessen Chef Herrn

Offner ich bis heute einen guten Draht habe, 600 Euro vom Autoreifenhersteller Fulda und 400 Euro von der Eliteförderung der Österreichischen Sporthilfe. Zudem konnte ich im Friseursalon meiner Schwester Gabi ab und zu als Putzkraft arbeiten, wofür ich einen kleinen Lohn bekam und, was noch wichtiger war, wodurch ich sozialversichert war. Darüber hinaus verdiente ich mir noch ein paar Euro bei den Bundesligawettkämpfen. Der Vater von Peter Lauterer, Willi Lauterer, war Obmann meines Vereins in Bregenz und zahlte mir immer wieder Prämien für Siege oder Bestleistungen aus.

Aber zurück zum Empfang. Das Allerschönste war: Susann war aus Sachsen gekommen, um mitzufeiern, und war den ganzen Tag an meiner Seite. Stolz und glücklich ging ich mit ihr Hand in Hand über den Sportplatz, und am selben Abend noch fragte ich sie, ob sie sich vorstellen könnte, irgendwann meine Frau zu werden.

Es war kein richtiger Heiratsantrag mit Niederknien, Rosen und eingeübtem Spruch auf der Lippe, das Ganze war eine spontane Aktion, ich wollte einfach sehen, ob sie genauso fühlte wie ich. Und das tat sie. Susi war überglücklich und sagte Ja. Jedoch war uns beiden klar, dass eine Hochzeit noch in weiter Ferne liegen würde, weil ich viel in Trainingslagern unterwegs sein würde und Susi sich in ihre gerade begonnene Ausbildung als Assistentin für Hotelmanagement reinhängen musste. Aber uns war in diesem Moment nur wichtig, gegenseitig zu wissen, dass wir für immer zusammenbleiben wollen.

Also teilten wir am nächsten Tag auch meinen Eltern mit, dass wir uns verlobt hatten. Sie freuten sich ebenfalls sehr. Noch am Nachmittag fuhren wir nach Wien und klapperten einige Juweliergeschäfte ab, bis wir schließlich den für uns passenden Verlobungsring fanden.

Die Olympischen Spiele

Die ersten Olympischen Spiele fanden 776 vor Christus im griechischen Ort Olympia statt. In einer Zeitspanne von vier Jahren wurden sie wiederholt. Dieser Zeitraum zwischen den Olympischen Spielen heißt Olympiade und ist nicht synonym mit »Olympische Spiele«. Die Zählung der Olympiaden wurde sogar als Zeitmaß in der gesamten griechischen Antike verwendet.

Zu den Spielen der Antike trafen sich Menschen aus allen Teilen Griechenlands. Die Kriege, die sie ständig gegeneinander führten, mussten für die Dauer der Spiele ruhen.

Folgende Wettkämpfe trugen die Griechen damals aus:

Laufen über 384 Meter und 5 Kilometer,

Ringkampf,

Faustkampf,

Wagen- und Pferderennen sowie

Fünfkampf (Laufen, Ringen, Springen, Diskus- und Speerwurf).

Die griechischen Olympischen Spiele wiederholten sich bis zum Jahr 393 nach Christus, wurden also über 1200 Jahre lang regelmäßig veranstaltet.

Erst im Jahr 1894, genau 1500 Jahre später, nahm der Franzose Pierre de Coubertin die Idee wieder auf. Bereits zwei Jahre später fanden die ersten olympischen Spiele der Moderne in Athen statt. Als »Treffen der Jugend der Welt« sollten sie dem sportlichen Vergleich und der Völkerverständigung dienen.

Seit 1896 finden alle vier Jahre Sommerspiele und seit 1924 auch Winterspiele statt. Im Jahr 1992 wurden die Sommer- und die Winterspiele letztmalig im selben Jahr durchgeführt, seit 1994 (Winterspiele) wechseln sie sich im Zweijahresrhythmus ab. Die Zahl der teilnehmenden Länder und Athleten nahm seit 1896 stetig zu: Während an den ersten Spielen der Moderne in Athen nur 262 Athleten aus 13 Ländern teilnahmen, waren es 2008 in Peking bereits 11 000 Athleten aus 204 Ländern.

Die Olympischen Spiele

Seit 1988 finden die Paralympics am selben Ort wie die Olympischen Spiele statt, immer genau drei Wochen nach deren Ende. 40 Jahre davor, 1948, wurden sie in England erstmals veranstaltet, seit 1960 dann unter ihrem ursprünglichen Namen »Weltspiele der Gelähmten« regelmäßig im Jahr der Olympischen Sommerspiele.

Die Special Olympics sind die weltweit größte Sportbewegung für geistig und mehrfach behinderte Menschen und vom Internationalen Olympischen Komitee anerkannt. Sie wurden 1968 von Arnold Schwarzeneggers kürzlich verstorbenen Schwiegermutter Eunice Kennedy-Shriver gegründet. Die Spiele finden auch alle vier Jahre statt, aber immer ein Jahr vor den regulären Olympischen Spielen und auch nicht am gleichen Ort. An den letzten Sommerspielen 2007 in Shanghai nahmen 7 450 Sportler teil.

Ganz neu sind die Olympischen Spiele der Jugend, ein Sportereignis für Jugendliche im Alter von 14 bis 18 Jahren. Sie werden erstmals im Jahr 2010 in Singapur (Sommerspiele) und 2012 in Innsbruck (Winterspiele) ausgetragen.

ÖSTERREICH ADE ODER: TEPPICHLAND IST ÜBERALL!

Nach Athen fiel es mir immer schwerer, das in der Schwergewichtsklasse festgelegte Limit von 105 Kilogramm einzuhalten. Ich trainierte wie ein Irrer für einen Wettkampf, und wenn es dann endlich so weit war, mich mit den anderen Athleten zu messen, hatte ich nicht etwa Angst vor den Gegnern, nein, ich hatte Bammel vor der Waage. Ich versuchte immer intensiver, nichts an Gewicht zuzulegen. Es gab Wettkämpfe, da trank ich untertags kaum mehr als einen Viertelliter Wasser, um auf gar keinen Fall zu viel Gewicht auf die Waage zu bringen. Was natürlich ein gesundheitlicher Leichtsinn war, denn schon wegen meiner Zuckerkrankheit musste ich regelmäßig etwas essen und trinken. Statt mich auf meinen Kampf konzentrieren zu können, kämpfte ich mit der Übelkeit, weil ich Hunger hatte und daher leichter als sonst unterzuckerte. Beinahe zwei Wochen lang befand ich mich in einem gesundheitlichen Ausnahmezustand. Es hatte sich auch bei den Olympischen Spielen in Athen gezeigt, dass das Hungern nicht gerade zu einer Leistungssteigerung beitrug.

Ich diskutierte oft mit Peter Lauterer, was ich machen könnte, und er antwortete: »Matthias, es bleibt dir nichts anderes übrig, du musst in die höhere Klasse!« Auch mein Trainer Salama war dieser Meinung. So startete ich 2005 bei der Europameisterschaft in Sofia erstmals bei den Senioren der Superschwergewichtler. Diese Lösung liest sich aber einfacher, als sie es letztendlich war. Denn von da an hatte ich es mit anderen Gewichtheberkalibern zu tun!

Während meine Konkurrenten in der Schwergewichtsklasse eben höchstens 105 Kilo auf die Waage brachten, kam ich jetzt in eine Liga, wo ich auf einmal gegen bis zu 160 Kilogramm schwere Kolosse antreten musste. Da war ich mit meinen damals aktuellen 119 Kilogramm fast der gewichtsmäßig Schwächste.

Also trainierte ich noch mehr, tageweise fast bis zum Umfallen, und essen musste ich auch um einiges mehr. Noch mehr trainieren bedeutete aber auch, die latente Gefahr von Verletzungen mit einzukalkulieren. Genau in der Vorbereitungszeit zur EM wurde daraus leider Realität. Die eine oder andere Verletzung hier, eine Grippe da, mein sonst so stabiles Immunsystem spielte mit einem Mal verrückt. Aber ich wollte mir und anderen beweisen, dass ich meinen Platz zu Recht in dieser neuen Gewichtsklasse hatte. Ich trainierte weiter, obwohl ich manchen Tag besser daran getan hätte, einfach im Bett zu bleiben. Auch im Trainingslager vor der Europameisterschaft war ich nicht topfit, ich war weder körperlich noch psychisch auf der Höhe.

Doch das alles wäre noch zu bewältigen gewesen, hätten mir nicht zusätzlich die ständigen Reibereien mit dem Verband und den Funktionären beinah den letzten Nerv geraubt.

Doch der Reihe nach:

Mein ägyptischer Trainer Maged Salama hatte im österreichischen Verband bereits seine Kündigung eingereicht, und ein neuer Mann sollte mich ab sofort trainieren. Doch mit dem neuen Trainer konnte ich mir persönlich eine Zusammenarbeit überhaupt nicht vorstellen. Um es höflich auszudrücken: Seine Vorstellungen und Praktiken, meine zukünftige sportliche Weiterentwicklung betreffend, waren einfach zu unterschiedlich und nicht vereinbar mit meinen. Nun hatten wir Januar 2005 und ich hatte knapp vier Monate Zeit, mich auf die Europameisterschaft vorzubereiten. Da die Stimmung im österreichischen Verband meine Vorbereitung massiv beinträchtigen würde, beschloss Maged Salama, das Trainingslager nach Ägypten zu verlegen. Für drei Monate! Am Stück! Nun war ich schon des Öfteren da gewesen und es war ja nicht schlecht. Es schien von allen schlechten noch die beste Lösung zu sein!

Bevor die Reise losging, gab es noch ein anderes, sehr wichtiges Problem zu lösen – nämlich wie ich meinen mittlerweile zum »Privattrainer« degradierten Coach finanzieren konnte. Also rechnete ich genau aus, was drei Monate Trainingslager mit Physiotherapie, Essen usw. kosten würden und stellte einen Antrag auf Kostenzuschuss bei der Bundessportorganisation. Zum Glück segnete letztendlich sogar der Verband das Vorhaben ab.

Für so lange Zeit in einem kulturell doch sehr unterschiedlichen Land zu sein war schon hart, zumal ich ja nicht auf Urlaub, sondern nur zum Trainieren in Ägypten war und keinen Menschen außer meinem Trainer kannte. Doch zumindest das Klima und auch die Trainingsbedingungen waren sehr gut. In den drei Monaten war ich zwar geografisch fern von allen Problemen, aber das konnte mich nicht hinwegtäuschen über die Probleme mit dem Verband und die Frage, die mich ständig quälte: Wie wird es weitergehen, wenn ich wieder zurück in Österreich bin? Was dann?

Was mir aber am allermeisten während der drei Monate fehlte, war meine Verlobte. Die Entfernung zu Susann und die horrenden Telefongebühren machten mir den Aufenthalt nicht angenehmer. Cafés mit funktionierenden Internetverbindungen, in denen ich ihr wenigstens hin und wieder mal ein paar Zeilen hätte schreiben können, waren kaum zu finden.

Immer schwerer konnte ich mich zum Training motivieren, und je länger ich in Ägypten war, umso übellauniger wurde ich. Sogar Schmerzen, die ich sonst gut wegsteckte, empfand ich mit einem Mal viel intensiver, und sie machten mir das Leben zusehends schwerer. Doch ich hatte mich trotz aller Umstände gut vorbereitet, und endlich war der Tag meiner Abreise gekommen.

Kaum wieder daheim, endlich im Kreise meiner Familie und bei meiner Susann, wartete schon die nächste Hürde auf mich: Ich brauchte einen Trainer und Betreuer für die Europameisterschaft in Sofia.

Schier endlose Gespräche begannen, und nach langem Hickhack im Verband, wo es einmal Ja und dann wieder Nein hieß, kam Maged Salama doch noch mit. Erfreulich, nur – als Trainer betreuen durfte er mich nicht! Und die Kosten? Diesmal weigerte sich der Verband, irgendwelche Kosten zu tragen, daher bezahlte ich von meinen Ersparnissen einen großen Teil der Spesen, und den Rest der Summe übernahm dankenswerterweise Peter Lauterer. So konnte Maged Salama mit nach Sofia. Doch er musste als Zuschauer im Publikum sitzen!

Hinter den Kulissen standen andere, die auf einmal das Sagen hatten. Die Betreuer redeten auf mich ein, nicht mit 195 Kilo anzufangen, doch vor allem die Art, wie sie dies machten, ließ bei mir kein Vertrauen in die Richtigkeit dieses Vorschlages aufkommen. Ich spürte, dass sie mehr ihre Interessen verfolgten als meine, denn sie demonstrierten unübersehbar, dass ich bei ihnen von nun an ein Außenseiter war. Ich musste mich zusätzlich – ohne meinen persönlichen Trainer – um Abläufe vor und während meines Wettkampfes kümmern, mit denen ich sonst nichts zu tun hatte, was mich letztendlich völlig aus meiner Konzentration brachte.

Da ich aber gut trainiert hatte, wollte ich nicht mit einem niedrigeren Gewicht anfangen.

»Niedrigeres Gewicht? Kommt doch gar nicht infrage!«, dachte ich mir.

Ich will gewinnen, will allen zeigen, dass ich es auch alleine schaffe.

Ich traute mir deshalb am Wettkampftag als Anfangsgewicht im Reißen 195 Kilo zu. Doch an diesem Tag stimmte gar nichts bei mir.

Beim ersten Versuch hatte ich eine Zeitüberschreitung, und die beiden nachfolgenden Versuche konnte ich nicht zur Hochstrecke bringen. Das Reißen war damit für mich gelaufen, und ich trat deshalb beim Stoßen gleich gar nicht mehr an. Ohne das Reißen war eine Zweikampfplatzierung nicht mehr möglich, und nur ein Resultat im Stoßen zu haben, das war mir zu wenig. Ich war stinksauer auf die ganze Situation hinter den Kulissen. Für mich, den es schon ankotzte, bei *Mensch, ärgere dich nicht* zu verlieren, war das eine ganz schlimme Erfahrung.

Ich ging nach hinten, wollte mit niemandem sprechen, packte meine Tasche ein und verschwand. Ich hatte gewinnen wollen, doch mein Zorn auf die völlig neue Situation in der Mannschaft hatte mir dabei im Weg gestanden. Wobei von einer Mannschaft kaum die Rede sein konnte, denn zu diesem Zeitpunkt gab es in Österreich schon längst keine Weltklasseathleten mehr, und ich hatte noch einen weiten und harten Weg vor mir.

Nach meinem, wie es hinterher hieß, Totalversagen bei der Europameisterschaft in Sofia standen mit einem Mal heiße Debatten im österreichischen Verband an. Es hagelte Vorwürfe und Unterstellungen von allen Seiten. Und zu allem Überfluss war ich zeitweise auch noch den übelsten Berichten in der österreichischen Presse ausgesetzt. Irgendjemand vom Verband unterstellte mir mit einem Male Absicht bei meinen drei Fehlversuchen bei der Europameisterschaft! Ein für mich unglaublicher und nicht nachvollziehbarer Vorwurf.

»Wie kann so etwas verbreitet werden?«, fragte ich immer wieder. »Ich kenne keinen Sportler, der monatelang auf einen Wettkampf hinarbeitet und so was dann absichtlich tun würde!« Denn niemand stellt sich nach monatelangem Training auf die Bühne und verliert gerne oder gar absichtlich. Noch dazu, wo die kompletten Kosten für diese Veranstaltung aus der »Privatschatulle« gezahlt wurden!

Beim Gewichtheben gibt es nicht, wie beim Fußball, über Monate hinweg wöchentliche Leistungsvergleiche, bei uns gibt es im April die Europameisterschaft, im November die Weltmeisterschaft und dazwischen nur einige Bundesliga-Wettbewerbe. Das war's dann. Läuft da etwas schief, hat man nur wenige Möglichkeiten, sich im direkten Wettkampf mit anderen zu messen und zu verbessern.

Mein Unmut über die verkorkste Situation wurde immer größer. Ohne Trainer, denn der hatte ja gekündigt, und ohne Perspektiven im eigenen Verband suchte ich fieberhaft nach Möglichkeiten für meine Zukunft.

Zu meinen Überlegungen gehörten: »Heirate ich, gründe ich eine Familie, gehe in meinen erlernten Beruf zurück, Susi sucht sich einen Job in einem Wiener Hotel, und ich mach Gewichtheben nur mehr als Hobby?« Aber auch: »Wo könnte ich die sportlichen Bedingungen vorfinden, die ich brauche?«

Sehr schnell kam ich zu der Erkenntnis, dass an ein Aufhören mit dem Sport überhaupt nicht zu denken war. Das wollte ich auf keinen Fall, also konzentrierte ich mich nur mehr auf das Wo.

»Matthias, wenn du es sportlich zu was bringen willst, bleibt dir wirklich nichts anderes übrig, als dass du ins Ausland gehst!«, stimmte mir Peter Lauterer zu, als ich ihm meine Überlegungen schilderte, mit dem Gewichtheben auf jeden Fall weiterzumachen, aber keinesfalls mehr im österreichischen Verband. »Du hast recht, du musst dir einfach Voraussetzungen schaffen, um ohne Probleme trainieren zu können. Hier im Verband kannst du deinen Traum, einmal bei Olympia am Stockerl zu stehen, sonst ein für alle Mal vergessen!«

Sicher half mir bei meiner späteren Entscheidung ein klein wenig auch ein sehr unschöner Kommentar des Vizepräsidenten des Österreichischen Gewichtheberverbandes, Martin Schödl. Bereits fünf Tage nach dem Wettkampf in Sofia konnte man ihn bei Interviews und Fernsehberichterstattungen hören und sehen mit den Worten: »Nach dem neuerlichen Beweis für seine Unsportlichkeit ist es mir egal, ob Steiner künftig für Schweden, Deutschland, Kasachstan oder Teppichland startet!«

Teppichland?

Offenbar wollte man mich nun auch seitens des Verbandes unter Druck setzen.

Der schwedische Gewichtheberverband hatte schon seit längerer Zeit Interesse an meiner Person signalisiert, doch eventuell nach Schweden zu gehen, das scheiterte aus mehreren Gründen bereits im Vorfeld. Da war erst einmal die sprachliche Barriere, und dann war da Susann, der ich nicht zumuten wollte, ihre berufliche Ausbildung in einem nicht deutschsprachigen Land abschließen zu müssen. Wir waren seit kurzer Zeit verlobt, irgendwann wollten wir heiraten, daher mussten auch ihre Bedürfnisse mitberücksichtigt werden. Ich war nicht mehr nur für mich alleine verantwortlich.

Also erinnerte ich mich an Michael Vater, der Delegationsleiter der deutschen Mannschaft bei der EM in Sofia gewesen war und den deutschen Bundestrainer Mantek offiziell und sehr kompetent vertreten hatte. Frank Mantek, der seit Beginn seiner Trainertätigkeit keinen Wettkampf versäumt hatte, war aus Krankheitsgründen zum ersten Mal nicht bei einer Großveranstaltung mit dabei gewesen.

Ich rief Michael Vater an und sprach ihn ganz offen auf die Möglichkeit eines Wechsels in die deutsche Mannschaft an.

»Wenn du es ernst meinst, Matthias, dann komm ins Bundessportzentrum nach Leimen! Dort kannst du mit dem Bundestrainer sprechen. Ruf ihn an und mach mit ihm einen Termin aus«, riet er mir.

Bevor ich diese Reise antreten konnte, gab es noch wöchentliche, sehr wichtige – doch offenbar nur für mich wichtige – Schlichtungsgespräche im österreichischen Bundeskanzleramt. Mit Anzug und Krawatte, geputzten Schuhen fuhr ich dorthin und wurde zum Sektionsleiter Sport geführt. Warum ich Anzug, Krawatte und Schuhe extra erwähne? Weil die fünf Vertreter des Verbandes fast allesamt offenbar nicht wussten, dass es im Bundeskanzleramt so etwas wie Etikette gibt und es alleine schon die Höflichkeit gebietet, sich für eine Besprechung an diesem Ort angemessen zu kleiden. Doch nicht so die fünf Herren:

Der eine kam mit schon ewig getragenen Klamotten, die kein Mensch mehr (außer ihm) angezogen hätte, der andere mit einer Goretex-Motorradjacke, auf der unzählige tote Insekten klebten. Zwar waren unter den fünf auch Anzugträger (ohne Krawatte) dabei, doch anstelle von Schuhen trugen sie Sandalen. Der Verband präsentierte bei den diversen Terminen jedenfalls ein armseliges Bild von sich. Der Begriff »Fremdschämen« war, zumindest von meiner Seite aus, fester Bestandteil der Besprechungen.

Woche für Woche wurde viel und lange diskutiert, aber es kam zu keinem Ergebnis. Egal, was ich sagte, egal, was ich vorbrachte, mit jeder Besprechung wurden die Differenzen zwischen mir und dem Österreichischen Gewichtheberverband größer, einfach unüberwindbar. Und so manche Aussagen, die seitens des Verbandes getätigt wurden, waren eine Katastrophe. Alleine der Satz: »Wir wollen Quantität statt Qualität!«, also lieber Gewichtheben als Breitensport statt in der Weltklasse, rief bei mir Kopfschmerzen hervor, und offenbar nicht nur bei mir. Sogar der Leiter der Sektion Sport im Bundeskanzleramt fragte nach einer Sitzung: »Herr Steiner, von all dem bekomme ich Kopfweh. Haben Sie zufällig eine Aspirin für mich?« Man wollte mich offensichtlich nicht mehr im Österreichischen Gewichtheberverband.

»Okay«, dachte ich. »Dann muss ich meine sportliche Zukunft eben woanders finden! Ich fahr nach Deutschland und stell mich in Leimen dem Bundestrainer vor! Ich schau mal, wie es dann mit mir weitergeht.« Zumal mir auch Maged Salama immer eindringlicher dazu riet, dies zu tun, wobei ich erst im Nachhinein draufkam, dass er gerne mit mir mitgegangen wäre, weil er sich in Deutschland Hoffnungen auf einen Trainerjob machte.

Teppichland ist überall.

Insgeheim hoffte ich damals, als die Besprechungen im Bundeskanzleramt letztlich und nicht unerwartet scheiterten, dass ich es irgendwann schaffen würde, es denen, die mich jetzt aus dem österreichischen Verband rausekelten, einmal so richtig zu zeigen.

Heute, rückblickend, weiß ich genau, dass ich es niemals zu Olympiagold gebracht hätte ohne meinen Wechsel zu Trainer Frank Mantek und seinem Team.

Doch nun zu meinem zweiten Telefonat nach Leimen. Das Gespräch endete mit einer Terminzusage des deutschen Bundestrainers zu einem Treffen zwei Wochen später. Meine Tage bis zu meiner Reise ins Bundessportzentrum nach Leimen verbrachte ich mit Training und pausenlosem Überlegen, wie sich meine Zukunft darstellen könnte.

Öfter als sonst dachte ich in dieser Zeit an meinen sportlichen Ziehvater, Walter Legel, und war mir sicher, Walter hätte alles genauso gesehen wie ich. Der Gedanke an meinen verstorbenen Freund machte mich zwar traurig, aber zugleich stellte ich ihn mir bildhaft vor, wie er sich jeden Einzelnen im Verband auf seine ruhige, aber bestimmende Art vorgeknöpft hätte, um ihnen zu sagen, dass sie einen Fehler machen, wenn sie nicht versuchen, mich zu halten.

Der Wechsel in ein anderes Land, zu einem anderen Bundesverband hieß auch, meine österreichische Staatsbürgerschaft aufzugeben. So viele Menschen wollen Jahr für Jahr aus allen Teilen der Welt Österreicher werden und haben keine Chance dazu, ich wurde in diesem Land geboren, das kulturell, kulinarisch und landschaftlich viel zu bieten hat, und doch gab es keine andere Möglichkeit für mich, als wegzugehen.

Es heißt nicht umsonst: Erstens kommt es anders und zweitens als man denkt!

Und manchmal muss man für ein großes Ziel auch einen großen Umweg gehen! Doch für mich war nicht der Weg entscheidend, sondern einzig und allein das Ziel.

Ich wusste, dass das die größte Entscheidung meines Lebens sein würde. Und ich machte mir die weiß Gott nicht leicht! Nächtliche Grübeleien raubten mir den Schlaf. Was sollte ich sonst tun?

Mit dem Trainer, der jetzt die österreichische Nationalmannschaft trainierte, würde das nichts werden, das wusste ich ganz genau. Aufhören mit dem Sport kam gar nicht infrage, also gab es einzig und alleine den Wechsel nach Deutschland. Und mit allen Konsequenzen. Auch mit meinen Eltern besprach ich meine Absicht, und die meinten: »Matthias, du kannst immer zu uns heimkommen. Bei uns hast du immer deinen Platz. Egal, ob du weiter Österreicher bist oder Deutscher wirst!« Sie wussten ganz genau, dass sie mir die Entscheidung nicht abnehmen konnten, aber sie wollten sie mir von ihrer Seite aus nicht noch schwerer machen.

Die einzige Alternative wäre, wie schon gesagt, gewesen, mit dem Sport aufzuhören, meinen erlernten Beruf auszuüben und Susi einen Arbeitsplatz in einem Wiener Hotel zu besorgen. Doch das Gewichtheben war eben bei mir nicht nur Hobby, es war eine Berufung, und meinem angestrebten Ziel, bei Olympia nicht nur teilzunehmen, sondern auch eine Medaille zu erkämpfen, musste ich alles Persönliche unterordnen. Alles.

Zum dritten Mal in meinem Leben stand ich vor einer völlig neuen Situation, die mit nichts Vorangegangenem zu vergleichen war. Der Tod von Walter Legel – nie vorher war jemand mir so Nahestehender gestorben –, die Diagnose Diabetes – niemals vorher war irgendjemand in unserer Familie so dauerhaft mit einer Krankheit konfrontiert worden –, und nun die kompromisslose Entscheidung, die Nation zu wechseln und alles Erarbeitete hinter mir zu lassen. Von der Familie und den Freunden ganz zu schweigen.

»WAS KANN ICH FÜR SIE TUN, HERR STEINER?«

Ich hatte mich entschieden. Entschieden, künftig mein Leben fern von Obersulz, meinen Eltern und meinen Freunden zu leben.

Oftmals musste ich hinterher in den Pressemeldungen lesen, dass ich nur wegen Susann den Weg nach Deutschland eingeschlagen hätte. Das ist natürlich falsch, denn wäre es nach ihr gegangen, hätte sie genauso gerne in Österreich gelebt. Ihr gefiel die Umgebung, in der ich aufgewachsen war, sie verstand sich hervorragend mit meinen Eltern, und sie mochte auch auf Anhieb meine Freunde. Und von einigen Wiener Hotels hatte sie sich bereits Prospekte besorgt, um bei Bedarf ihre Bewerbungsunterlagen dort hinzusenden.

Also musste ich jetzt erst einmal Susann von meiner endgültigen Entscheidung »überzeugen«. Da sie mich in- und auswendig kannte, wusste sie natürlich genau, wie wichtig mir Gewichtheben war und dass ich ihre Interessen zwar immer mitberücksichtigt hätte, doch mein Sport bei allem vorrangig war.

Durch meinen Sport hatte sie mich kennengelernt, und wegen meines Sports, meines Kampfgeistes und meines Siegeswillens war ich die Person, die sie liebte. Und das sagte sie mir auch.

»Meinst du nicht, du musst erst mal das Gespräch in Leimen abwarten?«, fragte sie mich dennoch. Diese Frage hatte ich erwartet. »In der allerletzten Konsequenz ja, aber wenn ich nicht von vornherein mit der richtigen Einstellung hinfahre, kann ich mir die Reise auch gleich sparen!«

»Matthias, du schaffst das schon, und ich gehe mit dir überall hin! Komm, lass uns schon mal die Koffer packen! Es geht nach Teppichland!«, strahlte sie mich an.

Wenige Tage später war ich auf dem Weg ins Bundeszentrum der Gewichtheber in Leimen, um den deutschen Bundestrainer Frank Mantek zu treffen und mit ihm meinen möglichen Wechsel in die deutsche Mannschaft zu besprechen.

Frank Mantek hatte in seinen 20 Jahren Trainerzeit das Gleiche schon von einer Vielzahl von Gewichthebern aus aller Herren Länder gehört, die aus den verschiedensten Motiven künftig für Deutschland starten wollten, und nahm solche Ansinnen inzwischen recht gelassen.

»Wenn Matthias Steiner das möchte, soll er zu mir nach Leimen ins Büro kommen und mir das selbst erzählen«, hatte er zu Michael Vater gesagt, als der ihm das erste Mal von meinem Vorhaben berichtete. Jetzt saß ich im Auto und war unterwegs zu ihm.

Auf der Fahrt überlegte ich noch einmal, wie ich das Gespräch angehen würde. Schließlich war es ja ein Vorstellungsgespräch für einen neuen Job, zumindest fühlte es sich so an, und da ist man natürlich schon ein wenig aufgeregt. Wichtig waren absolute Ehrlichkeit und Offenheit über meine Beweggründe, ich würde nichts aussparen, nichts hinzudichten, nichts beschönigen, denn ich wusste, einem Mann, der eine so lange Erfahrung im Gewichtheben hatte wie Frank Mantek, einem solchen Profi, dem konnte man nichts vormachen. Aber ich kam ja auch nicht mit leeren Händen oder als blutiger Anfänger zu ihm, im Gegenteil, ich konnte immerhin auf eine Menge Erfolge bei internationalen Wettbewerben verweisen und hatte im Jahr davor bei den Olympischen Spielen in Athen den siebten Platz erreicht. Deswegen kam ich auch nicht als Bittsteller nach Leimen, ich hatte etwas anzubieten, nämlich mich und meine Gewichtheberfähigkeiten. Und außerdem wusste ich: Für Frank Mantek war ich kein gänzlich Unbekannter, er hatte mich bei vielen Wettbewerben erlebt, und zwar als direkten

Gegner seines Schützlings André Rohde. Wenn es also etwas würde mit meinem Wechsel nach Deutschland, dann wäre das eine Sache, von der beide Seiten profitieren könnten.

Mit dieser Zuversicht stellte ich meinen Wagen auf dem großen Parkplatz vor dem Gewichtheberzentrum ab, und dann war der Moment da und ich saß Frank Mantek in seinem Büro gegenüber. Er verlor keine überflüssige Zeit und kam nach einem kurzen höflichen Wortwechsel sofort zur Sache.

»Was kann ich oder was können wir für Sie tun, Herr Steiner?«, fragte er und musterte mich eingehend.

Wie ich es mir vorgenommen hatte, nahm ich kein Blatt vor den Mund, erzählte ausführlich von den Wettbewerben der vergangenen Jahre, von den Trainingsbedingungen in Österreich und natürlich von den Schwierigkeiten mit dem österreichischen Dachverband, wo ich offenbar nicht mehr wohlgelitten war. Auch von den sogenannten Schlichtungsgesprächen im österreichischen Bundeskanzleramt erzählte ich ihm und von deren letztendlichem Scheitern.

Frank Mantek ließ mich erzählen, hörte aufmerksam zu, nickte ab und zu und stellte nur hin und wieder eine Zwischenfrage. Natürlich hatte auch ich Fragen an ihn, und er bestätigte mir, was ich bereits in Österreich über den Gewichtheberverband in Deutschland in Erfahrung gebracht hatte. Hier ging es deutlich professioneller zu als in meinem Heimatland. Während in Österreich alle, die im dortigen Dachverband etwas zu sagen hatten, ihre Funktionen lediglich ehrenamtlich und nebenher ausübten und nur der Bundestrainer für seine Arbeit bezahlt wurde, waren in Deutschland neben Frank Mantek als Bundestrainer und Sportdirektor gleich noch eine ganze Reihe von angestellten Vollzeitkräften für den Verband und seine Ziele tätig. Und außerdem: Besser konnte ich den Zeitpunkt für einen Wechsel in die deutsche Mannschaft gar nicht wählen, denn Mantek hatte gerade erst im Hinblick auf die Olympischen Spiele 2008 in Peking die Kampagne »Operation

Medaille 2008 – wir schaffen das« gestartet. Unser Gespräch wurde immer angeregter und dauerte den ganzen Nachmittag. Am frühen Abend verschoben wir die Fortsetzung des Gesprächs auf den nächsten Tag, und ich suchte mir ein Hotel in der Nähe.

Gleich am nächsten Morgen ging unser Treffen weiter. Mantek zeigte mir die Räumlichkeiten des Olympiastützpunktes in Leimen und stellte mir dann recht konkret dar, wie meine Zukunft im bundesdeutschen Gewichtheberteam aussehen würde.

»Wenn Sie zu uns kommen wollen, Herr Steiner, dann müssen wir uns als Erstes um Ihre deutsche Staatsangehörigkeit kümmern. Das dauert erfahrungsgemäß ein paar Jahre und bedeutet für Sie eine Durststrecke. Während dieser Zeit können Sie nämlich an keinem internationalen Turnier teilnehmen, denn für Österreich können Sie nicht mehr starten und für Deutschland noch nicht. Jetzt müssen wir nur noch einen passenden Verein finden.«

Ich erzählte ihm, dass ich bereits einige Male beim Chemnitzer AC trainiert hatte, wenn ich Susi dort in ihrer Studentenbude besucht hatte, und es vielleicht die Möglichkeit gäbe, dort Mitglied zu werden, zumal der Verein bereits großes Interesse gezeigt hatte. Mantek gefiel die Idee grundsätzlich, er wies mich aber darauf hin, dass ich auch regelmäßig in Leimen trainieren musste, da grundsätzlich alle Kaderathleten im Bundesstützpunkt in Leimen stationiert sind.

Chemnitz? Das war mehr, als ich noch wenige Minuten zuvor zu hoffen gewagt hätte. Dadurch taten sich völlig neue Möglichkeiten auf.

Zum Abschied gingen wir noch zusammen essen, direkt in der Nähe im Hotel Felderbock in Nußloch, in einem hervorragenden italienischen Restaurant, das später mein Stammlokal werden sollte. Und zwischen Vorspeise und Hauptgericht stellte mir Frank Mantek eine Frage, die nach seinen bis dahin gemachten Erfahrungen eigentlich längst von mir hätte kommen müssen. Es ging um die Finanzen. »Sagen Sie mal,

Herr Steiner«, begann er, »wovon wollen Sie eigentlich hier in Deutschland leben?«

Auf diese Frage war ich nicht vorbereitet, weil sie mir überhaupt nicht in den Sinn gekommen war. »Für mich steht das Gewichtheben im Vordergrund, Herr Mantek«, antwortete ich wahrheitsgemäß, »ich will auf jeden Fall sportlich nach vorn kommen, alles andere wird sich schon finden.«

Wie Frank Mantek später oft erzählte, war er von dieser Antwort beeindruckt, weil sie ihm zeigte, dass ich meine sportliche Weiterentwicklung über alles andere stellte. Die meisten anderen Aspiranten hatten spätestens im dritten Satz nach Geld gefragt.

Wenig später verabschiedeten wir uns, wussten aber beide, dass wir uns in Kürze wiedersehen würden. Auf der Rückfahrt nach Obersulz schossen mir tausend Gedanken durch den Kopf. Frank Mantek hatte mir signalisiert, dass ich als Gewichtheber in Deutschland willkommen sei, und ich könnte in Chemnitz trainieren, direkt in Susanns Nähe. Wir könnten gemeinsam eine Wohnung nehmen, oder ich könnte mit in ihre Studentenbude ziehen. Wir könnten zusammen leben, wie wir es uns gewünscht hatten. Die Zukunft würde herrlich werden.

Frank Mantek

Frank Mantek wurde am 20. Januar 1959 in Jena geboren. Der DDR-Trainer Klaus Kroll entdeckte sein Talent für das Gewichtheben, trainierte ihn im Leistungszentrum Chemnitz und brachte ihn nach nur vier Jahren Training 1979 als 20-Jährigen zum dritten Platz bei der Junioren-WM.

1980 gewann Mantek als Gewichtheber bei den Olympischen Spielen in Moskau die Bronzemedaille im Mittelschwergewicht (bis 90 Kilogramm) und war WM-Dritter sowohl im Jahr 1980 als auch im Jahr 1982. Er absolvierte sein Studium zum Diplomsportlehrer an der DHfK Leipzig.

Nach seiner aktiven Laufbahn als Gewichtheber war Mantek von 1989 bis 1990 der letzte Geschäftsführer im Deutschen Gewichtheberverband der DDR. 1990 wurde er zur Zentralfigur des vereinten deutschen Gewichthebersports. In seiner Doppelfunktion als Sportdirektor und Cheftrainer des Bundesverbandes Deutscher Gewichtheber (BVDG) in Leimen vereinheitlichte Mantek das Training der Kaderathleten und löste damit einen Aufwärtstrend in Sachen Medaillen aus. Unter seiner Leitung errangen deutsche Gewichtheber bei Olympischen Spielen, Welt- und Europameisterschaften der Männer insgesamt weit über 110 Medaillen, darunter 9 olympische (zweimal Gold, viermal Silber, dreimal Bronze) und stellten 15 Weltrekorde auf.

ABSCHIED VON OBERSULZ

Wie Frank Mantek sagt: »Wenn man im Leben etwas bewegen will, braucht man Ziele.« Ich hatte mein Ziel ins Auge gefasst, ich wollte 2008 bei den Olympischen Spielen in Peking dabei sein. Und nicht nur das, ich wollte dort eine Medaille holen. Aber mir war auch klar: Wenn ich weiter in Österreich bliebe, würde ich das nicht schaffen. Die einzige und gleichzeitig richtige Entscheidung konnte daher nur lauten: Ich gehe nach Deutschland.

In der Zwischenzeit hatte ich geklärt, dass ich für den Chemnitzer AC starten werde, und mit dem dortigen Präsidenten Peter Waldvogel einen Vertrag ausgehandelt. Ich bin ihm bis heute dankbar, dass er mir damit eine finanzielle Absicherung bis zum Erhalt meiner deutschen Staatsbürgerschaft und darüber hinaus ermöglichte. Denn mit meinem Weggang aus Österreich brach natürlich auch meine dortige finanzielle Unterstützung weg. Ich bewarb mich zwar später bei der Bundeswehr um einen Vertrag als Zeitsoldat, so wie das die meisten Spitzensportler in Deutschland machen, um finanziell abgesichert in Ruhe trainieren zu können. Aber ich wurde aufgrund meines Diabetes als untauglich ausgemustert.

Dass mein Wohnort Chemnitz sein sollte, war ein unglaublicher Glücksfall, und Susann wollte das zuerst gar nicht glauben. »Dann kannst du ja bei mir einziehen«, schlug sie vor und strahlte mich an, »hältst du es denn auf 30 Quadratmetern mit mir aus?«

Was für eine Frage! Mit Susann an meiner Seite wäre mir jede Besenkammer, egal wo, wie ein prächtiges Schloss vorgekommen.

Nachdem die Entscheidung gefallen war, wollte ich auch nicht mehr allzu lange mit dem Umzug warten. Ich rief den Sektionsleiter Sport im Bundeskanzleramt an und machte mit ihm einen Termin aus. Wir trafen uns in Wien zum Mittagessen, und ich eröffnete ihm, dass ich in Kürze nach Deutschland ginge, um dort meine sportliche Karriere fortzusetzen.

Er schien kein bisschen überrascht zu sein. »Das habe ich mir bereits während der Gespräche mit Ihren Funktionären gedacht«, meinte er achselzuckend, »für einen Gewichtheber von Ihrem Kaliber gibt es in der gegenwärtigen Situation hier in Österreich halt kein Fortkommen. Ich wünsche Ihnen viel Erfolg in Deutschland!« Damit war die Sache für die politische Seite erledigt.

Meine Freunde und meinen Fanclub hatte ich bereits auf meinen Fortgang vorbereitet, und weil sie ja die Querelen mit dem Gewichtheberverband mitbekommen hatten, zeigten letztendlich alle Verständnis für meinen Schritt ins Ausland und bewunderten meinen Mut.

Der Tag der Abreise war schneller da, als ich gedacht hatte. Susann war nach Obersulz gekommen, damit wir von dort gemeinsam in unsere Zukunft fahren konnten. Und obwohl ich mich schon so viele Male von meinen Eltern verabschiedet hatte, um zu Turnieren in aller Welt zu fahren, dieses Mal war der Abschied anders. Er war zwar nicht für immer, ich würde aber auch nicht nach ein oder zwei Wochen zurückkehren.

Susann und ich packten alles, was für die erste Zeit in Deutschland notwendig sein würde, ins Auto. Es war eine ganze Menge, denn schließlich brach ich meine Zelte in Österreich ab und baute sie woanders wieder auf. Aber alles konnte ich nicht mitnehmen, wollte es auch gar nicht. Schließlich stand ich in der Tür zu meinem Zimmer und blickte mich noch einmal um, dort, wo ich fast 23 Jahre lang gewohnt hatte. Da waren mein Bett, mein Schreibtisch und die anderen Möbel, vertraut, aber austauschbar. Aber da hingen auch meine vielen Medaillen,

Alles musste nach oben! Die Besenstange war mein erstes Trainingsgerät.

Der Fußballsieg mit Medaille und Urkunde wurde erst im heimischen Garten festgehalten, da wir als Sieger fast vom Platz geprügelt wurden.

Mit der Kuh auf du und du! Furchtlos vor starken Gegnern auch schon mit 6 Jahren.

Das große Bambusrohr in Puerto Rico und der kleine fünfjährige Junge – ein ungültiger Versuch, leider per Foto und Film festgehalten.

Meine ersten wichtigen Wettkämpfe mit 13 und 14 Jahren.

Mein »erster Wettkampf« mit der Hantelstange, die mein Vater selbst gebastelt hat.

Kräftemessen mit meinem Vater gehörte zur Tagesordnung im Hause Steiner. Meine Mutter ging dabei immer in Deckung oder brachte Vasen und Gläser in Sicherheit.

Meine erste sportliche Bezugsperson: Walter Legel, der leider viel zu früh verstorben ist.

Erst anfeuern, dann mitfeiern! Der 1. Matthias Steiner Fanclub aus Obersulz ist immer dabei!

Meine ersten Olympischen Spiele 2004 in Athen, wo ich für Österreich den 7. Platz errang.

Mein Vater als Sieger bei der Weltmeisterschaft der Masters. Insgesamt holte er in 22 Jahren 20 mal Gold!

Mein Lieblingsfoto von Susann, fotografiert bei einem Spaziergang im Odenwald.

Aus Susann Zinke wird Susann Steiner, und ich bin unendlich glücklich und stolz.

Vor der Abreise nach Deutschland – mein Vater und ich beim tränenreichen Abschied aus Obersulz.

Susi und ich beim Einüben unseres Ziehharmonikaständchens für die Hochzeit meines Freundes René und seiner Kathi.

Die Eltern des Paares: meine Eltern links, Susanns Mutter und ihr Stiefvater rechts.

Mein langjähriger Freund Peter Lauterer.

Hoch mit dir! – Mein gültiger Versuch beim Reißen der 203 kg.

Bei 258 kg biegt sich sogar die Hantel durch!

Die letzten Sekunden vor meinem Olympiasieg! Jetzt weiß ich genau, ich hab´s geschafft!

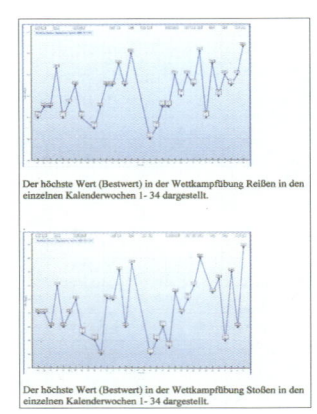

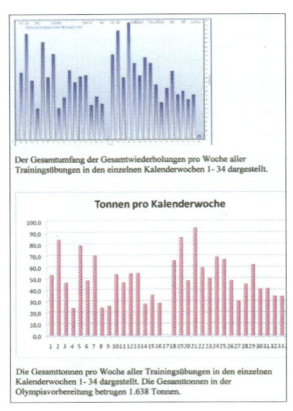

Trainingspläne von Matthias Steiner vor Olympia,
©Michael Vater/Frank Mantek

Als strahlender Olympiasieger verlasse ich den Raum der Dopingkontrolle, und meine Mutter konnte in Peking endlich ihr »Siegerfoto« schießen!

Freudentanz mit Frank Mantek, Sekunden nach meinem Sieg.

Zwei strahlende Trainer: Frank Mantek und Michael Vater.

Olympische Spiele 2008 Peking 18.08.2008

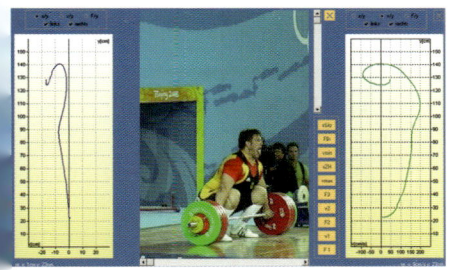

| F1 (1) | (2) | F2 (3) | F3 (4) | vmax -60ms (5) | vmax (6) |
| vmax +60ms (7) | sZH -60ms (8) | sZH (9) | sZH +60ms (10) | vmin (11) | sSitz (12) |

Matthias Steiner — **Reißen 2. Versuch + 203,0kg**

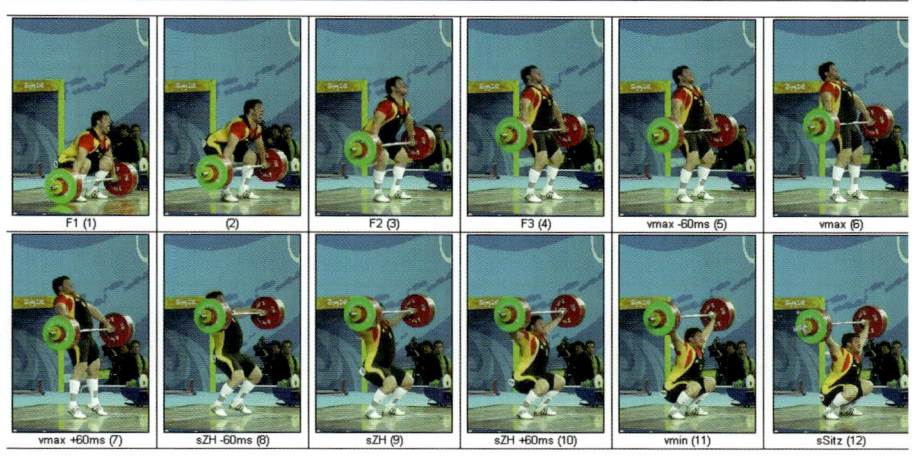

Bildreihe des beidarmigen Reißens von Peking 2008 mit einem Körpergewicht von 145 kg
©Michael Vater/Frank Mantek

Startposition beidarmiges Reißen OS 2008 Peking, 203 kg mit optimaler Ortskurve der Hantel (links)

Startposition beidarmiges Reißen OS 2004 Athen, 182 kg mit fehlerhafter Ortskurve der Hantel (links)

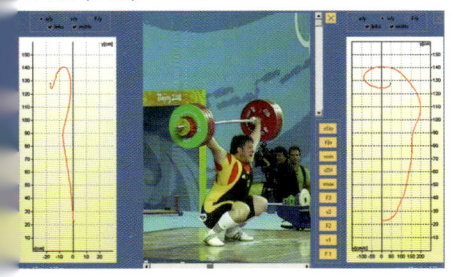

Hocksitz beidarmiges Reißen OS 2008 Peking, 203 kg mit optimaler Ortskurve der Hantel (links)

Hocksitz beidarmiges Reißen OS 2004 Athen, 182 kg mit fehlerhafter Ortskurve der Hantel (links)

Endlich nicht mehr allein! Mit Inge beim Spaziergang in Potsdam.

und da standen die unzähligen Pokale, Zeugnisse eines erfolgreichen Sportlerlebens. Und da waren viele Dinge, die mir lieb und teuer waren. Das alles musste erst einmal hier bleiben, schon aus Platzgründen. Behutsam schloss ich die Tür.

An meinem Zimmer hat sich bis zum heutigen Zeitpunkt nichts geändert. Fast alles steht noch so am Platz wie damals, als ich nach Deutschland aufbrach.

Dann ging ich von meinem Elternhaus die wenigen Meter bergauf zu meinem Grundstück inklusive baufälligem Haus, das ich nicht allzu lange vorher für kleines Geld erworben hatte, das mir größtenteils meine Mutter geliehen hatte. Später wollte ich dort einmal wohnen und leben. Es wäre drinnen und draußen so viel zu tun gewesen an diesem Haus, aber ich hätte es mir wunderschön eingerichtet, so hatte ich es mir vorgestellt. Aber jetzt hatte sich meine Lebensplanung völlig geändert.

Meine Familie stand schon wartend am Auto, alle hatten Tränen in den Augen. Ich drückte meine Eltern und meine Großmutter, länger als sonst, wenn ich wegging, und stieg mit Susann ins Auto. Wir winkten noch aus den offenen Fenstern zurück, als das Auto eigentlich schon außer Sichtweite war.

Für mich begann ein vollkommen neuer Lebensabschnitt.

Und das Schöne daran war: Ich würde ganz viel Zeit mit Susann verbringen können.

DIE HOCHZEIT MIT SUSANN

Oft wurden Susann und ich gefragt, wieso wir uns für den 9. Dezember als unseren Hochzeitstag entschieden haben. Aus keinem bestimmten Grund. Der Tag hatte nichts mit unserem Kennenlernen vor gut eineinhalb Jahren oder mit irgendeinem Geburtstag oder sonstigem »Gedenktag« zu tun, der 9. Dezember war halt »nur« der 9. Dezember, aber für uns sollte es eben ein besonderer Tag werden. Wir wollten 2005 heiraten, das war klar, aber wir waren beide viel beschäftigt, und da im Dezember nahezu trainingsfreie Zeit war, bot sich dieser Monat eben an.

Susi und ich hatten lange hin und her überlegt, wo und auch wie wir heiraten wollten. Standesamtlich, so beschlossen wir letztendlich, sollte die Feier bei Susanns Familie in Wilkau-Haßlau stattfinden und die kirchliche Zeremonie dann bei meiner Familie in Obersulz.

Tagelang erstellte Susann die Gästelisten. Ja, Listen! Eine für das Standesamt und zugleich auch die für die kirchliche Hochzeit einige Monate später. Wir besprachen uns, und immer wieder wurden Freunde und Verwandte von der einen auf die andere Liste verschoben. Damit die Feiern nicht zu groß wurden, entschieden wir uns schließlich, dass wir mit ihren Leuten die standesamtliche und mit meinen später die kirchliche Hochzeit feiern würden, für die wir als vorläufigen Termin den Juli 2006 ins Auge gefasst hatten.

Als meinen Trauzeugen wünschte ich mir Peter Lauterer, denn er war in all den Jahren nicht nur mein Betreuer und Ratgeber gewesen, sondern auch mein Freund. Peter freute sich sehr, zu unserer Hochzeit zu kommen und mir »beizustehen«. (In Österreich nennt man deshalb den Trauzeugen auch »Beistand«.) Susi hatte sich für ihre Mutter Bärbel Zinke als Trauzeugin entschieden.

Meine Eltern, meine Sportlerkollegen, Susis Verwandte und Schulfreundinnen waren mit dabei, als ich Susann in ihrem traumhaften Hochzeitskleid auf mich zukommen sah. Sie war so schön, schön wie eine Prinzessin. Ich war unheimlich stolz, sie zu heiraten. Sie strahlte und man sah ihr an, wie glücklich sie war. Die Standesbeamtin hielt eine sehr einfühlsame Rede, und als Susann und ich unsere Ringe tauschten, wurde im Hintergrund die »Barcarole« aus Jacques Offenbachs Oper *Hoffmanns Erzählungen* gespielt. Kaum einer der 45 Gäste hatte in diesem sehr berührenden Moment keine Tränen in den Augen.

Das Hochzeitsessen und die anschließende Feier fand im »Haus des Gastes« in Chemnitz-Reichenbrand statt. Als wir das Restaurant als Ehepaar betraten, spielten Susanns Musikkollegen aus dem Akkordeonorchester ein Ständchen, dann noch eines und noch eines, sodass aus einer geplanten viertelstündigen Darbietung ein beinahe abendfüllendes Programm wurde. Erst nach zwei Stunden löste Susanns Onkel Heiko die Musiker ab, indem er als Discjockey richtig tolle Musik auflegte, zu der bis spät in die Nacht fleißig getanzt wurde.

Es war eine wunderschöne Feier, und wir waren damals bereits sicher, dass unsere kirchliche Hochzeit im Jahr darauf in Obersulz möglicherweise ganz anders sein würde, aber kaum lustiger.

Eine Hochzeitsreise machten wir erst einmal nicht, denn uns fehlten schlichtweg das Geld und die Zeit.

Aus terminlichen Gründen mussten wir die kirchliche Hochzeit dann von Juli 2006 auf Juli 2007 verschieben, bis wir Anfang des Jahres 2007 feststellten, dass wir auch das zeitlich nicht gebacken bekämen. Wir beschlossen, egal was passiert, unsere kirchliche Hochzeit in Obersulz auf alle Fälle 2008 nach den Olympischen Spielen in Peking zu feiern. Und wir versprachen uns, bei dieser Entscheidung Anfang 2007, dass uns nichts, aber auch gar nichts von dieser kirchlichen Trauung abhalten würde.

Woher sollten wir wissen, dass die Einhaltung dieses Versprechens nicht in unserer Hand lag?

In den anderthalb Jahren unserer Ehe hatten Susi und ich den perfekten Rhythmus für unser gemeinsames Leben gefunden. Ich trainierte hin und wieder in Chemnitz und immer häufiger im Gewichtheberstützpunkt in Leimen. Susi machte mit viel Freude und Engagement neben ihrem Studium in Chemnitz noch einige Berufspraktika. Wann immer es bei ihr ging, kam sie zu mir nach Leimen, und fast hatten wir in den ersten Monaten unserer Ehe so etwas wie eine Fernbeziehung. Aber im Sommer 2006 änderte sich auch das. Susi zog ganz zu mir nach Leimen und fand recht schnell einen Praktikumsplatz bei einer Eventagentur.

Ich bewunderte Susi, wie schnell sie lernte, wie akribisch sie sich auf ihre beruflichen Verpflichtungen vorbereitete. Ich war erstaunt, dass sie als junge Praktikantin für ihre Firma die Korrespondenz und die Telefonate mit Fiat in Italien erledigte, weil niemand außer ihr vier Fremdsprachen schreiben und sprechen konnte.

Ich trainierte Monat für Monat ohne die Aussicht auf die Teilnahme an einem internationalen Wettkampf, weil der deutsche Pass weiter auf sich warten ließ. Immer wieder wurde ich vertröstet, aber Frank Mantek und ich rechneten ständig damit, dass ich dann bei der nächsten EM oder WM dabei sein würde. War ein Wettkampf ohne mich vorbeigegangen, hofften wir auf den nächsten. Diese Ungewissheit, dieses Sich-Hoffnung-Machen und Immer-wieder-enttäuscht-Werden, ist ein abscheuliches Gefühl. Das Ärgerlichste war, dass ich mir jedes Mal, gemessen an meinen guten Trainingsleistungen, durchaus Hoffnung auf einen der vorderen Plätze hätte machen können.

Aber wie immer hatte ich auch aus dieser negativen Phase etwas Gutes gezogen. Ich nutzte die Zeit, um besser zu werden. Frank Mantek hatte nämlich sofort mit sicherem Blick erkannt, dass es mir nicht an Kraft fehlte, davon war im Überfluss vorhanden. Nein, meine Technik, die machte ihm Sorgen, und er tat alles, um sie zu optimieren. Einer der Fehler, die ich aus Österreich mitgebracht hatte, war: Ich brachte die Hantel nicht in einer möglichst geraden Linie nach oben, bei mir beschrieb sie vielmehr einen Bogen. Um die Balance zu halten, machte ich regelmäßig einen Satz nach hinten, was Kraft kostete.

Mantek hatte dafür eine einfache Lösung. Er zog vor meinen Füßen mit Kreide eine weiße Linie auf den Boden und schärfte mir ein, mich beim Heben nicht von ihr zu entfernen. Die andere Methode war die Plexiglaswand hinter meinem Rücken. Knallte ich beim Heben dagegen, hatte ich etwas falsch gemacht. Nach nur wenigen Monaten war der Bewegungsablauf bei mir so automatisiert, dass ich neben meiner Kraft nun endlich auch die richtige Technik hatte. Eine große Hilfe war dabei ein spezielles Computerprogramm, das die Aufwärtsbewegung der Hantel mithilfe einer Videokamera genauestens analysierte und außerdem alle Parameter beim Heben aufzeichnete. So konnte ich mich nach jedem Versuch selbst am Bildschirm beobachten und meine Technik Schritt für Schritt verbessern. Es war also für alles gesorgt, um eine Weltklasse-Leistung hervorzubringen, und auch die Mannschaft hätte mich gebraucht für die Punktevergabe um einen olympischen Startplatz mehr.

Im Frühjahr 2007 kam ich nach dem Training nach Hause, und Susi eröffnete mir, dass sie für ein halbes Jahr zu einem Praktikum nach London reisen sollte.

»Susi, das ist eine riesige Chance für dich!«, sagte ich erfreut.

»Was, du freust dich? Ein halbes Jahr soll ich woanders leben als du? Kommt doch nicht infrage!«

»Wieso? Denk an die Zeit, wo du in Chemnitz warst und ich in Leimen. Das ging doch auch vorbei!«

»Ich bin froh, dass wir endlich an einem Ort sind,« entgegnete sie.

Ich war in einer Zwickmühle. Auf der einen Seite freute ich mich unheimlich für die berufliche Chance meiner Frau, auf der anderen Seite wollte ich nicht so lange ohne sie sein. Ich wäre aber der Letzte gewesen, der ihr im Wege gestanden hätte, denn ich ordnete doch meinem eigenen Job, dem Gewichtheben, auch alles unter.

»Susi, das ist doch nicht so schlimm, wir können doch sicher hin- und herfliegen in dieser Zeit. Was ist schon ein halbes Jahr? Das vergeht schneller, als du denkst, und die Chance, dein Englisch zu perfektionieren, kommt auch nicht alle Tage.

»Willst du mich los sein?«, fragte sie traurig.

Meine Güte, das wollte ich nun wirklich nicht. Aber wie konnte ich meiner Frau erklären, dass ich mich über ihren Erfolg freute, ohne sie gleichzeitig zu kränken?

»Susi, niemals. Wie kannst du das denken? Bitte sei nicht unfair!«, rechtfertigte ich mich.

»Ich will nicht dahin, nicht für so lange Zeit, und damit basta!«, entschied Susann. Sie hatte einen gewissen Dickkopf, aber der gefiel mir, denn sie wusste immer, was sie wollte.

Einige Zeit später musste sie doch für einige Tage nach London, und selbst die wollte sie nicht alleine verbringen.

»Matthias, ich habe heute im Internet für dich ein Ticket nach London gebucht. Ich muss dort für zwei Tage arbeiten und ich will dich dabeihaben. Das kleine Persönchen konnte sehr bestimmend sein, wenn sie etwas durchsetzen wollte.

Also flogen wir gemeinsam nach London, und schon am selben Abend war ich überglücklich, dass Susi darauf bestanden hatte, dass ich mitkomme. Die Tage in London gehörten zu den allerschönsten, die Susann und ich in unserer kurzen Ehe verbrachten. Glück pur. Neben ihrem Job hatten wir noch genug Zeit, um halb London zu erkunden. Und wer konnte da schon wissen, dass das Leben uns nur ein paar Wochen später so einen Strich durch die Rechnung machen würde?

Das Resümee des Ganzen: Tu's gleich! Nicht alles hintanstellen, sondern die schönen Dinge des Lebens mitnehmen, wenn sie sich anbieten. Man weiß nie, wann es zu Ende ist!

EINE SEKUNDE VERÄNDERT MEIN LEBEN

Oftmals entscheidet im Leben eines Menschen *eine Sekunde* darüber, ob es so weitergeht wie bisher, ob sich das ganze weitere Leben völlig umkehrt – oder ob es vielleicht sogar endet. *Eine Sekunde*, ein Wimpernschlag, kann den schmalen Grat bilden zwischen Freud und Leid, zwischen dem Normalen, dem Triumphalen – oder der Katastrophe.

Niemand kann sagen, wie oft im Laufe seines Lebens genau *eine Sekunde* sein Leben beeinflusst hat. Erst rückblickend kann manchmal gesagt werden, ob diese *eine Sekunde*, in der etwas geschehen oder nicht geschehen ist, in der man sich so oder anders entschieden hat, den Verlauf der Dinge beeinflusst hat. Manchmal erfährt man es auch nie.

Ich weiß, dass bisher dreimal in meinem Leben *eine Sekunde* meine Zukunft entscheidend, nachhaltig und für immer verändert hat.

Im April 2004 hatte *eine Sekunde* darüber entschieden, dass Susann, die eigentlich auf Eurosport ein Tennisturnier verfolgt hatte, nicht sofort nach dessen Ende zu einem anderen Sender weiterzappte, sondern auf diesem Kanal blieb und so in die nachfolgende Übertragung der Europameisterschaften im Gewichtheben in Kiew geriet.

Und genau in *dieser Sekunde*, in der sie hinsah, brachte ich in Kiew meine Hantel zur Hochstrecke.

Die Freude über den gelungenen Versuch war groß und mein Jubel ansteckend. Offenbar sehr ansteckend. Ich hatte keine Ahnung davon, dass sich im fernen Sachsen, über tausend Kilometer vom Austragungsort des Wettkampfes entfernt, eine junge Frau derartig mit mir freute, dass sie sich sofort Knall auf Fall in mich verliebte.

Nun sind wir Gewichtheber – leider oder Gott sei Dank – keine von Groupies belagerte Truppe, und das immer noch als Randsportart bezeichnete Gewichtheben steht wahrhaftig nicht ständig im Fokus der Öffentlichkeit. Also war das wirklich der Zufall schlechthin, dass mich Susann überhaupt entdeckte.

Wie gesagt, die entscheidende *eine Sekunde*.

Vier Jahre später, in Peking, sollte dann *eine Sekunde* wieder mein Leben nachhaltig verändern, nämlich genau die Sekunde, in der ich das Gewicht von 258 Kilogramm stemmte und die darüber entschied, ob mein Versuch gültig oder ungültig war. (Wenn man 258 Kilogramm hochhält, kommt einem genau diese eine Sekunde ohnehin viel länger vor!)

Doch am 16. Juli 2007 sollte *eine Sekunde* Susann aus dem Leben reißen und mein Leben für alle Zeiten verändern.

Niemand kann die Frage beantworten, und trotzdem stellt man sie sich tausend Mal: Was wäre gewesen, wenn ...

... wenn Susann, wie angedacht, ein halbes Jahr für ein Praktikum nach London gegangen wäre?

... wenn Susi eine andere Strecke nach Hause gefahren wäre?

... wenn der andere nicht 90 Stundenkilometer gefahren wäre, sondern sich an die vorgeschrieben 70 Stundenkilometer gehalten hätte?

... wenn Susi bei einer Ampel länger gestanden hätte?

... wenn sie ein paar Momente länger gearbeitet hätte?

... wenn, wenn, wenn ...

Niemand kann darauf eine Antwort geben, und es ist gut so.

Wie vielen Katastrophen man im Leben entgeht, weiß man zum Glück nicht, denn dann hat sich in dieser *einen Sekunde* entschieden, dass alles normal weitergeht.

Wenn nicht, dann kann man hadern, verzweifeln, man kann wütend sein oder traurig, doch nichts, gar nichts macht das rückgängig, was in dieser *einen Sekunde* passiert ist.

Ein herrlicher Sommertag war dieser 16. Juli 2007. Ein schöner Morgen, alles war wie immer. Hektik im Badezimmer, Frühstück mehr im Stehen und Gehen als gemütlich am Tisch. Welche Schuhe passen besser dazu? Die oder die? Wo sind meine Autoschlüssel?

Ein herzlicher Abschiedskuss, wie immer, ein Geplänkel zwischen Jungverheirateten, und ab ging es in den Tag.

Ein Tag, wie Hunderte Tage davor. Nichts unterschied ihn von allen anderen.

Ich war vormittags und nachmittags beim Training gewesen, noch bei der Massage und ging danach zurück zu unserem Häuschen und freute mich auf einen gemütlichen Abend mit Susann auf unserer Terrasse. Ach, ja, die Blumen, die üppig wachsenden rot-weißen Petunien, die in den Farben von Susanns Fußballverein FSV Zwickau zwischen den Fuchsien wuchsen, die wollte ich eigentlich schon zu Mittag gegossen haben. »Na ja, dann mach ich es halt jetzt«, dachte ich.

Ich las Zeitung, putzte den Salat für das Abendessen und wartete. Wollte Susi heute noch irgendwo hinfahren? Hatte ich das vergessen? Na, sie wird gleich da sein.

Kurz vor halb acht rief ich auf ihrem Handy an, aber sie meldete sich nicht.

»Fein«, dachte ich, »dann ist sie schon auf dem Heimweg, im Auto«, denn beim Fahren telefonierte sie nie. »Dann schmeiß ich schon das Gyros in die Pfanne, und wenn sie kommt, ist das Essen gleich fertig!«

Mein Telefon läutete. *Susi* stand auf dem Display. Ach, doch noch nicht im Auto, das heißt, sie wird mir sagen, dass es noch etwas dauern wird, bis sie kommt.

»Hallo Schatz, na, wo bist du?«, begann ich fröhlich das Gespräch.

»Wer spricht da?«, fragte mich eine tiefe Männerstimme.

»Was machen Sie am Handy meiner Frau?«

»Sind Sie Herr Steiner?«, wollte der Mann wissen.

»Ja, wieso telefonieren Sie mit mir und nicht meine Frau?«

Er stellte sich als Polizist vor und sagte dann: »Herr Steiner, wir müssen Ihnen mitteilen, dass Ihre Frau Susann Steiner einen Unfall auf der B 3 hatte. Es ist aber alles in Ordnung. Sie ist außer Lebensgefahr und auf dem Weg ins Krankenhaus!«

Was?

Wie?

Susi und ein Unfall?

Außer Lebensgefahr? War sie in Gefahr gewesen?

Mein Mund wurde trocken. »Was ist geschehen?«, konnte ich gerade noch fragen.

»Ein Jeep ist in den Wagen Ihrer Frau gefahren und hat sie frontal gerammt!«

»Wo genau?«, fragte ich, und kaum eine Minute später saß ich im Auto und fuhr zu der beschriebenen Unfallstelle.

Die Polizei war noch da, es wurde vermessen und fotografiert, aber weit und breit waren weder Susanns Auto noch das des Unfallgegners zu sehen. Jetzt erst erfuhr ich, dass der Unfall schon zwei Stunden her war. Niemand sagte mir, dass Susann mit dem Hubschrauber ins Krankenhaus transportiert worden war, man beruhigte mich und meinte, ich bräuchte keine Panik zu haben, alles sei in Ordnung. Niemand sagte mir die ganze brutale Wahrheit. Ich glaube, keiner traute sich das zu.

Wäre Susanns kleiner Nissan Micra, den ich erst viel später zu Gesicht bekam, zum Zeitpunkt meines Eintreffens noch am Unfallort gewesen, ich hätte sofort gewusst, dass da niemals alles in Ordnung sein konnte.

»Wo ist meine Frau jetzt?«, fragte ich einen der Polizisten.

Er nannte mir das Krankenhaus, in das man Susi gebracht hatte, und ging wieder seiner Arbeit nach. »Aber machen Sie sich nicht verrückt, es ist ja alles in Ordnung!«, rief er mir noch zu.

Für ihn war möglicherweise alles reine Routine, für mich war es der Anfang vom Ende.

Auf dem Weg ins Krankenhaus fuhr ich noch schnell zu Hause vorbei. »Susi braucht sicher Wäsche, Waschzeug, ihre Hausschuhe und, ja, ihr heiß geliebtes Plüschtier.« Rein damit in den Rucksack. »Brauche ich noch was?«, überlegte ich fieberhaft.

Eine noch nie verspürte Panik machte sich mit einem Mal in mir breit.

»Ich muss zu Susi. Sofort. Bin ich in der Verfassung zu fahren? Muss ich! Ich ruf nachher gleich den Trainer an. Irgendjemandem muss ich das von Susi erzählen.« Pausenlos redete ich mit mir selbst.

Ich lief mehr, als ich ging, zum Auto und fuhr ins Krankenhaus.

Dort angekommen, fragte ich beim Empfang, wo ich meine Frau finden könne, und man sagte mir, sie sei auf der Intensivstation.

Intensivstation?

»Gehen Sie hoch und läuten Sie«, sagte man mir noch.

Ich lief die Treppen hoch, denn auf den Lift wollte ich nicht warten, und als ich oben ankam, sah ich Blut auf dem Fußboden. Seltsam, aber im gleichen Moment wusste ich, dass es noch von Susann sein musste.

Alles war plötzlich so unwirklich, wie durch einen Schleier. Irgendjemand kam auf mich zu und meinte, ich sollte mal eine Viertelstunde warten. Dann kamen die beiden Polizisten vom Unfallort und erzählten mir, dass der Jeep des Unfallgegners auf die Gegenfahrbahn geraten und ungebremst in den kleinen Micra meiner Frau gerast war.

Ich verstand nichts. Warum fuhr der andere Wagen auf die Gegenfahrbahn? Susann sei zum Zeitpunkt des Unfalls ordnungsgemäß gefahren und auf jeden Fall angeschnallt gewesen, erklärte der Polizist weiter, und das sei ja dann beim Zusammenprall immerhin eine Wucht von 120 bis 140 Stundenkilometer gewesen, die auf das kleine Auto gekracht sei.

»Jetzt erzählen Sie mir auf einmal diese Details, und an der Unfallstelle taten sie, als sei alles eine Lappalie?« Ich wurde schon ziemlich wütend auf die beiden Beamten, dass sie mir nicht gleich vor Ort sagten, was genau los war.

Die Stimmung war ziemlich angespannt.

In diesem Moment kam ein Arzt auf mich zu und bat mich in sein Besprechungszimmer.

»Herr Steiner, ich habe Ihre Frau in den letzten zweieinhalb Stunden operiert, und jetzt haben wir die Chirurgen gewechselt.«

»Was, wie? Wieso haben Sie meine Frau so lange operiert? Was hat sie?«

»Wir wissen noch nicht, ob Ihre Frau den Unfall überlebt! Zurzeit steht es 50 : 50. Aber wir versuchen alles medizinisch Mögliche, um sie am Leben zu erhalten!«

Wovon sprach der Arzt?

»Sind Sie sicher, dass Sie meine Frau operiert haben? Meine Susi? Es hieß doch, ich brauche mir keine Sorgen machen, alles sei in Ordnung!«

»Doch, Herr Steiner, es ist leider Ihre Frau. Sie ist in akuter Lebensgefahr. Wer behauptet denn das Gegenteil?«

»Die Polizei am Unfallort«, antworte ich.

»Ihre Frau war in ständiger Lebensgefahr. Wir mussten sie mit dem Hubschrauber herfliegen lassen, denn einen Krankentransport hätte sie gar nicht überlebt.«

Das war wie ein Schlag in die Magengrube. »Was für Verletzungen hat sie?«, fragte ich.

»Sie hat neben einem Schädel-Hirn-Trauma eine große, offene Wunde am Kopf, einen Schädelbasisbruch, schwere innere Verletzungen, einen Milz- und Leberriss, mehrere Rippen sind gebrochen und die Lunge ist gequetscht. Wir operieren weiter, aber wir können nicht sagen, wie es ausgeht. Es tut mir wirklich leid, Ihnen das sagen zu müssen, aber es steht sehr schlimm um Ihre Frau.«

Über ein Jahr später, erst bei der Gerichtsverhandlung im November 2008, erfuhr ich zu dieser Aufzählung des Arztes all jene Details, die ich, hätte ich sie in diesem Augenblick schon gewusst, nicht verkraftet hätte. Ich wäre Amok gelaufen. Die Vorstellung, wie sie ihre letzten Minuten nach dem Unfall alleine im Auto verbracht hatte, war schon fürchterlich genug. Die genaue Analyse des Sachverständigen und des Gerichtsmediziners bei der Verhandlung über den Unfallhergang und alles, was danach geschah, dieses Wissen bereitet mir heute noch oft schlaflose Nächte.

Wieso Susi?

Ich war wie betäubt. »Kann ich zu ihr?«, fragte ich den Arzt.

»Nein, wir wissen gar nicht, wie lange die Operation noch dauern wird. Kann noch Stunden dauern. Sie können so lange hier bleiben, wir geben Ihnen ein Zimmer, oder sie fahren nach Hause und ich rufe Sie an, wenn Sie wieder kommen können. Sie können hier nichts für Ihre Frau tun!«

Also hier in diesem sterilen Klima mit all den weißen Wänden halte ich es keine fünf Minuten aus, dachte ich. Ich war in einem völligen Ausnahmezustand. Ich fühlte mich unendlich alleine und verlassen und vor allem völlig hilflos. Am liebsten wäre ich davongelaufen. Ich entschied mich, daheim auf den Anruf des Arztes zu warten.

»Sie versprechen mir, sofort anzurufen?«, fragte ich verzweifelt.

»Selbstverständlich«

Ich weiß nicht mehr, wie ich danach nach Hause kam. Ich kann mich an die Fahrt kaum noch erinnern. Zu Hause rief ich meinen Trainer an.

»Ich komme sofort zu dir, Matthias!«, entschied Frank Mantek, als ich ihm vom Unfall erzählte.

»Nein, Chef, Sie haben endlich einmal Ihre Mutter zu Besuch. Bleiben Sie daheim bei ihr. Ich fahre später wieder ins Krankenhaus und melde mich danach bei Ihnen!«, versprach ich.

Dann rief ich meine Mutter an und erzählte ihr alles, auch habe ich ihr klargemacht, dass sie nicht zu kommen brauchte, denn 800 Kilometer sind zu weit, sie könne sowieso nichts für Susi und mich tun. Susanns Mutter konnte ich zu diesem Zeitpunkt noch nicht anrufen, einerseits fehlte mir die Kraft, andererseits wollte ich erst den Anruf des Arztes abwarten.

Es war auch daheim nicht besser mit mir. Ich versuchte zwar, kühlen Kopf zu bewahren, doch ich rannte wie ein Verrückter von einem Raum zum anderen. Ich musste wieder zurück ins Krankenhaus!

Als ich losfahren wollte, klingelte das Telefon, und der Arzt war dran. Ich solle sofort kommen, denn Susis Herz sei bereits einmal stehen geblieben. Man habe sie zwar noch einmal reanimieren können, aber es würde sicher nicht mehr allzu lange dauern.

Dauern?

Ich begriff nur langsam.

Hieß das, sie stirbt?

Heute früh ist sie lachend aus dieser Tür gegangen und jetzt liegt sie im Sterben? Das gibt es doch nicht!

»Wieso? Warum?«, schrie ich in den Hörer.

Der Arzt ging nicht darauf ein, bat mich nur nochmals, schnell zu kommen.

Völlig am Boden zerstört stieg ich in mein Auto, und in dem Moment, als ich starten wollte, kam mein Trainer vorgefahren.

»Einsteigen! Hier bei mir. Ich fahre, nicht du!«, rief er.

»Chef, Susi stirbt. Grad hat der Arzt angerufen!«, schrie ich und warf mich auf den Beifahrersitz.

Mit einem Mal war ich unendlich dankbar, dass ich nicht mehr alleine war.

Im Krankenhaus fragte ich gar nicht lange, sondern rannte sofort mit Frank Mantek die Treppen zur Intensivstation hoch. Oben erfuhren wir, dass die Ärzte alles versucht hätten, um Susanns Leben zu retten, aber letztendlich die Hoffnung aufgegeben hatten. Man gab ihr nur noch wenige Stunden.

Sie hatten Susi in ein Zimmer gebracht, wo sie offenbar nur mehr von Maschinen und Unmengen von Schläuchen am Leben gehalten wurde. Überall war sie blutverschmiert, ihren verletzten Kopf hatte man abgedeckt und ihr Gesicht war blau von Blutergüssen. Es war schrecklich.

Ich weiß heute, das Fürchterlichste, das einem im Leben widerfahren kann, ist, hilflos am Bett des Menschen zu stehen, den man über alles liebt. Mit dem man alles im Leben teilen wollte. Gutes, weniger Gutes und Schlechtes. Mit dem man für die nächsten Jahre, nein, bis ans Ende des Lebens die Zukunft geplant hatte. Und jetzt sollte Susanns Leben bald zu Ende sein und mit ihm die ganze Zukunft?

Nur noch ein paar Stunden! Die Situation war einfach entsetzlich, und das Schlimmste war: Nichts im Leben bereitet einen darauf vor. Man steht einfach daneben und ist total machtlos. Man kann nichts mehr tun.

Nur eine Hand von Susi lag frei, die konnte ich berühren. Meine Güte, wie kalt sie war.

Überall aus ihrem Körper rann Blut, nach nur einer Stunde bei ihr im Zimmer mussten wir wieder hinaus, weil die Krankenschwestern die Laken wechseln mussten.

Während wir vor der Tür einige Minuten warten mussten, rief ich dann endlich Sarah an. Sie war die Freundin meines Trainingskollegen Jürgen Spiess, und Susi und Sarah waren vom ersten Moment an, seit sie sich vor einem Jahr kennengelernt hatten, dicke Freundinnen und verstanden sich blendend.

»Wenn du Susi noch einmal sehen willst, dann komm bitte her!«, sagte ich, als sich Sarah meldete. Sarah verstand natürlich gar nicht, worum es ging, und fragte mich beinahe fröhlich: »Hattet ihr Zoff? Ziehst du aus? Zieht sie aus? Das gibt sich wieder!«

»Nein!«

Ich erzählte ihr, wo ich war und wie ich die letzten Stunden verbracht hatte. Sie konnte nicht fassen, was ich ihr erzählte, und brachte keinen Ton mehr raus. Jürgen übernahm das Telefon und sagte nur: »Wir kommen!«

Jürgen und Sarah kamen sofort ins Krankenhaus, und dann waren drei Menschen um mich, die mich kannten, die Susi kannten, die in enger Beziehung zu uns beiden standen. Mit dem Seelsorger, der vom Krankenhaus bestellt war, Sterbenden und deren Angehörigen beizustehen, konnte ich nicht sonderlich viel anfangen. Was sollte er mir sagen? Wie hätte er mir helfen können? Er kannte weder Susi noch mich noch einen einzigen Tag unseres gemeinsamen Lebens.

Dann endlich, als ich wusste, dass es nicht mehr lange dauert, hatte ich auch Susis Mutter erreicht. Sie klang ruhig und gefasst, weil sie, wie sie mir später erzählte, in diesem Moment die Tragweite des Geschehenen einfach nicht erfassen und wahrhaben wollte. Zudem glaubte sie fest daran, Susi habe einen Schutzengel und alles würde gut werden. Sie stand schlicht unter Schock.

Ich versuchte ihr klarzumachen, dass sie, selbst wenn sie sich sofort ins Auto setzen würde, es nicht mehr schaffen würde, Susi noch lebend zu sehen. Immerhin war es schon kurz vor Mitternacht und die Fahrt von Chemnitz nach Leimen hätte auf jeden Fall mindestens fünf Stunden gedauert. Der eigentliche Grund war aber, dass ich es ihr ersparen wollte, Susi noch einmal so mit all den Schläuchen und Apparaten lebend zu sehen. Sie sollte ihre Tochter glücklich und fröhlich in Erinnerung behalten.

Wieder bei Susi im Zimmer, hoffte ich inständig auf ein Wunder, doch aus den Gesichtern des Krankenhauspersonals konnte ich die Unausweichlichkeit des Schicksals ablesen.

Ich streichelte Susis Gesicht, ich hielt ihre kalte Hand in der meinen, als könnte ich ihr mit meiner Wärme auch Leben geben. »Kann ich einen Handel mit Gott machen?«, dachte ich. »Was kann ich ihm anbieten für Susanns Leben?«

Frank Mantek, Sarah und Jürgen gingen aus dem Zimmer, sie wussten auch ohne Worte, dass ich die letzten Minuten mit meiner Frau alleine sein wollte.

Ich beugte mich über ihr Gesicht, ich sprach mit ihr, während mir die Tränen herunterliefen. Ich war mir in diesem Moment sicher, dass sie mich noch verstehen konnte, dass sie alles hörte, was ich ihr in der letzten halben Stunde ihres Lebens sagte. »Dinge, die ich ihr schon lange hatte sagen wollen, die sollte sie wenigstens jetzt noch erfahren«, dachte ich mir. Meine Tränen vermischten sich mit dem Blut auf ihrem Gesicht. Mit einem Tuch wischte ich ihre Wangen wieder sauber.

»Susi, du kannst nicht gehen. Wir wollen doch zusammen nach Peking! Lass mich da nicht alleine.« Und genau in diesem Moment versprach ich Susi, dass ich in Peking mein Möglichstes tun werde, um dort zu gewinnen. »Für dich!«

Immer wieder blickte ich auf die Apparate und wollte einfach nicht wahrhaben, wie erschreckend flach ihre Atmung war. Die Messwerte gingen in allen Bereichen stetig weiter nach unten, und das EKG war wie das Gekritzel eines Kleinkindes. Der Arzt betrat wortlos das Krankenzimmer, wie um mir beizustehen. Auch Sarah, Jürgen und Frank Mantek kamen herein. Nur wenige Minuten später zeigte der Monitor, der bis dahin Susis Herzschlag wiedergegeben hatte, einen geraden Strich.

Sofort wusste ich, was das zu bedeuten hatte. Es gab keinen erneuten Versuch, sie zu reanimieren, zu schwer waren ihre Verletzungen gewesen. Sie hatte von Beginn an keine Chance gehabt, diesen Unfall zu überleben.

Der Arzt schaltete die Maschinen ab, und beinahe amtlich erklärte er mir, nebst exakter Angabe von Datum und Uhrzeit, dass meine Frau nun verstorben sei.

»Meine Susi ist tot. Warum? Sie war doch noch so jung!«

Mir war, als hätte man mir bei lebendigem Leib das Herz herausgerissen.

Frank Mantek, Sarah und Jürgen standen mir in meiner schwersten Stunde bei, doch auch wenn sie noch so fürsorglich waren, niemand konnte mir helfen, niemand konnte meinen Schmerz lindern. Ich war unter Menschen, Menschen, die mir und Susi viel bedeuteten, aber ich war trotzdem alleine mit meinem unerträglichen Schmerz.

»Wieso meine Susi, wieso sie? Kein anderer Mensch auf dieser Welt war so liebevoll wie sie! Wieso musste sie sterben?«

Die Verzweiflung, die mich umfing, sie sollte für die nächsten Monate mein ständiger Begleiter sein.

DIE SCHRECKLICHE ZEIT DANACH

Aus dem Krankenhaus wegzufahren und zu wissen, man lässt seine verstorbene Frau dort zurück und nicht jemanden, den man am nächsten Tag besuchen kommen kann, ist kaum zu ertragen. Nichts im Leben bereitet einen auf eine solche Situation vor, und wenn man so eine Tragik einmal erlebt hat, trägt man dieses Erlebte für den Rest seines Lebens mit sich.

Frank Mantek fuhr mit mir nach Hause, und bis 5 Uhr früh saßen wir auf der Terrasse und weinten, sprachen über Susann, über den fürchterlichen Unfall und die Ungerechtigkeit in der Welt.

Wieso musste sie tot sein?

Schwer verletzt, ja, wenn's schon sein muss, aber doch nicht tot! Ich malte mir alle Szenarien aus, die ich mit Leichtigkeit ertragen hätte, Susi im Rollstuhl, Susi mit bleibenden Schäden durch die Verletzungen, alles, nur nicht das, dass sie nie mehr mit mir hier auf dieser Terrasse sitzen würde. Ich war und bin meinem Trainer für den Rest meines Lebens unendlich dankbar dafür, dass er in diesen entsetzlich traurigen Stunden bei mir war. In dieser schrecklichen Zeit war er meine allergrößte Stütze.

Als er nach Hause fuhr, legte ich mich ins Bett, doch an Schlaf war nicht zu denken. Alles roch nach Susi, überall stand und lag etwas von ihr, und es sah alles so aus, als würde sie gleich zur Tür hereinkommen. Ich konnte gar nicht mehr aufhören zu weinen.

Tausend Gedanken schossen mir durch den Kopf, und merkwürdigerweise kam ich bereits in dieser schlimmen Stunde, so kurz nach Susis Tod, zu dem Schluss: Die Frage des Warum würde mir nie irgendjemand beantworten können, deshalb macht es auch keinen Sinn, mir diese Frage immer und immer wieder zu stellen. Man muss sich mit den Fakten abfinden, denn ständiges Hirnzermartern, wieso, weshalb, warum, hätte Susi auch nicht wieder zurückgebracht. Dinge, die man nicht ändern kann, sollte man erst gar nicht versuchen zu ändern! Das kann ich jedem empfehlen, der irgendwann in eine solch ausweglos erscheinende Situation gerät, denn damit macht man sich das Leben noch schwerer, als es ohnehin schon ist.

Natürlich kämpfte ich auch mit Schuldgefühlen, denn ich wollte eigentlich nicht, dass sich Susi solch einen Kleinwagen kauft. Mir wäre ein größeres, weil sichereres Modell lieber gewesen, aber sie bestand vehement darauf, also ließ ich sie. Der Gedanke: »Hätte ich sie damals überredet, ein anderes Auto zu kaufen ...«, ergibt einfach keinen Sinn, denn ich habe es nicht, und daran lässt sich nichts ändern.

Im Laufe des Tages trafen nacheinander Susis Mutter und ihr Stiefvater sowie meine Eltern ein. Weinend, traurig, fassungslos umarmten wir einander, und keiner von uns konnte das Wieso und Warum begreifen.

Zwischen all den vielen unbeantworteten Fragen und aufkommenden Problemen, die gelöst werden mussten, war es auch an der Zeit, unsere Freunde und Verwandten über Susanns Tod zu benachrichtigen. Ich rief die Freunde an, die Verwandtschaft zu informieren übernahmen meine Eltern und Susanns Mutter. Von Telefonat zu Telefonat wurden mein Schmerz und meine Verzweiflung immer größer. Die Gespräche wühlten mich sehr auf, doch mit jedem Mal, mit dem ich erzählen musste, dass Susi gestorben war, wurde ich zwar noch trauriger, aber ich merkte auch, dass es mir guttat, mit meinen Freunden meinen Kummer zu teilen.

Manche der Telefonate dauerten über eine Stunde, etwa mit meinem Freund Uwe Busch. Er hatte die Stärke, mir zuzuhören, und er konnte mir in diesem Moment unheimlich gut zureden. Denn er ahnte, dass ich in diesen Stunden dem Leben nicht mehr viel Sinn zugeschrieben hatte, und er fand die richtigen Worte, damit gar nicht erst Selbstmordgedanken in mir aufkeimen konnten. Es war eine Art Trauerbewältigung, und es fiel mir leichter, mit meinen besten Freunden über Susis Tod zu sprechen, als mit meinen und Susis Eltern. Die waren zu nahe an Susi und konnten kaum mit ihrer eigenen Trauer umgehen. Da tat alles noch viel mehr weh.

Ich wurde angerufen und gebeten, wieder zum Krankenhaus in die Gerichtsmedizin zu fahren. Meine Eltern, Susis Mutter und ihr Stiefvater begleiteten mich. Dieses Gebäude zu betreten, ohne jegliche Hoffnung, nur mit unendlicher Traurigkeit erfüllt, war beinahe unmenschlich. Ein Arzt kam auf mich zu, sprach mir sein Beileid aus und führte mich in sein Zimmer.

Ohne Umschweife kam er auf den Punkt. »Herr Steiner, Ihre Frau wird mittags obduziert, und in diesem Zusammenhang haben wir hier vom Institut zwei wichtige Fragen an Sie. Leider können wir damit nicht mehr länger zuwarten, deshalb ist es sicher besser, ich frage Sie gleich!«

Was sollte mich dieser Arzt fragen wollen?

»Es gibt eine Krankengeschichte, da hatte ein Patient einen schweren Arbeitsunfall, seine Netzhaut wurde verätzt und er ist seither fast vollständig erblindet. Wir möchten Sie um Erlaubnis bitten, dass wir die Netzhaut Ihrer verstorbenen Frau entnehmen und in die Augen des Patienten transplantieren dürfen!«

»Kann dem Patienten damit geholfen werden?«, fragte ich.

»Ja, wahrscheinlich kann der dann wieder sehen!«, klärte mich der Arzt auf.

Keine Sekunde zögerte ich mit meiner Zustimmung. Ich hatte dies instinktiv, ohne zu überlegen, sofort entschieden. Insgeheim hoffte ich schon damals, in diesem Arztzimmer, dass dieser Jemand, der jetzt blind war, durch die Netzhaut meiner Susann wieder sehen konnte. Dann war ihr Tod doch nicht gänzlich sinnlos gewesen.

Der Arzt fragte mich auch noch nach meinem Einverständnis, Susis Organe für Studienzwecke entfernen zu dürfen. Auch das erlaubte ich ihm.

Einige Wochen später sollte ich dann einen Brief erhalten, in dem mir für meine Zustimmung gedankt wurde, und ich wurde von medizinischer Seite dahingehend informiert, dass die Netzhauttransplantation bei dem erblindeten Patienten ein voller Erfolg gewesen war.

Irgendwo auf dieser Welt lebt jetzt ein Mensch, der nur deshalb wieder sehen konnte, weil er Susis Netzhaut bekommen hat! Ein kleiner Trost.

Im gleichen Schreiben dankte mir der Arzt auch für meine spontane Erlaubnis zur Transplantation, und er schrieb, dass ich einer der ganz wenigen gewesen sei, der ohne Wenn und Aber seine Zustimmung gegeben hätte. Dies käme leider viel zu selten vor, bei ihm in der Klinik seien 95 Prozent der Hinterbliebenen gegen eine Entnahme, oder sie seien schlichtweg mit dieser Frage in so einer Ausnahmesituation überfordert. Völlig verständlich, wenn man bedenkt, dass es sich bei der Erlaubnis der Gewebeentnahme um einen Menschen handelt, der gerade noch quicklebendig war, und plötzlich soll ihm ein Teil, möglicherweise mehrere Teile, oder auch nur ein Gewebe seines Körpers entfernt werden. Keine Frage, dass das für die meisten eine außerordentlich schwierige Entscheidung ist.

Nach dem Termin in der Gerichtsmedizin fuhren wir nach Hause, und jeder von uns hing für einige Zeit seinen Gedanken und Erinnerungen nach.

»Wo soll Susi beerdigt werden?« Diese Frage wurde von irgendjemandem im Raum gestellt, ich kann gar nicht sagen, von wem, aber bis zu diesem Zeitpunkt hatte ich daran keine Sekunde gedacht.

Vielleicht denkt man, wenn man 70 oder 80 Jahre alt ist, schon mal an dieses Thema, aber doch nicht mit 24.

»Ich will Susi hier bei mir haben!« Das war mein erster spontaner Gedanke, und den sprach ich auch aus.

Keiner sagte etwas dagegen. Man überließ mir die Entscheidung und ich war froh darüber. Ich ging aus dem Zimmer, ich wollte alleine sein, ich musste, jetzt, da es die Situation erforderte, die richtigen Überlegungen anstellen.

»Was ist das Beste? Was ist das Vernünftigste?«

Ich überlegte mir, dass ich auf der einen Seite noch immer keine deutsche Staatsbürgerschaft hatte und ich zu diesem Zeitpunkt nicht vorhersehen konnte, wohin mich meine beruflichen Wege in der Zukunft führen würden. Andererseits wollte ich unbedingt Susis Grab hier bei mir in Leimen oder Heidelberg haben, um sie täglich besuchen zu können. Was aber, wenn ich gar nicht hier in dieser Umgebung bleiben könnte? Was dann?

Dann wäre Susi hier ganz alleine. Klar, ich würde immer versuchen, zu ihrem Grab zu kommen, und doch malte ich mir plötzlich alles ganz fürchterlich aus und wusste, dass ich das Susi nicht antun könnte.

»Das hat sie nicht verdient, dass sie irgendwo vereinsamt liegt, ohne täglich frische Blumen auf ihre letzte Ruhestätte gelegt zu bekommen«, dachte ich verzweifelt. »Also, was dann?«

Ich musste so schwerwiegende Entscheidungen treffen und fühlte mich seit Susis Tod mit allem völlig überfordert. Ich kämpfte mit meinem

Herzen und mit meinem Verstand und rang mir förmlich die einzig vernünftige Lösung ab.

Ich betrat wieder das Haus und teilte meinen Entschluss mit.

»Susi soll in ihrem Heimatort beerdigt werden«, sagte ich und erklärte auch, warum. Da lebten seit Jahrzehnten ihre Mutter, ihr Stiefvater, ihre Tante und noch einige ihrer Freundinnen, die würden nicht alle von dort wegziehen, und Susis Grab wäre nicht verwaist. Ich könnte ihr Grab auch immer besuchen, wenn ich wollte oder wenn ich in Chemnitz zum Training eingeteilt werden sollte oder zumindest einen Wettkampf dort hätte. Vielleicht war das auch für mich die beste Lösung, denn ich hätte wahrscheinlich so manche Tage und Nächte an ihrem Grab verbracht, wäre sie hier bei mir in Leimen beerdigt worden.

Außerdem hätte ich mich verpflichtet gefühlt, jeden Tag zu ihrem Grab zu gehen, und das hätte mir sicherlich eine Rückkehr in den Alltag, den Einstieg in ein »normales« Leben unheimlich erschwert.

Kaum war dieses Problem gelöst, kamen auch schon die nächsten auf mich zu. Welches Bestattungsunternehmen wählen wir aus? Die Gerichtsmedizin hatte nach der Obduktion nur für eine begrenzte Zeit Platzkapazitäten. Doch woher sollte ich, der selbst erst kaum ein Jahr in dieser Stadt lebte, wissen, welches Unternehmen eine Aufbahrung in dem würdevollen Rahmen anbot, den ich mir vorstellte?

Ich fuhr mit der Familie durch die Stadt und wir schauten uns die Auslagen diverser Bestatter an. Manche waren uns zu groß, zu protzig, und irgendwann fragte ich mich, warum wohl bestimmte Bestattungsunternehmen so riesig werden können? Das große Geschäft mit dem Tod, kam mir plötzlich in den Sinn. Ich fragte meinen Trainer und meine in Leimen und Heidelberg lebenden Kollegen, und auf deren Empfehlung hin fiel unsere Wahl auf ein kleines Familienunternehmen in Heidelberg, das schon lange im Geschäft war. Und das sprach für das Unternehmen, es war nicht zu groß, nicht zu protzig, und die Inhaber hatten viele Jahre Erfahrung. Eigenartig, vom ersten Moment an hatte ich zu diesem einen Bestattungsunternehmen vollstes Vertrauen.

Hier stellte man mir zuallererst die Frage, die einen in jungen Jahren völlig unvorbereitet trifft: »Herr Steiner, welchen Sarg möchten Sie für Ihre verstorbene Gattin auswählen?«

Sarg aussuchen? Oh, mein Gott!

Für meine gerade mal 22-jährige Susi musste ich einen Sarg aussuchen und nicht etwa irgendein schickes Schmuckstück, eine Kette oder einen Ring als Überraschung zu ihrem Geburtstag.

Wie soll der Sarg ausgestattet sein?

Welche Griffe?

Welches Holz?

Dann gleich die nächsten Fragen, die ich in dieser kurzen Zeit kaum zu beantworten vermochte:

Welche und wie viele Karten für die Beerdigung?

Was soll alles drinstehen?

Welcher Spruch soll hinein, welcher Gedanke, der auch Susi und ihrem Wesen würdig wird?

Wann soll die Beerdigung sein?

Wann soll die Überführung nach Wilkau-Haßlau, ihre Heimatstadt, stattfinden? (Letzteres mussten wir noch mit der zuständigen Friedhofsverwaltung in Susis Heimatstadt absprechen.)

Fragen über Fragen. Ich habe bis heute keine Ahnung, wie ich diese Tage überstand. Susis Familie und meine waren zwar da, aber ich wollte mich am liebsten verkriechen. Ich wusste nicht mit der Situation umzugehen. Ich fühlte so einen unbeschreiblichen Schmerz, dass er mich fast um den Verstand brachte.

Ich lebte eigentlich nur von einer Stunde zur anderen, mehr planen konnte ich nicht. Deshalb traf mich die nächste Frage auch ohne Vorbereitung:

»Wollen Sie ihre Frau vor der Überführung und Beerdigung noch einmal im offenen Sarg sehen?«, fragte mich die Dame des Bestattungsunternehmens. »Keine Angst, Ihre Frau würde schön hergerichtet werden, sie würde aussehen, als ob sie schläft.«

Damit hatte ich nun gar nicht gerechnet und wusste im ersten Moment nicht, was ich antworten sollte. Ich erbat mir für den Rest des Tages Bedenkzeit.

Wie will ich Susi in Erinnerung behalten? Behalte ich sie lieber kaum noch lebend und sterbend in Erinnerung oder tot? Aufgebahrt in ihrem Sarg?

Niemand konnte mir diese Entscheidung abnehmen, und ich hätte auch keinen Rat akzeptiert. Geh ich hin oder bleib ich fern? Hätte ich, wenn ich sie da in ihrem Sarg sehe, den Schock für's Leben? Es war eine schwierige Entscheidung für mich.

Ich entschied mich, Susi noch einmal, das letzte Mal, sehen zu wollen. Egal, was mich erwartete, ich wappnete mich innerlich dafür, doch ich wollte noch einmal bei ihr sein.

Das Bestattungsunternehmen hatte den Raum, in dem der Sarg stand, sehr schön dekoriert, es waren Kerzen in großen Kandelabern angezündet worden, und Blumen schmückten den Raum. Das Licht war gedämpft und ganz, ganz leise spielte klassische Musik. Als ich den Raum betrat und sie da liegen sah, fast wie die Prinzessin im Dornröschenschlaf, überkam mich ein Heulkrampf, wie ich ihn die ganze Zeit vorher nicht gehabt hatte.

Ich stand vor Susis Sarg, und in diesem Moment war ich unendlich dankbar und glücklich, dass ich mich entschlossen hatte, sie noch einmal sehen zu wollen. Welch ein Unterschied zu dem letzten Bild von ihr, das ich vom Krankenhaus in Erinnerung hatte! Dort war sie von Blut und Blutergüssen übersät, und hier lag sie, wunderschön geschminkt, die Haare gewaschen, schön frisiert, die verletzte Seite des Kopfes mit einem weißen Tuch abgedeckt, und sah wirklich aus, als würde sie friedlich ruhen.

Es standen Stühle rund um den Sarg, auf denen Susis und meine Eltern und auch ich Platz nehmen konnten. Ich griff nach Susis frei liegender Hand. Sie war so entsetzlich kalt, aber zugleich war es so schön, bei ihr zu sein. Ich hatte das Gefühl, es geht ihr gut. Alle meine schlimmen Befürchtungen wurden ins Gegenteil gekehrt.

Bevor ich den Raum betrat, hatte ich noch solche Angst davor, sie tot zu sehen, doch als ich nach ihrer Hand griff, wurde ich ganz ruhig. So als würde Susi mich beruhigen, genau wie sonst auch, wenn sie in meiner Nähe war.

Es war unfassbar. Sie war tot und doch hatte ich das Gefühl, dass sie mir Energie gibt und auf mich aufpasst.

Eine Stunde blieben meine und ihre Eltern noch hier, dann gingen sie raus und ließen mich meine allerletzte gemeinsame Stunde mit Susi alleine verbringen. Es war schön und dramatisch zugleich. Ich habe es niemals bereut, diesen Abschied und die damit verbundenen seelischen Qualen noch erlebt zu haben. Es war ein schöner, würdiger Rahmen und ich hatte in diesem Moment das Gefühl, noch einmal alle Zeit der Welt mit Susi zu haben!

Als Erinnerung an sie bekam ich vom Bestattungsunternehmen noch eine Locke von ihren Haaren überreicht. Ein letztes Geschenk, dezent, schön und unvergänglich.

Susis Eltern reisten an diesem Tag wieder ab, auch mein Vater, nur meine Mutter blieb bei mir. Seit nunmehr einer Woche hatte ich nichts mehr gegessen und hatte bereits über zehn Kilogramm an Gewicht verloren. Mein Trainer hatte das natürlich mitbekommen und kochte deshalb an einem der folgenden Abende für meine Mutter und mich. Zwar hatte ich keinen Appetit, aber nach langem Zureden würgte ich dann doch ein paar Gabeln Spaghetti hinunter. Es war die erste feste Nahrung, die ich seit Susis Tod zu mir nahm.

Da alles für die Beerdigung erledigt war, fuhren wir in Susanns Heimatstadt nach Wilkau-Haßlau in das Haus ihrer Eltern. Hier, in ihrem ehemaligen Mädchenzimmer, wo alles mit einer solchen Intensität an Susann erinnerte, wollte ich im einen Moment für immer bleiben, und im nächsten wollte ich davonrennen. Da standen all jene kleinen und großen Kostbarkeiten, die Susi nicht nach Leimen mitgenommen hatte und die ihr in ihrem Leben trotzdem wichtig waren. Ich dachte an die ersten Male, als ich sie nach unserem Kennenlernen hier besucht hatte, und für wenige Augenblicke vergaß ich, dass Susann nie mehr fröhlich strahlend zur Tür hereinkommen konnte.

Als Nächstes musste ich mich entscheiden, auf welchem der drei Friedhöfe, die zur Auswahl standen, Susi beerdigt werden sollte. Nachdem wir den schönsten Platz für ihr Grab ausgewählt hatten, beschloss ich, in Susis Sarg auch ihr Hochzeitskleid und ihr Lieblingsstofftier aus der Kindheit mit hineinzugeben. Als ich dem Bestatter meine Bitte vortrug, erklärte er mir, dass ich das nicht mehr selbst tun könne, doch er versprach, dies für mich zu erledigen. Darüber war ich traurig, denn ich wollte es ihr persönlich beigeben. Deshalb erinnerte ich mich an einen Satz aus unserem Lieblingsfilm *Das Leben ist schön* von Roberto Benigni, nahm mir einen Filzstift und schrieb auf das wunderschöne, erst einmal getragene Kleid: »Meine geliebte Prinzessin! Dein Kleid für die Ewigkeit ...«

Somit war ich sicher, dass mit Susanns Kleid nichts anderes mehr geschehen konnte, als dass es in ihren Sarg gelegt wurde.

Die Eltern kümmerten sich, angefangen bei den Blumen bis hin zum Leichenschmaus, um fast alles. Am Sonntag vor der Beerdigung hatten wir noch ein Gespräch mit der Pastorin, die am Dienstag die Messe abhalten wollte. Ein Kirchenchor sollte singen, doch das war mir zu wenig. Da war nichts dabei, was speziell für Susann gewesen wäre. Also fragte ich, ob die Möglichkeit bestünde, während der Trauerfeier Susis Lieblingslied auf einer Stereoanlage abzuspielen. Nach der Erlaubnis war für mich klar, dass ich auf jeden Fall *It's all right* von Reamonn würde spielen lassen, doch ich wollte auch noch ein ganz spezielles Lied haben, bevor wir dann alle zu Susanns Grab gingen. Ich fuhr in den Fachmarkt und suchte schier ewig, bis ich endlich auf eine CD von Xavier Naidoo mit seinem Song *Abschied nehmen* stieß.

Als ich dieses Lied dann am Schluss der Trauerfeier hörte, konnte ich mich kaum noch auf den Beinen halten, so sehr ging mir der Text unter die Haut. Es schien mit einem Mal, als hätte der Sänger in unser Leben geblickt. Es gab viele Parallelen zu unserem eigenen Leben in diesem Lied, und auch die Melodie ging unter die Haut.

Als wir anschließend aus der Kirche kamen, hinter ihrem blumengeschmückten Sarg zum Grab gingen und ich all die vielen Menschen sah, sogar viele Freunde aus meiner Heimat, die alle gekommen waren, um Susann die letzte Ehre zu erweisen, war das noch mal ein Stich ins Herz.

Es ist auch ein verdammt ungutes Gefühl, wenn dich Menschen, die täglich mit dir zu tun haben, wie Kollegen oder Freunde, aber auch Menschen, die dich zwar selten sehen, aber mögen, erleben müssen, wie du selbst leidest. Schmerz so öffentlich zeigen zu müssen, war auch eine gänzlich neue Erfahrung für mich.

Als der Sarg ins Grab gelassen wurde und wir noch Blumen und Erde hineinwarfen, musste ich nun wirklich begreifen, dass es endgültig war! Für alle Ewigkeit war dies der Platz, wo meine Susann ruhen würde. Keine einzige Sekunde mehr bei mir!

Ich war beinahe erleichtert, als die Beerdigung vorüber war, jedoch war mir bewusst, dass sie ein wichtiges Ritual ist, das den Hinterbliebenen bei der Trauerbewältigung helfen soll. Ich war aber emotional und auch körperlich beinahe am Ende meiner Kräfte. Susanns Eltern und auch den meinen ging es nicht anders. Für Susis Mutter war sie das einzige Kind und ich will bei Gott keine Wertigkeit der Trauer vornehmen, aber dem eigenen Kind ins Grab nachschauen zu müssen, muss das Allerschrecklichste sein.

Danach fand in einem Restaurant der Leichenschmaus statt. Ich hatte im Vorfeld im Gastraum eine lange Wäscheleine aufhängen lassen. Daran hingen, mit Wäscheklammern befestigt, viele Fotos von Susann, Erinnerungen an 22 wunderschöne Lebensjahre, damit auch die Menschen, die Susi nicht so gut kannten, einmal ihr ganzes Leben sehen konnten. Denn sie alle sollten Susi nicht nur beerdigt haben, sondern fröhlich lachend in Erinnerung behalten.

Als ich nach der Beerdigung wieder zurück nach Leimen kam, hatte ich viel Post in meinem Briefkasten. Von überallher waren Kondolenzbriefe und -karten gekommen, und manche Freunde und auch Fans schrieben lange, rührende Briefe.

Meine Schwiegermutter hatte beschlossen, noch einige Tage bei mir zu bleiben, und sie war zu diesem Zeitpunkt außer meinem Trainer Mantek der einzige Mensch, den ich in meiner Nähe überhaupt noch ertragen konnte. Die Einsamkeit war fürchterlich für mich, und doch schloss ich mich immer mehr von allem aus. Ich wollte nichts hören und nichts sehen, nichts essen und nichts trinken, was bei meinem Diabetes gefährlich war.

Mich interessierte einfach nichts. Rein gar nichts.

Susi war nicht mehr hier. Ich haderte, je mehr Tage ins Land zogen, immer stärker mit dem Schicksal. Wieso ausgerechnet sie?

Oft setzte ich mich mit einem Foto von ihr in der Hand auf die Terrasse. Sie lächelte mich an, und ich konnte mich an den Moment, als ich die Aufnahme bei einem Spaziergang im Odenwald gemacht hatte, haargenau erinnern. Bei diesem Ausflug hatte sie mir erzählt, wo überall sie demnächst, wenn sie mit ihrem Ausbildungspraktikum fertig wäre, Bewerbungen hinschicken wollte. Sie hatte vor, in Zukunft im Eventmanagement tätig zu sein, und dafür kamen einige große Hotels infrage, einige Eventagenturen im Umkreis und der Rosengarten in Mannheim.

Der Rosengarten hatte es Susann besonders angetan. Deshalb hatte sie, ich glaube, es war kurz nach diesem Ausflug und nur wenige Wochen vor ihrem Unfall, ihre Bewerbungsunterlagen fein säuberlich geschrieben, die erste Bewerbung an den Rosengarten geschickt und erst dann die weiteren an alle anderen Adressen. Von einigen bekam sie recht schnell eine bedauernde Absage, weil die Unternehmen keine neuen Mitarbeiter einstellten, aber einige hatten sie für später, für Ende August oder Anfang September, zu einem persönlichen Vorstellungsgespräch eingeladen.

Nur vom Rosengarten hörte sie nichts. All die Wochen nicht. Ein wenig war sie enttäuscht, aber zugleich freute sie sich auf die Gespräche mit jenen Firmen, die sie kennenlernen wollten.

Sie war in den drei Jahren, in denen wir ein Paar waren, so gereift, charakterlich so gefestigt, es war wunderbar, mit ihr zu leben. Wie oft sagte ich zu ihr, sie könne sich doch am Samstag, wenn ich Training hatte und sie nicht arbeiten musste, auch mal mit ihren Freundinnen in der Stadt treffen. Doch das tat sie nur ganz selten, meistens wollte sie das gar nicht, sie wollte mir zusehen, sie wollte bei mir sein und die Zeit lieber mit mir verbringen. Am Sonntag hatten wir beide frei, und da stand meistens irgendetwas auf dem Programm, das uns beiden Spaß machte.

Nichts war langweilig, nichts Routine, es war einfach nur schön.

Deshalb wurde das Loch, in das ich nach ihrem Tod fiel, immer tiefer.

Meine Schwiegermutter musste in den nächsten Tagen wieder nach Hause fahren, und so lieb und gut sie es auch meinte, dass sie noch länger bleiben wollte, mir war alles viel zu anstrengend. Jeder Besuch, jedes Reden, einfach alles. Ich wollte meine Ruhe haben und ich wollte niemanden sehen. Außer meinen Trainer.

Meistens kam Frank Mantek abens bei mir vorbei und wir redeten über dies und das, oder wir schwiegen ganz einfach. Zwischen uns beiden war alles selbstverständlich. Wenn mir zum Heulen war, verstand er es, wenn ich nichts reden wollte, ebenso.

Meine Tage vergingen einer wie der andere, bis eines Tages Susanns Handy läutete. Noch immer ließ ich es täglich eingeschaltet, denn nicht alle ihre Bekannten kannte ich persönlich und konnte sie alle nur dann, wenn sie auf ihrem Handy anriefen, von Susanns Tod unterrichten.

Ich nahm das Gespräch an und stellte mich vor.

»Können Sie bitte Frau Susann Steiner bitten, sich mit unserem Hause in Verbindung zu setzen? Es geht um ihre Bewerbung bei uns im Rosengarten!«, sagte eine freundliche weibliche Stimme.

Rosengarten! Meine Güte! Susanns Traum wäre vielleicht in Erfüllung gegangen.

»Meine Frau kann nicht mehr kommen!«, teilte ich mit.

»Ach, wie schade! Das tut mir wirklich leid. Wir bedauern, dass sie jetzt schon einen anderen Job hat, denn leider kamen wir erst vor ein paar Tagen dazu, uns mit den eingesandten Bewerbungen zu beschäftigen.«

»Meine Frau hat keinen anderen Job, meine Frau ist tot«, antwortete ich.

Stille auf der anderen Seite der Leitung.

»Mein Gott, wie furchtbar!«

Obwohl niemand vom Unternehmen Susann jemals persönlich kennengelernt hatte, spürte ich die tiefe Betroffenheit.

»Sie hat sich so sehr gewünscht, bei Ihnen zu arbeiten«, sagte ich.

Die Dame am anderen Ende der Leitung bat mich höflich: »Herr Steiner, dürfen wir die Bewerbungsunterlagen dennoch behalten? Ich möchte diese gerne als Muster aufbewahren, denn ich habe in all den Jahren kaum eine so professionelle und gut gestaltete Bewerbungsmappe zugeschickt bekommen!«

Selbstverständlich gestattete ich ihr das.

So stolz mich das auch plötzlich machte, umso schlimmer tat es weh, dass Susi nicht mehr da war!

AUS TRAUER WIRD WUT

Die Tage waren grauenhaft, die Nächte kaum auszuhalten. Wo ich bei uns daheim auch hinging, egal in welchen Raum, alles erinnerte mich auf Schritt und Tritt an Susi. Bei jeder Schublade, die ich öffnete, wusste ich: Alles darin hat Susi genau so hineingelegt, weil … ja, alles hatte einen Grund, warum es da stand oder lag, nur Susi war nicht mehr da. An manchen Tagen fing ich an, alles umzuräumen, um wenigstens irgendetwas zu tun, doch dann stellte ich alles wieder an den alten Platz zurück.

In dieser Zeit wünschte ich mir nichts sehnlicher, als dass wir bereits ein Kind gehabt hätten. Wir hatten oft davon gesprochen, doch wir wollten – »ach, wir sind ja so jung und haben das ganze Leben vor uns« – noch ein paar Jahre damit warten. Susanns Ausbildung und ihr künftiger Job, meine großen Ziele als Gewichtheber, alles war vorrangiger, alles war wichtiger. Und mit einem Mal gab es keine Perspektiven mehr. Auch nicht bei mir mit dem Gewichtheben. Mittlerweile waren fast drei Wochen ins Land gezogen und ich hatte keine Minute trainiert. Nicht einmal das interessierte mich mehr. Nach der Diagnose Diabetes konnte es mir gar nicht schnell genug gehen, wieder mit dem regelmäßigen Training anzufangen – jetzt war absoluter Stillstand.

Mantek kam vorbei, wir plauderten, wir schwiegen.

Meine Eltern riefen an, wir plauderten, wir schwiegen.

Meine Schwiegermutter rief an, wir weinten, wir schwiegen.

Freunde riefen an, wir plauderten, wir schwiegen.

Im Prinzip war es mir zu dieser Zeit vollkommen egal, ob wer da war, ob wer anrief, ob ich aß, ob ich trank. Ich ließ mich fallen und wollte nicht aufgehoben werden. Zu diesem Zeitpunkt von niemandem. Das Einzige, was für mich noch einen Funken Wichtigkeit hatte, waren mein Zuckermessen und mein Spritzen.

Ich verstehe heute alle, die nach dem Tod eines geliebten Menschen keine mehr Lust haben, weiterzuleben. Keine Lust und keine Kraft.

Auch ich hatte, zeitweilig, solche Gedanken. Was soll das alles noch? Wieso ist sie tot und ich muss hier so weitervegetieren? Ohne sie? Ich will nicht ohne Susi sein!

Doch dann dachte ich an die Konsequenzen, und die malte ich mir dann folgendermaßen aus: Ich kann nicht mehr und scheide freiwillig aus dem Leben – was ist dann mit meinen Eltern? Sie wären untröstlich und unendlich traurig. Ich sah meine Mutter und meinen Vater mit ihrem Schmerz über Susann und mich in Obersulz am Küchentisch sitzen. Was passiert mit denen? Bringen die sich dann auch aus lauter Verzweiflung um?

Meine nächste Überlegung: Was macht dann meine Großmutter?

Und mit einem Mal wusste ich, dass ich mich mit meinem Schmerz und meiner Trauer der Verantwortung gegenüber dem Leben und allen, die mich lieb hatten, stellen musste. So schwer es mir auch schien, es musste einen Weg raus geben. Es dauerte noch ein paar Tage, bis ich innerlich und äußerlich dazu bereit war. Der Kampf, den ich mit mir alleine kämpfte, war eigentlich mein schwerster und härtester.

Und als ich endlich akzeptiert hatte, mein Leben auch ohne Susann weiterzuleben und in den Griff zu bekommen, da klopfte es am Abend an meine Tür, und mein Trainer Frank Mantek stand mit zwei Pizzaschachteln aus meinem Lieblingsrestaurant Felderbock davor.

»Komm, lass mich rein!«, forderte er mich auf.

»Rein mit Ihnen, Chef!«, bat ich ihn einzutreten.

Kaum hatten wir gegessen, stellte er mir die entscheidende Frage: »Matthias, was ist? Willst du mit nach Peking oder nicht?«

»Chef, ja, ich will nach Peking!«, antwortete ich. Ich hatte den Rettungsring sofort gefangen.

»Na, dann komm raus aus deinem tiefen Loch! Morgen um 9 Uhr ist Trainingsbeginn, haben wir uns verstanden?«

Kaum war Frank Mantek wieder gegangen, packte ich meine Trainingsklamotten in meine Sporttasche. Es war eine Handlung, über die ich im Normalfall keine Sekunde nachgedacht hätte, schon tausendmal gemacht, reine Routine. Doch diesmal kam es mir vor, als würde ich alles, was ich für eine lange Reise brauchte, darin verstauen. Stück für Stück legte ich in meiner Tasche fein säuberlich nebeneinander, putzte die Schuhe, selbst das Duschgel wechselte ich aus. Alles war frisch und neu.

Mein Neuanfang.

Ich hatte zu diesem Zeitpunkt keine Ahnung, wie weit mich mein Weg bringen würde, aber ich hatte wieder ein Ziel im Leben. Peking.

Frank Mantek hatte mich genau am richtigen Wendepunkt, mit den richtigen Worten aus meiner Lethargie geholt, und ich nahm mir an diesem Septembermorgen vor, ihn nicht zu enttäuschen. Er war in den schlimmsten Tagen und Wochen an meiner Seite gewesen, hatte für alles Verständnis, jetzt lag es an mir, ihm zu zeigen, wie dankbar ich ihm dafür war.

Keiner meiner Trainingskollegen wusste, dass ich an diesem Tag mein Training wieder aufnehmen würde, und doch war es so, als wäre ich niemals weg gewesen. Alles war wie immer. Höchstens ein kurzes: »Klasse, dass du wieder da bist!«, und schon ging die Unterhaltung in rein sportliche Belange über. Zum einen war es ein unheimlich gutes Gefühl, dass man sofort wieder integriert und alles wie vorher ist. Zum anderen aber wollte ich genau dies nicht wahrhaben, dass das Leben einfach so weitergeht!

Was mich am meisten wunderte, war, dass mein Trainingsplan fertig ausgedruckt auf meinem Platz lag. Wann hatte Mantek das gemacht? Schon vor oder nach seinem Besuch bei mir?

Egal.

Vorsichtig begann ich zu trainieren, da ich ja wochenlang pausiert hatte und mir zudem seit Längerem massive Knieprobleme zu schaffen machten. Mantek beobachtete mich eine Weile, dann zeigte er auf das Plakat, das sich fast über eine ganze Seite des Trainingsraums erstreckte:

»Jeder Tag zählt.«

»Operation Medaille 2008.«

»Wir schaffen das!«

Ja, unser Slogan für Peking. Unsere Motivation.

Ich hatte aber noch eine ganz andere.

Ich hatte es am Sterbebett meiner Susann versprochen, dass ich in Peking mein Allerbestes geben wollte. Nicht nur hinfahren, sondern eine Medaille erkämpfen. Beinahe hätte ich das vergessen. Also musste ich die Sache mit dem Training endlich wieder ordentlich angehen! Es waren ja nur mehr knapp elf Monate bis zum Olympiawettkampf in Peking.

Von diesem einen Septembermorgen an wusste ich wieder, was ich zu tun hatte.

Ich werde heute oft auf Veranstaltungen eingeladen, auf denen auch Menschen anwesend sind, die Hilfe suchen, weil sie wie ich einen nahestehenden Menschen durch Tod verloren haben. Ob durch eine lange Krankheit, bei der man sich vielleicht ein ganz klein wenig auf die Situation einstellen kann, oder aber von einem Moment zum anderen durch einen Unfall, sie alle haben mit der Bewältigung ihrer großen Trauer zu kämpfen.

Da werde ich gefragt, wie das bei mir war, und ich kann dann nur von der Zeit vor diesem Trainingstag und der Zeit danach berichten. Ich war zutiefst verzweifelt, aber ich hatte jemanden, der mir einen Weg aus meiner Trauer aufzeigte.

Ich bin Leistungssportler, und wenn ich täglich stundenlang bis zum Umfallen trainiere, kann ich auch einige Stunden schlafen. Vor Erschöpfung, sicher, aber ich finde Ruhe und liege nicht ständig wach und grüble, hadere, leide.

Ich kann zu den Menschen nicht sagen: »Werden Sie Leistungssportler!«, das wäre Unsinn. Das Wichtigste im Kampf gegen die Trauer ist, ein Ziel zu haben.

Ein realistisches Ziel.

Für den einen ist es der Umbau eines Zimmers, eines Hauses, das Ausheben eines Teiches im Garten, für den anderen ein Yogakurs oder das Erlernen einer neuen Sprache oder eines Instruments. Völlig egal, was, es muss nur etwas sein, das einen für eine gewisse Zeit aus der Lethargie reißt und ablenkt. Ich habe auch schon gehört, dass Menschen, die um jemanden trauern, erschrecken, weil ihnen mit einem Mal auffällt, dass sie – durch die bewusste Ablenkung – eine Stunde nicht an die Verstorbene oder den Verstorbenen gedacht haben, und deswegen beinahe ein schlechtes Gewissen bekommen. Da kann ich nur sagen: Lassen Sie es zu. Das ist schon der erste Schritt ins neue Leben. In das Leben ohne den Verstorbenen.

Wenn das eine Ziel erreicht ist, also zum Beispiel das Zimmer fertig umgestaltet ist, dann sollte man sich das nächste Ziel vornehmen. Es muss in diese Aktionen eine Regelmäßigkeit hineinkommen. Ob nun einmal pro Woche, mehrmals pro Woche oder täglich, ist egal, das einzig Wichtige ist nur, dass Sie ein Ziel vor Augen haben und alles daransetzen, dieses Ziel auch zu erreichen.

Sind Kinder da, wenn man einen Partner verliert, lenken einen die auf jeden Fall ab. Man muss auf einmal beide Rollen übernehmen, was garantiert nicht einfach ist, aber das hält einen sicher den ganzen Tag auf Trab. Gibt es mit den Kindern dann Probleme, denn die leiden ja auch, muss man das System der Großen auch auf die Kleinen übertragen. Auch für die Kinder gilt: Beschäftigung zur Trauerbewältigung ist gut, Isolation ist Gift. Raus in einen Sportverein – die Sportart ist egal, wichtig ist die Regelmäßigkeit –, raus zu anderen Menschen, denn nur dadurch wird man abgelenkt von der Trauer. Und auch für Kinder gilt: ein realistisches Ziel vor Augen haben, wie bessere Noten in einem Schulfach zu erreichen, bessere Ergebnisse beim nächsten Tennis- oder Fußballturnier …

Hilfreich kann auch eine neutrale Person sein, die den verstorbenen Partner nicht kannte, um einen aus der Lethargie zu reißen. In meinem Fall musste ich wegen meiner schlimmer werdenden Knieprobleme neben dem täglichen Training auch ein Rehaprogramm am Olympiastützpunkt Heidelberg absolvieren. Diese Knieprobleme hatte ich übrigens schon seit März und konnte deshalb an keinem der drei Trainingslager, die in dieser Zeit stattfanden, teilnehmen, sondern verbrachte viel Zeit auf der heimischen Couch.

Damals ärgerte mich das sehr. Aber rückblickend bin ich gottfroh, dass ich dadurch einige intensive Wochen mit meiner Frau hatte verbringen dürfen, eigentlich die intensivsten, seit wir uns kannten, obwohl ich damals ja noch nicht ahnen konnte, was im Sommer passieren würde.

Beim Rehatraining lernte ich die Sportstudentin Sarah Seidl kennen, die dort ebenfalls zur Reha trainierte. Durch den täglichen Kontakt zu ihr wurden wir nach und nach gute Freunde, weil sie immer ein offenes Ohr für mich hatte, mich ins Kino oder Theater mitnahm, mich ihren Freunden vorstellte, mit mir essen ging oder einfach nur spazieren. So half sie mir neben meinem Trainer, meinen Eltern und meinen anderen Freunden wieder zurück ins soziale Leben.

Aber trotz dieser neutralen Person und trotz der Ziele und deren Umsetzung vor Augen, kommen Tage, an denen man nicht einmal aufstehen will. Das ging auch mir nicht anders. Und oft sage ich mir noch heute, ohne meinen Sport, ohne meine Motivation hätte ich auch in einer Kneipe landen können. Wenn man so überhaupt kein Ziel hat, gar keinen Sinn mehr erkennt und man sich durch nichts und von niemandem motivieren lassen kann, dann schlittert man ganz schnell in eine Situation, aus der man nur schwer wieder herauskommt.

Aber man hat auch Verantwortung.

Und man muss sich dann mal ganz ehrlich die Frage stellen: Würde ich das genauso machen, wenn der oder die Verstorbene noch am Leben wären? Wenn die Antwort Nein ist, dann ist man schon wieder einen Schritt weiter.

Die nächste Frage sollte dann sein: Wäre der oder die Verstorbene stolz auf mich, wen er/sie sehen könnte, was ich jetzt mache?

Wenn auch diese Antwort Nein ist, dann ist es Zeit, mit sich selbst einen Pakt zu schließen.

Sich selbst zu motivieren, Gruppen mit Gleichgesinnten aufzusuchen, um mit deren Hilfe kleine Schritte in die Normalität zu machen.

Gerade in dieser Situation ist es wichtig, das Gefühl zu haben, gebraucht zu werden! Und da hilft es schon, wenn man sich sagt: »Deine Eltern brauchen dich, deine Freunde!« – Und in meinem Fall auch: »Deine Mannschaft braucht dich!«

Wie gesagt, auch ich habe noch heute Durchhänger, doch diese Tage kommen zum Glück immer seltener, und vor allem, ich weiß längst damit umzugehen.

Damals, bei meinem ersten Training nach Susanns Tod, war ich selbst erst ganz am Anfang meiner Trauerbewältigung. Doch ich merkte, wie es mir körperlich und auch seelisch von Woche zu Woche besser ging. Ich hielt mich strikt an die Pläne, die Frank Mantek und Michael Vater für mich erstellt hatten, und nahm auch wieder an Gewicht zu. Monat für Monat zog ins Land, und bald hatten wir Weihnachten.

Vor den Weihnachtstagen graute mir am allermeisten. Susann hatte ein Händchen dafür, unser Heim bereits in der Adventszeit weihnachtlich zu schmücken. Daher entschloss ich mich schon vor Heiligabend, für ein paar Tage zu meiner Familie nach Obersulz zu fahren.

Meine Eltern und meine Verwandten freuten sich, mich wiederzusehen, und bei meinen Freunden im Ort war ich bei jedem Einzelnen herzlich willkommen. Meine Mutter tischte in dieser Zeit sämtliche meiner Lieblingsgerichte auf, und zum ersten Mal nach langer Zeit fühlte ich mich wieder geborgen. Susann war zwar nicht bei mir, doch es tat nicht so weh, wie ich es vorher befürchtet hatte.

Mit meinem Freund René, dem Metzger an der landwirtschaftlichen Fachschule in Mistelbach, und seiner Frau Kathi – bei deren Hochzeit Susann und ich sogar ein Ständchen auf unseren Ziehharmonikas gespielt hatten – traf ich mich einige Male. Sie waren gerade in ihr neues, urgemütliches Holzhaus eingezogen und René, als Obmann meines Fanclubs in Obersulz, hatte einiges mit mir zu besprechen. Vorrangig wollte er wissen, wann der Fanclub wieder in volle Aktion treten könnte.

Was bedeutete, dass er wissen wollte, wann und wo ich endlich – nach beinahe drei Jahren ohne Wettkämpfe – wieder international antreten würde.

»Tja, René, das liegt bei den Behörden. Sobald ich die deutsche Staatsbürgerschaft bekomme, geht's los. Was meinst du, was mein Trainer alles mit mir vorhat! Ich trainiere wie ein Besessener, um ja auf alles vorbereitet zu sein!«

»Wie lange dauert das noch, bis du den deutschen Pass bekommst?«, fragte mich René.

»Am 2. Januar ist es so weit! Am 15. Dezember, beim Bundesligawettkampf in Chemnitz, kam zum Schluss die Oberbürgermeisterin mit einem Fax zu mir. Darin stand, dass ich ab 2. Januar deutscher Staatsbürger sein werde und mir im Amt den Pass abholen kann. Noch am gleichen Tag geht es dann ab nach Teneriffa ins Trainingslager!«

»Na hoffentlich klappt das auch mit dem Pass«, meinte René, »nicht dass alle noch im Urlaub sind so kurz nach Neujahr ...«

An irgendwelche Stolpersteine, die im letzten Moment noch im Weg liegen könnten, wollte ich gar nicht mehr denken. Von Mai 2005 bis zu jenem 15. Dezember 2007 hatte ich mich immer wieder von einem Wettkampf, vor dem es hieß, dass ich auf jeden Fall rechtzeitig meinen deutschen Pass bekäme, bis zum nächsten, bei dem es dann wieder nicht klappte, motivieren müssen. Nein, diesmal war es anders. Diesmal hatte ich ja bereits etwas in Händen. Das Fax mit der Bescheinigung von der Oberbürgermeisterin und ein fixes Datum. So nahe war ich dem neuen Pass noch nie gewesen!

«Das wird schon«, sagte ich zu ihm.

»Okay, wann und wo dürfen wir dann wieder für dich trommeln?«

»Wie es ausschaut, bei der Europameisterschaft in Lignano im April.«

»Na, dann trainier mal schön! Wir wollen ja was zu feiern haben!«, grinste er mich vergnügt an.

Nach den Weihnachtsfeiertagen in Obersulz kehrte ich wieder in das leere Haus nach Leimen zurück. Jetzt galt es, den Jahreswechsel zu überstehen, um gleich am Neujahrstag nach Chemnitz zu reisen und einen Tag später – wie beschlossen und verkündigt – endlich meinen deutschen Reisepass in Empfang zu nehmen.

Meine Freunde aus Österreich hatten sich aber kurz entschlossen in ihre Autos gesetzt und standen einen Tag vor Silvester bei mir vor der Tür.

»Wir haben uns gedacht, dass du nichts dagegen hast!«, sagten sie, als sie Unmengen von Rucksäcken und Taschen ins Haus schleppten.

»Wie lang wollt ihr bleiben?«, fragte ich, während ich ihnen dabei zusah.

»Keine Bange, am Ersten sind wir wieder weg,« versprachen sie lachend.

Man kann nicht viel falsch gemacht haben im Leben, wenn man solche Freunde hat.

LETZTE HINDERNISSE – UND ENDLICH DEUTSCHER

Mein Trainer sagte einmal in einem Interview: »Von genau dem Moment an, dem 2. Januar 2008, dem Tag, als Matthias seinen deutschen Reisepass endlich bekam, hat sich bei ihm ein Schalter umgelegt und er war ein anderer Matthias als davor. Er war nicht mehr zu halten. Eine innere Explosion trieb ihn von diesem Tag an voran!«

Stimmt!

Noch am Neujahrstag fuhr ich nach Chemnitz. Ich traf Susanns Mutter und ich war an Susanns Grab, als ich dann spätabends für meine letzte Nacht als Österreicher zu Bett ging. Am nächsten Tag sollte ich endlich meinen deutschen Reisepass ausgehändigt bekommen.

Bereits kurz vor 9 Uhr stand ich vor der Tür, noch bevor das Amt öffnete, denn um 13 Uhr ging schon mein Flieger nach Frankfurt am Main, und von dort startete die Mannschaft für zwei Wochen ins Trainingslager nach Teneriffa, da durfte auf keinen Fall etwas schiefgehen.

Alle Unterlagen für die Einbürgerung waren – seit der Zusage der Frau Oberbürgermeisterin am 15. Dezember – vorbereitet, und da stand ich nun mit meinem Fax in der Hand vor dem Beamten, und dann passierte das Unglaubliche:

Der Computer streikte!

»Na, ist er halt noch nicht einsatzbereit nach den Feiertagen!«, erklärte mir der Beamte fröhlich.

Mit Fröhlichkeit hatte ich es aber so gar nicht an diesem Morgen. Zu viel stand für mich auf dem Spiel. Der Beamte, der ja keine Ahnung von meinem Leben während der vergangenen Jahre seit meiner Antragstellung hatte, versuchte durch eifriges Hantieren, Klopfen und Zureden das System doch noch zum Starten zu bewegen.

Vergeblich.

Sein Computer ging nicht, der von den anderen Kollegen auch nicht, da das gesamte Computersystem im Haus zusammengebrochen war, und die Zeit rasselte nur so dahin.

Es musste ein Techniker gerufen werden, doch der kam und kam nicht. Ich wurde immer nervöser und sagte zu dem Beamten, dass ich nicht länger warten könne, da mein Flieger um 13 Uhr ginge und ich noch eine Autostunde nach Leipzig zum Flughafen fahren müsse. Das machte nun auch den Beamten nervös, er trommelte seine Kollegen zusammen, und gemeinsam überlegten sie, wie mir schnellstmöglich geholfen werden konnte.

Schließlich hatte einer die Idee, das Amt in Leipzig anzurufen und die Kollegen dort zu bitten mir den Pass auszuhändigen. In der Zeit, die ich brauchte, um nach Leipzig zu rasen, konnten das Computersystem glücklicherweise repariert und die benötigten Daten übermittelt werden.

Als hätte ich nicht schon genug Stress gehabt, konnte ich zu allem Überfluss das Amt nicht sofort finden. Als ich dann endlich kurz vor knapp ins Wartezimmer der Behörde gestürzt kam, musste ich auch noch meinen ganzen Charme spielen lassen, um die Leute zu überreden, mich doch bitte vorzulassen.

So, jetzt aber endlich. Der Beamte hatte bereits alles vorbereitet und sagte: »Jetzt müssten Sie mir nur noch die Ausstellungsgebühr in bar geben, dann sind wir fertig.«

Bar? In Chemnitz hätte ich das per EC-Karte machen können und ich hatte leider nicht genügend Bargeld bei mir. Das konnte doch nicht wahr sein! Verschwitzt, wie ich eh schon war, rannte ich aus dem Gebäude zum nächsten Geldautomaten und wieder zurück.

Aber dann hatte ich ihn endlich: meinen deutschen Pass.

Und endlich war ich amtlich deutscher Staatsbürger!

Amtlich, denn persönlich fühlte ich mich von Anfang an wohl in meiner neuen Heimat. Von Frank Mantek und Michael Vater mal ganz zu schweigen, auch in meinem Kollegenkreis fand ich schnell und leicht Anschluss.

Mit Ach und Krach schaffte ich noch meinen Flug nach Frankfurt, wo mein Trainer und die Mannschaft schon eingecheckt hatten.

Ich hatte dieses Prozedere noch vor mir.

»Kann ich bitte Ihren Reisepass haben?«, fragte mich die Dame am Abfertigungsschalter.

»Ja, selbstverständlich«, sagte ich zu ihr und legte ihr meinen »druckfrischen« deutschen Pass vor.

»Angenehmen Flug und schönen Aufenthalt«, wünschte sie mir, als sie mir mein Dokument und meine Bordkarte überreichte.

Die Trainingstage auf Teneriffa, wo ich zuvor auch schon als Nichtdeutscher mit der Mannschaft gewesen war, steigerten meine gute Form noch um vieles mehr, und ich konnte es gar nicht mehr erwarten, meine Trainingsleistungen in Peking umzusetzen. Wobei es sich hier noch nicht um die Olympischen Spiele im August handelte, sondern um das Vorolympische Testturnier Ende Januar in Peking.

In Interviews wurde ich oft gefragt, wie ich es von Mitte 2005 bis Januar 2008 geschafft hatte, konstant meine Leistungen zu halten. Darauf kann ich auch heute nur mit einem Sprichwort antworten: Die Hoffnung stirbt zuletzt.

Denn wenn es eben nicht geklappt hatte, meinen Pass für die EM im April zu bekommen, so waren sich alle, wirklich alle sicher gewesen, dass dann aber auf jeden Fall bis zur WM im November alles glattgehen würde. Bei der WM klappte es natürlich wieder nicht, dann aber jetzt wirklich ganz sicher bis zur EM im April ... und so ging es weiter, bis zu eben jenem 2. Januar 2008. Deshalb hatte ich auch immer mein Trainingsprogramm voll durchgezogen, denn am Tag X wollte ich einfach perfekt vorbereitet sein! Egal, zu welchem Wettkampf.

KLAPPE: PEKING, DIE ERSTE

Kaum aus Teneriffa zurück, hatte ich gerade mal Zeit, meine Wäsche zu wechseln, und schon saß ich wieder im Flugzeug. Das Ziel war: Peking.

Mein Trainer hatte uns für das Vorolympische Turnier angemeldet, um dort vor Ort die Trainings- und vor allem die Wettkampfbedingungen kennenzulernen.

Bei einem Flug in den Osten habe ich mit dem Jetlag überhaupt keine Probleme, hingegen kämpfe ich, wenn ich in die andere Richtung nach Übersee fliege, beinahe zwei Tage mit Müdigkeit und Schlafstörungen. Also verspürte ich bei der Ankunft in Peking eine unbändige Energie und vor allem Freude darüber, dass ich endlich den ersten internationalen Wettbewerb bestreiten durfte! Nach so langem Warten war das die erste Möglichkeit, mich mit den Sportlern der anderen Nationen zu messen.

Ich lernte Land und Leute kennen, aber vor allem, ich konnte mich an die örtlichen Begebenheiten gewöhnen. Wie ist die Halle beschaffen, wie ist sie klimatisiert, wie weit ist der Weg vom Aufwärmraum zur Tribüne, wie weit ist es vom Olympischen Dorf zur Halle und wie sind die Räumlichkeiten im Olympischen Dorf?

Alles war so, wie ich es mir erhofft hatte.

Alles war so, wie es sich Frank Mantek gewünscht hatte.

Die Krönung dieser Reise in den fernen Osten war aber mein Sieg im Wettbewerb. Mein erster Wettkampf nach all dieser langen Zeit, das erste Mal wieder am Stockerl! Und das erste Mal, dass bei einem Sieg von mir die deutsche Nationalhymne gespielt wurde! Und weil ich ja Susi versprochen hatte zu gewinnen, hatte ich ihr Foto bei der Siegerehrung dabei, genau das, das ich seit ihrem Tod immer bei mir trug.

Es lief alles perfekt. Ich konnte meine Leistungen wieder einordnen. Die bange Frage der letzten Jahre war für mich: Wo steh ich? Jetzt wusste ich es wieder, und mein Killerinstinkt kam voll zum Tragen. Ich hatte in Peking meine erste Duftmarke gesetzt!

Im Hotel wurde ich von den Chinesen wie ein kleiner Olympiasieger gefeiert und ich dachte schon im Januar, dass ich dieses Gefühl auch sehr, sehr gerne im August empfinden möchte.

Das erste Highlight in Peking lief perfekt. Für mich und auch für meinen Trainer.

Es war ein sehr kluger Schachzug von ihm.

Er sagte zu mir: »Matthias, von dieser Reise nimmst du nur positive Erinnerungen mit! Merk dir das Gefühl. Wir haben dort trainiert, wo wir auch im August trainieren werden, und du hast dort gehoben, wo du auch im August heben wirst. Du bist als Sieger auf der Bühne gestanden, auf der du dann auch im August stehen wirst! Du solltest diese Erfahrungen sammeln, deshalb habe ich mit dir diese lange Reise gemacht!« Und scherzhaft fügte er hinzu: »An den Klang der deutschen Nationalhymne gewöhnt man sich doch auch ganz schnell, oder?«

Ich habe großes Glück mit meinem Trainer. Den Erfahrungsschatz, den er in den vergangenen 20 Jahren angehäuft hat, den kann man sich nicht anlesen, da gehört viel Können und Wissen, aber auch viel Psychologie dazu. Frank Mantek kann immer genau einschätzen, wie weit er mit seinen Sportlern gehen kann. Was er ihnen zumuten darf und was nicht.

Deshalb verblüfften mich seine nächsten Sätze in keiner Weise.

»Matthias, so machen wir das auch im August! Du warst das erste Mal in Peking und warst auf einer großen Bühne. Du brauchst große Bühnen, dann wirst du immer besser. Also denk immer daran, wie schön das Gefühl war!«

Diese Reise nach Peking war ein sehr wichtiger Mosaikstein in meiner Karriere und in meinem Leben. Zum ersten Mal seit Susanns Tod empfand ich wieder Freude. Bereits beim Abflug aus Peking freute ich mich auf das Wiederkommen.

Olympia, ich komme!

1. FANCLUB VON STEINER MATTHIAS

Als ich mit Diabetes über zwei Wochen im Krankenhaus lag, besuchten mich meine Freunde beinahe täglich. Sie halfen mir über eine sehr schwierige Phase meines Lebens hinweg, indem sie für mich da waren.

Auch bei einem meiner ersten Wettkämpfe nach der Diagnose in Bregenz (Vorarlberg) tauchten neun meiner besten Freunde auf – ein gelungener Überraschungsbesuch! Dies motivierte mich so sehr, dass ich eine bessere Leistung erbrachte als gedacht – Grund genug, ausgiebig zu feiern! Zuerst in Bregenz und später dann in Obersulz, wo etliche Obersulzer einen spontanen Empfang für uns »Heimkehrer« organisiert hatten. Das war die Geburtsstunde meines Fanclubs!

In den darauffolgenden Monaten wurden die Statuten festgelegt, ein Obmann bestimmt, und schließlich wurde der »1. Fanclub von Steiner, Matthias« offiziell im April 2002 amtlich registriert.

Von nun an hatten alle ihre Aufgaben: Einige entwarfen T-Shirts und gingen auf Sponsorensuche (die T-Shirts mussten ja auch finanziert werden), andere organisierten Fanclub-Reisen zu meinen Wettkämpfen. So fuhr bereits im Juni 2002 circa ein Dutzend Mitglieder des Fanclubs, angeführt von meinem Freund, Obmann René Boyer, zur Junioren-WM nach Havirov in Tschechien, wo ich mit 380 Kilogramm im Zweikampf die Bronzemedaille gewann.

Die Empfänge – obwohl sie noch sehr improvisiert waren – wurden von Mal zu Mal beliebter, und immer mehr Menschen aus meiner Heimatregion traten dem Fanclub bei. So musste für die kurze Anreise zu einem eigentlich weniger bedeutenden Wettkampf nach Hauskirchen bereits ein großer Autobus angemietet werden. Es war für mich ein großartiges Gefühl, dass meine Fans ihre Verbundenheit zu mir und meinem Sport so öffentlich zeigten.

Im Mai 2003 kamen zahlreiche Mitglieder zur Staatseinzelmeisterschaft nach Wien und feuerten mich an, als ich mir den Staatsmeistertitel mit 390 Kilogramm im Zweikampf holte.

Im November 2003 nahm ich an der WM in Vancouver teil, erreichte den siebten Platz und erwarb zwar das Ticket für meine erste Teilnahme an Olympischen Spielen, dann aber doch wieder nicht mit der Begründung, ich müsse die Qualifikation noch einmal direkt vor Olympia bei der EM bestätigen! Als ich am Flughafen Wien-Schwechat ankam, wurde ich von meinem Fanclub frenetisch empfangen, und ich freute mich riesig, noch vor Ort diesen Erfolg mit meinen treuen Anhängern feiern zu können.

Im März 2004 fuhren René und einige Fans zur EU-Meisterschaft der U23 nach Budapest. Als ich auf die Bühne kam, sah ich sofort das neu erworbene Fanclub-Transparent, und meine Freunde trommelten, was das Zeug hielt. So angespornt, erreichte ich dreimal Gold im Schwergewicht mit insgesamt 392,5 Kilogramm im Zweikampf plus den Tagessieg über alle Gewichtsklassen.

Den ersten wirklich richtig spannenden Höhepunkt für den Fanclub bildeten die Olympischen Spiele in Athen 2004. Die meisten verfolgten die Veranstaltung im Fernsehen, aber rund 20 Fans – einschließlich der Familie Lauterer aus Bregenz – machten sich auf den weiten Weg nach Griechenland, was mich natürlich riesig freute. Gemeinsam konnten wir so auf meinen siebten Platz im Zweikampf und am nächsten Tag auch auf meinen Geburtstag anstoßen, aber nicht gebührend feiern – das holten wir zwei Tage später beim Empfangsfest auf dem Sportplatz in Obersulz nach; das Ganze hatte fast schon Volksfestcharakter, die Musikkapelle spielte, die Menschen waren ausgelassen und lachten. Und ich genoss es besonders, weil zum ersten Mal auch Susann mit dabei war.

Nach diesem Höhepunkt folgte schon bald der erste Tiefpunkt. Nicht nur mir machte meine durch den Nationenwechsel bedingte internationale Zwangspause zu schaffen, sondern natürlich auch meinem Fanclub. Es wurde viel über die Sinnhaftigkeit dieses Schrittes und über Alternativen diskutiert, aber letztendlich wurde meine Entscheidung respektiert und alle standen weiterhin geschlossen hinter mir, und so reisten meine Fans im November 2005 zu meinem ersten Bundesligawettkampf für den Chemnitzer Athletenclub, wo sie mich wieder lautstark anfeuerten.

Bei dieser Gelegenheit lernten meine alten Freunde meine neuen kennen und vor allem mein Betreuerteam rund um Frank Mantek und Michael Vater.

Das nächste Wiedersehen in Chemnitz im Juli 2007 war leider ein sehr trauriger Anlass für alle von uns – die Beerdigung meiner Frau Susann. Aber auch in diesen schweren Stunden wollten meine Freunde mich ihre Verbundenheit und Anteilnahme spüren lassen. Dafür war und bin ich sehr dankbar.

Zu Silvester 2007 sprachen mein Trainer und René Boyer in Heidelberg über meine Teilnahme an der Europameisterschaft in Lignano 2008. Es wurde gefachsimpelt und es wurde auch geflachst. Ich war zu diesem Zeitpunkt nicht mehr beim Gespräch dabei, deshalb war ich auch so überrascht, als das, was hier besprochen worden war, in die Tat umgesetzt wurde, denn alle Beteiligten hielten dicht.

Mein Freund René fragte Trainer Mantek: »Na, wie viele Fans hätten Sie denn gerne in Lignano mit dabei, wenn Matthias seinen EM-Kampf hat?«

»Na, was wohl? Keine Frage, einen Bus voll!«, antwortete Frank Mantek.

Gesagt, getan!

Und deshalb sah ich »rot«, als ich in Lignano auf die Bühne kam. 60 Fans in knallroten T-Shirts feuerten mich an!

Da konnte doch eigentlich nichts mehr schiefgehen!

OPERATION GOLDMEDAILLE

Nach meiner langen Wettkampfpause und meinem Sieg bei dem Vorolympischen Turnier im Januar in Peking hätte ich am liebsten jeden Monat einen Wettkampf bestritten! Ich hatte allerdings nur einen Bundesligakampf bis zu den Europameisterschaften im italienischen Badeort Lignano. Eigentlich nichts Spektakuläres im Vergleich zu den internationalen Titelkämpfen, aber es ging um die deutsche Mannschaftsmeisterschaft, und meinen Verein wollte ich nicht hängen lassen.

Der Wettkampf verlief ganz gut, allerdings war es am Ende so knapp, dass ich als letzter Athlet auf der Bühne 241 statt der geplanten 230 Kilogramm auflegen lassen musste, um den Titel zu holen. Mehr hatte der Bundestrainer nicht vorgesehen, da die EM nur zwei Wochen später war und ich mich schonen sollte. Ich nahm 241 Kilo, setzte sie gut um, nur im Ausstoß drückte ich leicht nach, was nicht regelkonform ist, aber manchmal von Kampfrichtern trotzdem als gültig gewertet wird. Zwei Kampfrichter drückten rot, einer grün. Also ungültig. Ein Riesengeschrei und heftige Diskussionen folgten, die den ganzen Abend andauerten. Die Niederlage hatte meine Stimmung gedämpft. Aber mir war klar, dass ich nicht optimal gearbeitet und den Kampfrichtern Raum für Zweifel gegeben hatte. Im Hinblick auf die Olympischen Spiele war dieser Versuch deshalb enorm wichtig für mich.

Nachdem die Bundesliga einigermaßen verdaut war, freute ich mich schon riesig auf die EM. Ich war schon ganz kribbelig, denn endlich konnte ich mich an den richtig großen »Brocken« messen. Und auf noch etwas freute ich mich schon bei der Anreise nach Italien: auf meine Eltern, die versprochen hatten zu kommen, und auf einige Freunde meines Fanclubs. Von dem launigen Frage- und Antwortspiel meines Trainers und meines Freundes René beim Treffen in Heidelberg wusste ich ja nichts, daher war ich platt vor Staunen, als der Reisebus voll mit meinen Freunden und Verwandten vorfuhr. Es waren auch viele Mitglieder des örtlichen Blasmusikorchesters mitgekommen, die vor der Veranstaltungshalle munter aufspielten. Es wurde getrommelt und mitgeklatscht, die Fahne von Obersulz als Transparent in die Höhe gehalten, und alle 60 Frauen und Männer trugen ihr knallrotes Fan-T-Shirt und bildeten somit die größte Delegation, die einen Sportler bei der Europameisterschaft unterstützte.

Als dann kurz vor dem Wettkampf auf der Bühne die einzelnen Athleten vorgestellt wurden, war der Block mit meinen Fans der auffälligste und auch der lauteste. Sie trommelten und posaunten, was das Zeug hielt. Ja, das war's, was ich noch brauchte! Bei diesem Wettkampf wollte ich es mir, meinem Trainer und meinen Fans beweisen, dass das viele Training nicht vergeblich gewesen war.

Ich wollte gewinnen! Und vor allem, es war der erste wichtige Wettkampf mit fast allen Kontrahenten direkt vor Olympia. Für die Psyche unheimlich wichtig!

Ich startete beim Reißen mit 190 Kilogramm und hatte keine Mühe, diese zur Hochstrecke zu bringen.

»Matthias, wir gehen beim nächsten Versuch um 5 Kilo rauf und schauen mal«, teilte mir Frank Mantek mit.

Auch die 195 Kilogramm bereiteten mir keinerlei Probleme.

Ein kurzer Blick zwischen Mantek und mir und schon gab er die 200 Kilo frei.

200 Kilogramm im Reißen!

Noch nie hatte ich die gehoben, weder im Training noch im Wettkampf.

»Geh raus und hol Gold!«, forderte mich mein Trainer kurz vor dem Betreten der Kampfbühne auf. Ich rieb mir ganz besonders viel vom Magnesia-Würfel auf meine Handinnenflächen. Nur ja keinen einzigen, auch noch so kleinen Fehler!

Vollste Konzentration, alle Kraft, alle Technik, alles Wissen gebündelt in diesem letzten Versuch und rauf damit!

Geschafft!

Die 200 Kilo im Reißen bedeuteten Gold. Meine erste Goldmedaille für Deutschland und zugleich der Europameistertitel im Reißen!

Was für ein Gefühl! Meine Fans trampelten vor Freude, und ich dachte in diesem Moment an Susann und wusste, dass sie mir von oben zusah.

Das Stoßen begann ich mit 233 Kilo. Problemlos hielt ich das Gewicht in die Höhe. Auch den zweiten Versuch mit 240 Kilo brachte ich einwandfrei zur Hochstrecke und die im dritten Versuch erreichten 246 Kilo brachten mir die Bronzemedaille im Stoßen und den Vize-Europameistertitel im Zweikampf mit insgesamt 446 Kilogramm ein. Geschlagen wurde ich um nur ein Kilogramm von Viktors Ščerbatihs.

Bei den nachfolgenden Interviews wurde ich darauf angesprochen, dass Viktors angeblich mit seinem linken Arm nachgedrückt hätte. Dazu konnte ich nur sagen: »Ob oder ob nicht, ist in diesem Moment völlig egal. Die Kampfrichter gaben den Versuch als gültig, und da ist es wie beim Fußball, wenn es ein Abseitstor war und der Schiedsrichter es nicht gesehen hat. Darüber braucht man nicht zu diskutieren. Ich freue mich sehr über meine drei Medaillen, und alles andere interessiert mich nicht!«

Endlich wusste ich, dass sich alle Mühe gelohnt hatte. Die Arbeit der letzten Monate trug ihre Früchte. Mein Trainer nahm mich beiseite, gratulierte mir und sagte: »Matthias, du hast mich und die gesamte Konkurrenz mit deinen Leistungen überrascht. Nun kennen dich deine Konkurrenten und wissen jetzt, dass mit dir in Peking unter allen Umständen zu rechnen sein wird! Sie wissen aber nicht, ob du nicht noch mehr zu leisten imstande bist. Du hast den letzten Versuch mit einer solchen Leichtigkeit gestoßen, dass deine Gegner nicht mehr wissen, wo eigentlich deine Grenzen sind. Mach was draus, Junge!«

Meine Eltern freuten sich sehr mit mir, und mein Vater verkündete in Interviews, wie stolz er auf mich war. Meine Mutter, die durch ihren Tick, mich ja nie während eines Wettkampfes, sondern erst danach zu fotografieren, kein Siegerfoto von mir hatte, wollte dies nachholen, als sie mir weinend gratulierte. Doch da stellte sie fest, dass der Akku ihrer Kamera leer war! Zum Glück hatten aber alle anderen im Fanclub genügend Fotos geschossen und Videos gedreht, sodass mein erster großer Triumph bei einer EM als deutscher Staatsbürger doch noch gebührend festgehalten wurde.

Bei der anschließenden Siegerehrung hatte ich mir ein Handtuch mit den deutschen Nationalfarben umgelegt, und mit der Goldmedaille um den Hals griff ich danach und hielt es gemeinsam mit Susanns Foto in die Kameras. Susi sollte bei diesem Triumph auf jeden Fall bei mir sein.

Nach einigen Interviews fuhr ich mit allen im Fanbus mit zum Hotel, und gemeinsam mit meinem Trainer und der Mannschaft feierten wir meinen Europameistertitel bis in den Morgen hinein. Meine Fans wollten offensichtlich jeden meiner sechs gültigen Versuche einzeln feiern, so gut drauf waren sie. Für mich ging an diesem Tag ein Traum in Erfüllung. Ich hatte meine persönliche Bestleistung abgeliefert, war Europameister im Reißen und wünschte mir nur, Susann wäre bei mir gewesen und hätte alles miterleben können. In solchen Momenten vermisste ich sie besonders stark.

Schon am nächsten Morgen hatte ich ein Gratulationsfax der Oberbürgermeisterin von Chemnitz vorliegen. Sie lud mich zu einer Veranstaltung ins Rathaus ein. Dort durfte ich mich einige Tage später in das Goldene Buch der Stadt eintragen, in das Buch, in dem viele Sportgrößen wie Olympiasiegerin Kati Witt unterschrieben hatten.

Das Fest mir zu Ehren mit den Honoratioren der Stadt war sehr feierlich und würdevoll. Die Motivation für die Monate bis Peking konnte keine bessere sein!

Knapp drei Monate nach den Europameisterschaften fand im Juli 2008 die letzte Olympiaqualifikation in Heidelberg statt. Dieser Wettkampf war sicherlich einer der besten nationalen Veranstaltungen des Bundesverbandes Deutscher Gewichtheber.

In Vorbereitung auf die Olympischen Spiele setzte ich bei dieser Veranstaltung eine weitere »Duftmarke«. In einem bemerkenswerten und spannenden Wettkampf, der durch die erfolgreiche Qualifikation weiterer Teammitglieder für die Olympischen Spiele auf sehr hohem sportlichen Niveau stattfand, brachte ich mit 201 Kilo im Reißen eine neue persönliche Bestleistung zur Hochstrecke und durchbrach mit 250 Kilo im Stoßen endlich die »5-Zentner-Schallmauer«.

Unser Trainer Frank Mantek war mit uns als Mannschaft sehr zufrieden, und in seiner Euphorie machte er aus der »Operation Medaille« die »Operation Goldmedaille«. Die Leistungsentwicklungen gingen bei jedem Einzelnen von uns schneller und besser voran, als wir es uns vorgestellt hatten. Somit hatte die »Kampagne Olympia« von dem Tag der Veranstaltung in Heidelberg an eine völlig neue Dimension erreicht.

Bei mir war der Weg bis zu diesem Erfolg in Heidelberg, fünf Wochen vor den Spielen, ein sehr steiniger (nomen est omen). Ich wurde mit Problemen konfrontiert, die mich über Wochen an den Rand aller meiner physischen und psychischen Kräfte brachten. Doch ich hatte meine Motivation und meine Ziele wiedergefunden. Es gab Tage, da hatte ich mich im Training derartig geschunden, nur um zu vergessen. Das jedoch ließ mein Trainer nicht zu, denn das wäre irgendwann zulasten meiner Gesundheit gegangen und ich wäre unweigerlich an meine Grenzen gestoßen.

Systematisch brachte er mich wieder dahin, wo er mich hinhaben wollte. Die Phasen, die durch ein hohes Umfangstraining geprägt waren, wurden schrittweise umgestellt. Ich trainierte weniger, aber dafür qualitativ hochwertiger. Es gab früher Wochen, da habe ich an die 700 Wiederholungen mit einer Wochenlast von über 100 Tonnen trainiert. Dann wurden die Trainingseinheiten kontinuierlich verringert, und die Tonnenlast wurde um 25 Prozent gemindert. Neben der Technikverbesserung achteten mein Trainer und ich darauf, dass die wichtigen Übungen mit dem höchsten Wirkungsgrad trainiert wurden. Immer wieder hinterfragte Frank Mantek, wie sich die jeweiligen Veränderungen bei mir auswirkten. Es zeichnet ihn als Trainer auch dahingehend aus, dass er sich trotz aller eigener Erfahrung und trotz aller internationalen Erfolge fortlaufend Gedanken über seine Athleten macht und sich in seinem Beruf immer in der Weiterentwicklung befindet. Davon profitieren wir Sportler natürlich ungemein.

Seit dem Beginn unserer Zusammenarbeit hatte er mir immer wieder eingetrichtert: »Matthias, es gibt in deinem Leben nur zwei, drei, allerhöchstens vier wichtige Versuche, und die musst du machen. Da musst du alles geben. Auf die musst du hintrainieren, denn ein bestimmter Moment oder ein einziger außergewöhnlicher Versuch kann dein Leben komplett verändern und du wirst vom Spitzensportler zum Weltklasse-Athleten.«

So hoch motiviert ging ich tagtäglich zum Training, und wenn ich am Abend müde nach Hause kam, hätte ich gerne mit Susann über meine Vorfreude auf Peking gesprochen.

Es war jetzt schon ein Jahr her, dass sie mir genommen worden war, und noch immer gab es Tage, da haderte ich gewaltig mit dem Schicksal. Ich durfte mir gar nicht vorstellten, wie sie ihr eigens für Peking angelegtes Sparbuch aufgelöst hätte, um die Reise zu den Olympischen Spielen zu finanzieren. Sie hatte es sich so gewünscht, mit dabei zu sein.

Ich lernte aber im Laufe des Jahres, mit meiner Trauer besser umzugehen, und klammerte mich auch an die Vorstellung, dass Susann ohnehin alles mitbekam.

Langsam merkte ich, dass Peking herannahte, denn wie schon 2004 fand vor der Abreise in Mainz noch die Einkleidung unserer Mannschaft statt.

Endlich war es so weit und wir starteten in Richtung Peking. Am Morgen, als ich das kleine Häuschen in Leimen absperrte, um zum Flughafen zu fahren, dachte ich mir noch: »Mal schauen, was alles passiert, bis ich diese Tür wieder aufsperre!«

THAILÄNDISCH ESSEN ODER: DER GLÄSERNE MENSCH

Es gibt kaum zwei Dinge, die sich so wenig miteinander vertragen wie Spitzensport und Spontaneität.

Wir leben in einem freien Land, und normalerweise kann jeder Mensch in seiner Freizeit über seinen Tag verfügen. Er kann von einer Minute zur anderen sein Programm ändern. Ist draußen schönes Wetter, dann geht er wandern, spazieren, Tennis spielen oder grillt mit Freunden am See. Ein spontaner Kinobesuch bei Schlechtwetter, der Überraschungsbesuch bei den Eltern, eine Radtour, Heißhunger auf thailändisches Essen im 20 Kilometer entfernten Restaurant und mal eben hinfahren oder ein Last-Minute-Flug, das ist alles möglich.

Außer man ist Spitzensportler. Dann kann man alle diese spontanen Aktionen so ziemlich vergessen. Es sei denn, man kann seinen Heißhunger vorausplanen, weiß möglichst schon drei Monate im Vorhinein, aber mindestens einige Stunden vorher, dass man am Tag X eben 20 Kilometer entfernt thailändisch essen gehen möchte, und hat dies mit genauer Uhrzeit an die NADA, die Nationale Anti-Doping-Agentur, gemeldet. Dann steht dem Essen im Thai-Restaurant fast nichts im Wege – außer vielleicht, dass mittendrin ein Kontrolleur der NADA auftaucht und bittet, doch mal eben zwecks Abgabe einer Urinprobe zur Toilette mitzukommen ...

Um es gleich vorwegzunehmen: Ich bin ein entschiedener Gegner jeglicher Art von Doping und ein großer Befürworter von Dopingkontrollen, und ich finde es absolut richtig und wichtig, dass es Kontrollorganisationen wie die NADA und die WADA (World Anti-Doping Agency) gibt. Sportliche Leistungen, egal auf welcher Ebene, müssen das Ergebnis harten Trainings sein, alles andere ist nicht nur unsportlich, sondern Betrug an den Menschen, die den Sportler für seine Leistung bewundern. Und gehört jemand zur Gruppe der internationalen Spitzensportler, dann muss er sich gefallen lassen, kontrolliert zu werden.

Das ist ähnlich wie bei der Teilnahme am Straßenverkehr. Fährt man mit dem Auto auf öffentlichen Straßen, muss man jederzeit damit rechnen, in eine Kontrolle zu geraten, auch wenn man sich absolut regelgerecht verhalten hat. Von der Möglichkeit, kontrolliert zu werden, sind alle Autofahrer gleichermaßen betroffen. Und genau da liegt bei den Spitzensportlern ein wenig der berühmte Hase im Pfeffer. Denn es sollte zwar rund um den Erdball die gleichen Überprüfungen für alle Sportler geben, aber noch immer wird in manchen Nationen ein relativ »lockerer« Umgang mit dem Thema »Doping« an den Tag gelegt.

Aber wie gesagt, grundsätzlich finde ich das System der Dopingkontrollen völlig in Ordnung. Es gibt strenge Regularien, und an die hat man sich als Sportler zu halten oder man ist im falschen »Beruf«. Es liegt eine Liste auf, wo alle von der NADA und WADA erlaubten Medikamente draufstehen, und sollte ein Sportler zum Beispiel bei einer Erkrankung das gesperrte Medikament Cortison für die Heilung benötigen, so muss der Arzt vor Verabreichung ein Fax an die NADA senden und die Behandlung anmelden. Dann ist alles in Ordnung. Ein Versäumnis hingegen kann fatale Folgen nach sich ziehen.

In meinem speziellen Fall sind beide Kontrollorganisationen in vollem Umfang darüber informiert, dass ich Diabetes mellitus Typ I habe und mir täglich mehrmals Insulin spritzen muss, ein Hormon, das mein Körper nicht mehr produziert. Zur Sicherheit trage ich aber meinen Ausweis ohnehin ständig bei mir. Ich wurde allein im Jahr 2008 15-mal überprüft, elfmal vor Olympia und viermal nach Olympia, immer war alles bestens, denn ich habe bei der Prozedur mein ganz spezielles Ritual. Die meisten Kontrolleure kennen das schon.

Kaum, dass es an der Tür klingelt oder klopft und sich der Mann als von der NADA kommend ausweist – da ist es völlig egal, ob das bei mir zu Hause, beim Training oder wo auch immer ist –, ziehe ich mich mit dem Herrn in einen Raum zurück, und wenn ich dann den für die Urinabgabe nötigen Druck auf der Blase spüre, bin ich sofort im Bad und innerhalb einer Minute nackt ausgezogen. Komplett, auch die Armbanduhr lege ich ab. Nicht, weil ich etwa exhibitionistisch veranlagt bin, nein, ich habe nichts zu verbergen und will von vornherein alle Irritationen und Verdachtsmomente ausschließen. Bis zu dem Moment, wo ich den Kontrolleur wieder verabschiede, ist er ständig an meiner Seite. Da ist jede Schamhaftigkeit fehl am Platze.

Leider geht nicht jede Urin-Dopingkontrolle einfach vonstatten. Denn häufig passiert es mir, dass ich, kurz bevor der Kontrolleur unangemeldet kommt, ausgerechnet auf der Toilette war. Meine Blase ist also komplett leer. Bis die wieder gefüllt ist, kann das dauern. Locker bis zu zwei Stunden. So lange weicht mir dann der Kontrolleur nicht von der Seite. Muss ich beispielsweise den Raum verlassen, um mir eine weitere Wasserflasche aus dem Kühlschrank zu holen, werde ich von ihm auf Schritt und Tritt begleitet. So eine Dopingkontrolle kann also den Tag ganz schön durcheinanderwirbeln, wenn man 2,5 Stunden dafür aufwenden muss.

Wenn ich dann den nötigen Harndrang verspüre, läuft eine Kontrolle wie folgt ab: Der Kontrolleur ist mit mir im Badezimmer, wenn ich mir – nackt, wie ich bin – die Hände wasche – ohne Seife, denn das ist nicht gestattet, schließlich könnte sie mit irgendwelchen Substanzen verunreinigt sein, die das Testergebnis verfälschen. Ich wasche meine Hände ausgiebig, damit auch ja nicht der Verdacht entstehen kann, dass irgendetwas Verbotenes an meinen Fingern oder unter meinen kurz geschnittenen Fingernägeln haften könnte.

Er ist bei mir, wenn ich den Becher aus der verschweißten Plastiktüte entnehme, und er verfolgt mit Argusaugen – egal, wie lange es dauert, bis es klappt –, wie ich hineinpinkle. Beim Öffnen des eingeschweißten

Bechers ist es mir wichtig, dass ich ihn nur von außen anfasse und nicht den Becherrand geschweige denn die Innenwände berühre. Deshalb drücke ich den Becher so von unten aus der Folie heraus, dass ich ihn so weit unten wie möglich greifen kann. Nachdem ich in den Becher uriniert habe, schütte ich den Harn direkt in eine ebenfalls in Folie eingeschweißte Laborglasflasche der NADA, die ich kurz zuvor nach derselben Methode wie beim Becher entfernt habe. Diese Flasche wird dann sofort versiegelt und kann, dank einer speziellen Schraubtechnik, nicht mehr manuell geöffnet werden. Selbst vom stärksten Mann der Welt nicht. Das Glas kann erst wieder im Labor in Köln mit einer speziellen Gerätschaft geöffnet werden. Man muss also keine Angst haben, dass die Probe von Dritten in irgendeiner Weise manipuliert wird.

Wird jetzt erst festgestellt, dass die Flasche beschädigt ist, was in meinem Fall noch nie vorgekommen ist, macht das die Probe sofort ungültig, und sie muss wiederholt werden. Hier wird also wirklich peinlich darauf geachtet, dass nicht manipuliert werden kann, und das ist auch gut so, schließlich gebe ich meine Probe nach dem Verschluss der Flasche in fremde Hände und muss mich darauf verlassen können, das alles mit rechten Dingen zugeht.

Um eine Verwechslung der Proben auszuschließen, steht auf jeder Laborflasche eine Kontrollnummer, die auf einem Kontrollzettel vermerkt ist, den ich vom Kontrolleur erhalte. Ich bekomme jedes Mal einen Durchschlag vom Kontrollzettel und überprüfe dann als Erstes die Kontrollnummer, damit auch ja kein Zahlendreher drin ist. Wenn alles stimmt, hefte ich ihn ab, damit ich nachvollziehen kann, wie viele Kontrollen ich bereits hatte.

Der Urin wird übrigens in zwei Glasflaschen abgefüllt. Eine ist die sogenannte A-Probe und die andere die sogenannte B-Probe. Die A-Probe wird dann analysiert. Sollten dort Spuren von Dopingmitteln gefunden werden oder sonst irgendwelche Ungereimtheiten auftreten, dann wird der Sportler informiert, und er muss dann seine Zustimmung geben, dass nun auch die B-Probe analysiert wird. Wenn auch diese positiv ist, dann ist sicher: Der Sportler hat gedopt. A- und B-Probe bestehen also immer aus demselben Urin.

Bei mir wurde noch nie eine B-Probe geöffnet, weil die A-Probe immer sauber war, und das wird sie auch in Zukunft immer bleiben.

Neben dem Urin wird bei uns Spitzensportlern auch das Blut kontrolliert. Früher war das nur ab und zu der Fall, aber seit 2008 wird bei uns Gewichthebern das Blut regelmäßig geprüft, man kann sagen, mindestens bei jeder zweiten Dopingkontrolle. Dabei nimmt mir der Kontrolleur, ein ausgebildeter Arzt, Blut ab, das noch vor Ort oder später im Labor mithilfe einer Zentrifuge in seine Bestandteile zerlegt wird. Anschließend wird der für die Kontrolle relevante Teil in eine Ampulle abgefüllt, die ebenso wie die Urinprobe eine Kontrollnummer hat. Auch hier gibt es eine A- und eine B-Probe.

Jeder ehrliche Sportler wird peinlich darauf achten, seinem Körper nichts Verbotenes zuzuführen, aber ich für meinen Teil gehe sogar noch einige Schritte weiter und achte im Alltag auf Folgendes:

Ich lasse mir nach Möglichkeit keine offenen Getränke oder bereits geöffnete Flaschen bringen.

Ich trinke eine bereits geöffnete Flasche oder ein Glas lieber aus oder nehme sie mit zur Toilette, als sie unbeaufsichtigt am Tisch stehen zu lassen.

Auch Leitungswasser hole ich mir lieber selbst, als dass ich es mir bringen lasse.

Bei Nahrungsergänzungsmitteln verwende ich nur welche von Firmen, deren Produkte bereits im Dopinglabor Köln getestet worden sind.

Wer oder was ist eigentlich die NADA?

NADA steht für Nationale Anti-Doping-Agentur Deutschland. Sie ist eine selbstständige, unabhängige, privatrechtliche Stiftung, die am 15. Juli 2002 in Bonn gegründet und zum 1. Januar 2003 rechtskräftig tätig wurde. Ihr Ziel ist die Bekämpfung des Dopings. Um dem Missbrauch von Doping im Sport zu begegnen, hat der Hauptausschuss des Deutschen Sportbundes (DSB) bereits 1970 Rahmenrichtlinien zur Bekämpfung des Dopings verabschiedet. Mitte der 80er Jahre waren es zehn olympische Verbände, die Wettkampfkontrollen durchführten. Der Dopingfall von Ben Johnson bei den Olympischen Spielen von Seoul 1988 und auch die im Zuge der Wiedervereinigung gewonnenen Erkenntnisse über das flächendeckende Dopingsystem in der ehemaligen DDR lösten in Deutschland eine breite Debatte aus. In dieser Situation beauftragte der DSB den Bundesausschuss Leistungssport mit der Einführung von »Dopingkontrollen außerhalb des Wettkampfes«. Ab Oktober 1989 machte man in zunächst vier Sportarten im Rahmen eines Pilotprojektes erste Erfahrungen mit dieser Art von Kontrollen; im April 1990 wurden sie dann auf die meisten olympischen Sportarten erweitert. Ende 1991 wurde aus dem Projekt schließlich eine richtige Anti-Doping-Kommission (ADK), die alsbald auch vom Nationalen Olympischen Komitee (NOK) Präsidium anerkannt wurde. Diese direkte Vorgängerinstitution der NADA wurde zum Jahresende 2002 zugunsten der NADA abgeschafft. Seither ist die NADA für die Dopingkontrolle von uns Hochleistungssportlern verantwortlich. 2007 hat sich die NADA einer grundlegenden Reorganisation unterzogen, um die in der Stiftungsverfassung festgehaltenen Aufgaben nachhaltig und professionell zu erledigen.Auch in Österreich gibt es die NADA, die sich NADA Austria nennt und nach denselben Richtlinien arbeitet.

Alle Nationen, die den WADA-Code unterschrieben haben, also den Code der 1999 gegründeten World Anti-Doping-Agency, der weltweiten Anti-Doping-Agentur, der die NADA untersteht, haben sich einer strengen Kontrolle verpflichtet. Das sind meines Wissens zum momentanen Zeitpunkt 205 Nationen, darunter Deutschland, Österreich, Frankreich, Spanien und Italien.

Der Deutsche Gewichtheberverband hat sich sowohl der NADA als auch der WADA ausnahmslos verpflichtet.

Die Sportlergruppen der NADA und WADA werden in drei Testpools eingeteilt: RTP (Registered Testpool), NTP (Nationaler Testpool) und ATP (Allgemeiner Testpool).

Ein Sportler der RTP-Gruppe (bei uns im BVGD-Gewichtheben sind das alle A-Kader-Athleten und jene B-Kader-Athleten, die dem EM-WM-Kader angehören. Sie sind auch zusätzlich noch im IRTP – International Registered Testing Pool – gespeichert.) muss Angaben über seinen Aufenthaltsort und die Erreichbarkeit für jeweils ein Quartal im Vorhinein mitteilen und zusätzlich noch einen täglichen »Testing Slot« von einer Stunde Dauer angeben.

Das heißt: In dieser kleinsten Gruppe müssen die Spitzensportler zusätzlich zu dem, dass sie ohnehin 24 Stunden erreichbar sein müssen, noch eine Stunde zwischen 6 und 23 Uhr angeben, in der sie auf jeden Fall an dem vorher bestimmten Ort zu erreichen sind (Aufenthaltsinformationspflicht/»Meldepflicht«).

Ein Sportler der NTP-Gruppe (BVGD: alle restlichen B-Kader-Athleten) muss Angaben über seinen Aufenthaltsort und die Erreichbarkeit für jeweils ein Quartal im Vorhinein einreichen.

Ein Sportler der ATP-Gruppe (BVDG: alle C-Kader und DC-Kader) muss lediglich seinen gewöhnlichen Aufenthaltsort und die Rahmentrainingspläne mitteilen. Zudem seine vollständige Postanschrift, E-Mail-Adresse und Telefonnummer, um jederzeit erreichbar zu sein.

Ich gehöre zur RTP-Gruppe, und in der Praxis läuft das bei mir zum Beispiel so ab:

Ich muss für jedes Quartal im Voraus all jene Termine bei der NADA einreichen, von denen ich zu diesem Zeitpunkt bereits weiß, dass sie fix sind. Diese Angaben müssen so ausführlich sein (Aufenthaltsinformationspflicht/«Meldepflicht«), dass die Kontrolleure mich ohne telefonische Kontaktaufnahme finden können. Dazu gehört für drei Monate im Voraus die Angabe, wo ich von Montag bis Sonntag trainiere und wie lange ich dort trainiere oder anzutreffen bin, wenn jemand von der NADA zur Dopingkontrolle kommt. Zudem muss ich für drei Monate im Vorhinein bekannt geben, wo ich von Montag bis Sonntag anzutreffen bin, wenn ich nicht trainiere. Auch hier gilt: genaueste Ortsangabe und exakter Zeitpunkt, von wann bis wann ich mich an dieser angegebenen Adresse aufhalte.

Da ich natürlich heute noch nicht genau weiß, was ich in drei Monaten zu einer bestimmten Uhrzeit machen werde, sitze ich täglich an meinem Computer, um meine Daten zu aktualisieren. Ich muss akribisch angeben, wo ich mich für wie lange am Tag aufhalte.

Seit dem 1. Januar 2009 sind wir zudem verpflichtet, eine Stunde pro Tag anzugeben, zu der wir garantiert für die Dopingkontrolleure anzutreffen sind. Mein »Testing Slot« ist täglich die Zeit zwischen 6 Uhr und 7 Uhr früh. Da bin ich noch nicht aufgestanden und habe für den Fall der Fälle sogar ausreichend Druck auf der Blase. Dieser 1-Stunden-Testing-Slot muss zwar für jeweils drei Monate im Voraus bekannt gegeben werden, kann aber während dieser drei Monate verändert und aktualisiert werden (bis maximal zwei Stunden vorher). Aber hier ist große Vorsicht geboten, denn unter besonderen Umständen können wiederholte kurzfristige Aktualisierungen zur sofortigen Einleitung eines Verfahrens wegen Verstoßes gegen Anti-Doping-Bestimmungen führen!

Unabhängig davon kann es mir natürlich auch passieren, dass ich am Vorabend spät ins Bett gegangen bin und Punkt 6 Uhr von den Dopingkontrolleuren herausgeklingelt werde. Das macht dann nicht wirklich Spaß. Bin ich auf Reisen, gestaltet sich das Ganze noch schwieriger. Häufig ändert sich kurzfristig mein Terminplan, aber ich darf dabei nie vergessen, welche Uhrzeit ich bei der NADA angegeben habe. Dauert beispielsweise ein Interview länger als geplant, muss ich es abbrechen, um wieder pünktlich zu dieser einen Stunde im Hotel zu sein. Denn treffen mich die Dopingkontrolleure dort nicht an, wird das als Dopingverstoß gewertet. Werde ich innerhalb von 18 Monaten dreimal nicht angetroffen, werde ich automatisch für ein bis zwei Jahre gesperrt.

Früher haben mich die Dopingkontrolleure noch auf dem Handy angerufen, wenn sie mich nicht antreffen konnten, doch jetzt, seit ich im RTP-Kader bin, dürfen sie das nicht mehr. Also schwingt täglich die Angst mit: Hoffentlich vergesse ich nicht, zur angegebenen Stunde erreichbar zu sein. Deshalb liegen bei mir überall in der Wohnung Zettel herum, auf denen NADA steht, dass ich immer wieder daran erinnert werde, und auch an der Haustür steht es mit großen Lettern, nicht dass ich mal versehentlich in der Hektik aus der Wohnung renne, ohne mich bei der NADA abgemeldet zu haben.

Das ist natürlich in der Praxis oftmals nicht so einfach durchführbar, denn Termine können sich kurzfristig verschieben oder länger dauern als geplant. Für diesen Fall muss ich die NADA umgehend davon in Kenntnis setzen (per E-Mail oder SMS), dass ich an dem vorher eingetragenen Termin an dem angegebenen Ort noch nicht oder nicht mehr anzutreffen bin. Die Angaben zu den Wettkämpfen müssen als Information zumindest den Namen und den Ort des Wettkampfes sowie die Adresse enthalten, an der ich während der Veranstaltung wohnen werde.

Ein Beispieltag aus meinem Leben, wie ich ihn der NADA gemeldet habe:

00.00 - 09.00 Uhr	Wohnsitz (vollständige Adresse muss vorliegen)
09.30 - 12.00 Uhr	Trainingsort (die Adresse muss ebenfalls vorliegen)
12.30 - 13.30 Uhr	Mittagessen (+Adresse)
14.00 - 15.30 Uhr	Mittagspause (ebenfalls Angabe, wo ich mich aufhalte)
16.00 - 19.00 Uhr	Training
19.30 - 20.30 Uhr	Abendessen (wiederum Adresse)

21.00 - 23.30 Uhr	entweder zu Hause oder Abendprogramm (Kino etc.) und dazu wieder genaue Adressangabe. Sollte ich zwischendurch mal einkaufen gehen oder in die Apotheke, dann kann ich in einem Extrafenster schreiben, wie lange es dauert. Fahre ich aber nur kurz zum Bäcker, ist das nicht so tragisch, denn in der Regel wartet der Kontrolleur eine gewisse Zeit auf den Athleten. Allerdings kommt jeden Tag noch eine Stunde hinzu, in der ich auf jeden Fall am angegebenen Standort sein muss. Zum Beispiel:
06.00-07.00 Uhr	zu Hause Dann muss ich auf jeden Fall irgendwann in dieser Stunde zu Hause anzutreffen sein!

Dies ist ein ganz gewöhnlicher Tag, und deshalb habe ich ihn als Beispiel herangezogen. Die strengen, engmaschigen Kontrollen erlauben kaum Spielraum im normalen Tagesablauf. Kompliziert wird es, wenn ich verreist bin. Auch da muss ich der NADA exakt angegeben, wo ich mich aufhalte. Zwei meiner Kontrollen im Frühjahr 2009 hatte ich auf Teneriffa im Hotel, als ich nach meiner Leistenbruchoperation meine Mannschaft zum dortigen Trainingslager begleitet hatte, und zwar die eine abends nach zehn und die zweite gleich am nächsten Vormittag um halb elf, jeweils im Hotelzimmer.

Vor allem die Reisetage haben eine ganz spezielle Problematik: Man deklariert diese zwar als Reisetage, kann aber niemals im Vorhinein sagen, ob das Flugzeug auch zum angegebenen Zeitpunkt landet oder ein Zug pünktlich eintrifft oder ob man auf der Autobahn nicht doch stundenlang im Stau steht. Das weiß der Kontrolleur aber ebenfalls und kommt deswegen auch nicht sofort zur geplanten Ankunftszeit zum Zielort, oder er wartet dann halt bis zum Eintreffen.

Zeichnet sich eine deutliche Verspätung ab, dann gilt: unverzüglich eine SMS an die NADA senden, um die Veränderung des eingereichten Terminplanes bekannt zu geben. Sollte ich dies verabsäumen, und ein Kontrolleur wartet vergebens am eigentlich von mir angegebenen Ort, dann gibt es eine Verwarnung, einen sogenannten »Strike«. Kann ich – weil ich im Flieger sitze – keine SMS absenden und ein Kontrolleur von der NADA hat mich vergeblich aufgesucht, dann muss ich im Nachhinein beweisen, dass ich verhindert war, damit die Verwarnung zurückgenommen wird.

Im November 2008 hätte es mich beinahe erwischt. Ich machte zu der Angabe des Ortes – Gerichtsgebäude in Heidelberg – auch die zeitliche Angabe, dass ich mich dort so an die vier Stunden aufhalten würde.

Es war der Tag der Gerichtsverhandlung über den Unfalltod von Susann, und es dauerte fast neun Stunden, bis die Sitzung auf den 3. Dezember vertagt wurde. Total erledigt fuhr ich heim, und was erfuhr ich? Der NADA-Kontrolleur hatte vergeblich versucht, mich zu Hause anzutreffen, wo ich mich laut meiner Voranmeldung aufhalten sollte.

Ich hatte natürlich keine Sekunde des Tages daran gedacht, dass ich meine fünf Stunden zusätzlichen Aufenthalt bei Gericht bei der NADA melde. Der Tag hatte mich – wie sich jeder vorstellen kann – ohnehin sehr aufgewühlt. Außerdem gab es kaum eine Zeitung, in der nicht über den Prozesstag bereits im Vorfeld berichtet wurde. Zum Glück hatten mich alle Beteiligten und auch die Journalisten während der gesamten neun Stunden im Gerichtssaal gesehen, daher brauchte ich nicht zu beweisen, dass ich keinesfalls deshalb, weil ich einer Kontrolle entgehen wollte, nicht daheim anzutreffen war.

Keiner meiner Bekannten, die ich besuche, will zunächst glauben, dass ich seine Adresse bei der NADA angegeben habe, um eben auch während meines Besuches vom NADA-Kontrolleur angetroffen werden zu können. Doch spätestens, wenn es dann an der Tür läutet und ich mich mit dem Überraschungsgast auf die Toilette zurückziehe, verstehen sie, was es mit dem Begriff »gläserner Mensch« auf sich hat. Aber ich bin bereit, eng mit der NADA zusammenzuarbeiten und diese Bürde auf mich zu nehmen, weil ich für einen sauberen Sport bin. Ich setze mich zu hundert Prozent für »No Tolerance« ein.

ZEHN KILO ZUM GOLD

Zum zweiten Mal im Jahr 2008 ging ich auf die große Reise nach Peking. Nach der Generalprobe im Januar, als ich an gleicher Stelle sozusagen vorolympisches Gold geholt hatte, nach der erfolgreichen EM in Lignano im April und dann dem nationalen Turnier Anfang Juli in Heidelberg, bei dem ich meine Olympiaqualifikation noch einmal bestätigt hatte, ging es jetzt ums Ganze: Die von Bundestrainer Mantek geplante »Operation Medaille«, deren Zielsetzung nach Heidelberg auf »Operation Goldmedaille« hochgesteckt worden war, war in ihre heiße Endphase eingetreten.

Mein Wettkampf im Superschwergewicht war auf den 19. August angesetzt, und es ist vorgeschrieben, dass man mindestens acht Tage vorher vor Ort ist, aufgrund der strengen Anti-Doping-Bestimmungen. Meine Teamkollegen waren schon vorher angereist, weil ihre Wettkämpfe früher anstanden. Frank Mantek und ich hatten uns als Letzte auf den Weg nach Fernost gemacht.

In Peking angekommen, verstand ich nur zu gut, warum Mantek darauf bestanden hatte, dass ich bei den Pre-Olympics startete, auch wenn sieben Monate zuvor, im Januar, nicht alle meine jetzigen Gegner angetreten waren. Alles war vertraut für mich, ich kannte die Sport- und Trainingsstätten, die Wege und die Entfernungen, ich wusste, wo der Wettkampf stattfinden würde, wie die Halle aussah, und ich hatte sogar schon auf der Gewichtheberbühne gestanden. Nichts war für mich neu, nichts war ungewohnt. Es war fast wie eine Rückkehr, und damit war ich vielen meiner Konkurrenten schon einen kleinen Schritt voraus.

Zwar hatten die meisten von ihnen schon einmal an Olympischen Spielen teilgenommen, aber was für Spiele die Chinesen auf die Beine gestellt hatten, war einfach gigantisch, auf jeden Fall größer und eindrucksvoller als Athen und, wie unser Trainer meinte, größer als alle Spiele, die er jemals erlebt hatte.

Ich bezog das Apartment im Olympischen Dorf, das ich mir mit meinen vier deutschen Teamkollegen teilte. Unsere einzige Frau im Team, Julia Rohde, wurde bei Damen anderer Sportarten untergebracht. Wenn man hier auf einen Wettkampf warten muss, kann die Zeit verdammt lang werden, denn außer Training, Essen und Schlafen hat man nicht viel zu tun. Allenfalls kann man noch einen Spaziergang durch das Olympische Dorf machen. Frank Mantek war das bewusst, und deshalb ließ er uns für viel Geld einen Internetanschluss in unser Domizil legen. So gab es für uns nicht nur ein wenig Zeitvertreib, sondern auch einen problemlosen E-Mail-Kontakt zu Familie und Freunden.

Nach und nach absolvierten die anderen Teammitglieder ihre Wettkämpfe. Artyom Shaloyan errang in der Klasse bis 69 Kilogramm den 14. Platz, Jürgen Spieß kam in der Kategorie bis 94 Kilogramm auf Platz neun. Julia Rohde freute sich über ihren verdienten siebten Platz. Am längsten mussten Almir Velagic und ich auf den Wettkampf im Superschwergewicht warten.

Und dann war der Tag doch da, der 19. August, an dem sich die monatelange Arbeit von Frank Mantek und mir und noch vielen anderen in Form einer Medaille auszahlen sollte, am besten in Form einer Goldmedaille. Es gab auch nur eine einzige davon zu gewinnen, denn die Einzeldisziplinen Reißen und Stoßen gibt es bei Olympia nicht. Medaillen gibt es dort nur für den Zweikampf, also für die Summe aus dem jeweils besten Reiß- und Stoßversuch eines Athleten.

Um in der Nacht vor dem wichtigsten Wettkampf meines Lebens gut schlafen zu können, hatte ich einen alten Trick angewandt. Ich hatte die Nacht zuvor bewusst wenig geschlafen, um dann eben in der letzten Nacht richtig tief und fest zu schlafen und keinen Gedanken an den Wettkampf zu verschwenden.

Ich stand kurz vor 9 Uhr auf und ging mit unseren Leuten frühstücken. Danach bereitete ich meine Tasche für den Wettkampf vor. Tape musste rein, der Kohlenhydratshake wurde gerichtet, Schuhe, Wettkampfkleidung, Handtücher und natürlich das Foto von Susi, das ich vom Nachttisch nahm und in den Rucksack steckte. Obwohl ich keineswegs abergläubisch bin, war es doch irgendwie ein Talisman für mich. Ich hatte es bei all meinen Wettkämpfen seit ihrem Tod dabei gehabt, und es war ein gutes Gefühl gewesen, sie dabeizuhaben.

Ich aß allein zu Mittag, denn mein Trainer Frank Mantek, sein Kotrainer Michael Vater und meine Kollegen waren bereits in der Halle, da Almir seinen Wettkampf vor mir hatte. Nun war am Nachmittag meine einzige Ablenkung das Internet. Zugegeben, ich war den ganzen Tag über schon etwas nervös, oder zumindest angespannt. Aber mit Musik auf Youtube konnte ich mich ganz gut ablenken. Mein Handy hatte ich allerdings ausgeschaltet, um nicht gestört zu werden. Kurz bevor ich losging, hatte ich noch in einem chinesischen Sportsender gesehen, wie Jan Frodeno im Triathlon-Endspurt Gold holte. Wahnsinn, dachte ich, der hat's aber spannend gemacht. Zu guter Letzt hörte ich noch mal das Lied *So soll es sein, so kann es bleiben* von Ich + Ich und ging hoch motiviert zum Bus.

Angekommen in der Wettkampfhalle, schaute ich sofort, wie der Wettkampf für Almir lief. Neue Bestleistung im Reißen, das Stoßen lief noch.»Schön«, dachte ich mir,»heute ist ein guter Tag.«

Als ich dann im Warteraum zum Wiegen saß und meine Gegner sah, merkte ich, wie sich langsam meine Nervosität legte. Es war ein schönes Gefühl, so unberechenbar zu sein, denn keiner wusste, wozu ich heute in der Lage war.

Nachdem ich mit 145,93 Kilo der Drittschwerste in der Konkurrenz war, war mir klar, dass ich in jedem Fall immer ein Kilo mehr machen musste als die Konkurrenz. Aber damit konnte ich leben.

Almir hatte nun seinen Wettkampf mit neuen Bestleistungen beendet, und ich ging mit den Kollegen, die ihm zugeschaut hatten, etwas essen. Wir alberten noch ein bisschen herum, denn ich wusste: Gleich wird's ernst.

Als ich so ziemlich als Letzter in den Aufwärmraum kam, hatte mir unser Physiotherapeut Damiano Belvedere bereits eine der 16 vorhandenen Plattformen frei gehalten, aber ausgerechnet eine, die inmitten der anderen Athleten war, weshalb es dort sehr unruhig war. Ich ging zu Mantek und sagte: »Können wir bitte auf die andere Seite der Halle gehen, um dort ungestört zu sein, damit mich die Kontrahenten nicht so ganz im Blickfeld haben?« – »Machen wir«, antwortete er.

Dann ging alles ganz schnell. Um kurz vor 19 Uhr wurden die Athleten auf der Bühne vorgestellt, und dann ging das Aufwärmen richtig los. Es lief alles wunderbar und ich merkte: Das akribische Techniktraining hatte sich bezahlt gemacht.

Bei 198 Kilo stieg ich im Reißen ein, und die fühlten sich sehr leicht an. Also nahm ich in Abstimmung mit dem Trainer 203 Kilo, die ebenfalls super gelangen.

Man muss sich das Ganze so vorstellen hinter der Bühne: Ich wärme mich auf, hebe also eine Last nach der anderen, bis ich zur Anfangslast komme. Das Ganze dauert etwa eine Dreiviertelstunde, und die beiden Trainer beobachten abwechselnd mich, die Anzeigentafel oder die Gegner. Und der Physio ist immer zur Stelle, wenn es irgendwo zwickt oder man gar einen Krampf hat.

Nachdem wir beobachtet hatten, was die Konkurrenz macht, und ich mir mit Mantek einig war, dass ich im dritten Versuch 207 Kilo nehme, war ich so übermotiviert, so »heiß«, dass mir eigentlich niemand mehr diesen Versuch nehmen konnte. Voller Überzeugung trat ich an die Hantel, und als ich loshob, merkte ich, dass sich mein Daumen etwas aus dem Klemmgriff löste. Und das ist bei diesen Grenzlasten fatal. Ich konnte nicht mehr vollständig beschleunigen, beinahe wäre mir die Hantel ins Genick gekracht, aber das konnte ich zum Glück noch verhindern. Zack, da lag sie auch schon auf dem Boden. Ich war fassungslos, konnte nicht begreifen, wie mir das hatte passieren können. Natürlich hatte ich im Vorfeld der Spiele Probleme mit verhärteten Unterarmen, sodass mir das immer wieder mal passierte, aber eigentlich hatte ich es ganz gut in den Griff bekommen.

Zu allem Überfluss war ich auch noch bitter darüber enttäuscht und beschäftigte mich zu sehr mit diesem Thema. Da half auch all das gute Zureden von Frank Mantek nicht. Als sich dann die Konkurrenz auch noch einen Riesenvorsprung holte, war ich richtig sauer. Und das, obwohl ich wusste, dass ich im Reißen ohnehin nicht ganz vorn hätte mit dabei sein können.

Nun war die A-Gruppe, also die Gruppe der Athleten mit den höchstgemeldeten Anfangslasten, nicht besonders groß. Nur sieben Athleten statt normalerweise zehn am Start, und der Koreaner war nach drei ungültigen Versuchen im Reißen bereits ausgeschieden. Somit waren wir nur noch sechs Athleten in direkter Konkurrenz. Das hieß, ich hatte nach dem Reißen überhaupt keine Zeit. Keine Zeit, nachzudenken über den letzten Versuch, keine Zeit, abzuschalten und zu vergessen, keine Zeit, mich neu zu motivieren. Ich kam also von der Bühne nach dem ungültigen Versuch und musste anfangen, mich aufzuwärmen fürs Stoßen.

Ich war völlig aus dem Konzept, nur drei Athleten waren vor mir, und dementsprechend verlief auch das ganze Aufwärmen. Ich hatte die ganze Zeit das Gefühl, bei jeder neuen Last hatte ich 10 Kilo mehr drauf, als es tatsächlich der Fall war. Ich war einfach nicht bereit.

Doch mein Trainer blieb cool. Er ließ sich davon gar nicht beeindrucken und ging auch nicht näher auf mich ein. Er vermittelte mir nur, dass alles gut sei und meine Versuche hinter der Bühne auch gut aussehen. Ich fühlte mich unverstanden. Aber was blieb mir übrig? Ich musste doch weitermachen. Die Chance, eine Medaille zu holen, war noch nicht weg.

Nachdem allerdings mein letzter Aufwärmversuch mit 240 Kilo missglückte, hatte ich das Gefühl, na super, jetzt ist es wohl gelaufen. Ich musste ja auch noch mit 6 Kilo mehr anfangen. Wie sollte das denn bitte gehen?

Also verließ ich mich einfach auf meine soliden Trainingsleistungen und ging in Richtung Bühne zu meinem ersten Versuch. Vorher fragte ich meinen Trainer noch, ob dies bereits eine Medaille sein könnte, denn ich hatte ja nichts von der Konkurrenz mitbekommen. Er meinte: »Ja«, aber ich war noch etwas ungläubig. Bei meinem ersten Versuch bereits eine Medaille? Das konnte ich gar nicht glauben, was sich dann auch in diesem Versuch widerspiegelte ... Technisch absolut schlecht und gefühlt waren es wiederum 10 Kilogramm mehr!

Jetzt hatte ich also nur noch zwei Versuche und war wegen des ungültigen Versuches noch nicht einmal in der Zweikampfwertung, die aber für eine Medaille, besser gesagt überhaupt für eine Platzierung, absolut notwendig war.

Ich wusste, die Situation kann noch so brenzlig werden, aber auf Mantek konnte ich mich verlassen. Ich wusste, er würde die richtige Entscheidung treffen.

Nachdem der Lette gepatzt hatte und der Russe dankenswerterweise nach meinem missglückten Versuch 247 Kilo nahm (dadurch hatte ich nämlich Zeit und somit auch Luft gewonnen), ging ich auf 248 Kilogramm.

Wieder fragte ich Mantek, ob das nun eine Medaille wäre, und er sagte schon leicht wütend: »Ja, und jetzt konzentrier dich auf das, was du machst, wenn du da rausgehst!« Für mich war diese Information aber enorm wichtig. Denn einzig eine Medaille war meine Motivation.

Ich hämmerte also diesen Versuch hoch und war nun auf dem sicheren dritten Platz. Die Anspannung löste sich etwas, und nun konnte ich abwarten, was meine Gegner noch machten. Ich hatte nur noch Augen für Gold, denn Silber war für mich nicht mehr wert als Bronze. Der Russe hatte nach seinem dritten Versuch nun 9 Kilo Vorsprung, ich musste aber noch ein Kilo obendrauf setzen, um zu gewinnen, weil er leichter war als ich. Nachdem der Lette seinen dritten Versuch auch vergeigt hatte und damit hinter mir landete, hatte ich Silber sicher und musste eben diese 10 Kilo mehr bewältigen als im zweiten Versuch. Also 258 Kilogramm! Noch nie gehoben, nur 5 Kilo unter Weltrekord!

Aber all dies war mir egal. Meine Gedanken drehten sich um, und ich war wieder der alte Matthias. Ich hatte die Situation, die ich so sehr wollte. Gold holen können, aus eigener Kraft. Noch bevor ich auf die Bühne ging, klatschte mir Mantek ins Gesicht und sagte: »Jetzt geh hoch und mach das, was ich dir beigebracht habe!«

Auf der Bühne angekommen, hatte ich nur mehr die Hantel im Blickfeld, und mir war klar, egal wie schwer das Gewicht ist: Ich gebe alles. Und wenn ich mir dabei alle Knochen breche, ich lasse nichts unversucht!

Das Wegheben war noch schwerer als erwartet, nachdem ich die Hantel jedoch umgesetzt hatte, gab es nur zwei Möglichkeiten: Entweder die Stange liegt leicht oder schwer auf der Brust. Ich müsste lügen, wenn ich sage, sie war leicht, aber sie lag auch nicht schwer auf den Schultern. Die Hantel erdrückte mich also nicht. Somit war klar, jetzt nur noch Stoßen und ja nicht mit den Armen einknicken, denn schon das kleinste Einknicken kann von den Kampfrichtern als ungültig gewertet werden.

Es gelang mir und nun stand ich da mit 258 Kilogramm. Ganz sicher. Und noch bevor ich sie fallen ließ, war mir klar: Ich habe Gold. Ich bin Olympiasieger. Ich bin angekommen. Ganz oben.

Die Hantel fiel runter, und ich hatte ein Gefühl, als würden 1000 Ketten von mir gesprengt werden, die mich zuvor gefesselt hatten. Ich hatte in der ganzen Vorbereitung nie das Gefühl, als hätte ich Druck gehabt, aber jetzt wusste ich, dass es ein unglaublicher Druck war, den ich mir größtenteils selbst auferlegt hatte.

Ich wusste nicht, wohin mit der ganzen überschüssigen Energie. Ich fiel auf die Knie, sprang über die Hantel, und da endlich kam auch schon mein Trainer auf die Bühne gerannt. Als hätte er gewusst, dass ich jetzt jemandem zum Umarmen brauche. Ich hatte mich auf dieser Bühne nicht mehr unter Kontrolle. Konnte nur noch hin und her springen, damit ja jeder sieht, wie ich mich freue. Auch dieses Gefühl, dass mit einem Mal 6000 Zuschauer jubeln und schreien, lässt einen noch höher fliegen und ist unvergesslich.

Irgendwann, nach einer gefühlten Ewigkeit, ging ich dann auch von der Bühne runter, Luft hatte ich, ehrlich gesagt, auch keine mehr zum Herumspringen. Es kamen auch gleich meine Mannschaftskollegen angerannt zum Gratulieren, und jeder versuchte, an mich ranzukommen.

Die kurze Zeitspanne bis zur Siegerehrung erlebte ich wie in einem Traum. Ich weiß nicht mehr, wie viele Menschen mir gratulierten, mir auf die Schulter klopften, mir die Hand schüttelten. Einer von denen, die auf mich zutraten, hatte allerdings anderes im Sinn: Er war von der Anti-Doping-Agentur und teilte mir mit, dass ich in Kürze eine Kontrolle hätte, was ich auch gleich auf einem Formular, dass er mir hinhielt, bestätigen musste. Was ich in diesem Moment nicht realisierte: Zwischen meiner Unterschrift und der Kontrolle gab es nur einen ganz geringen Zeitrahmen. Wäre der überschritten worden, hätte ich sogar disqualifiziert werden können.

Ein wenig hatte ich mich wieder beruhigt, als die Siegerehrung anstand, jedenfalls hatte ich mit diesen unkontrollierten Springbewegungen aufgehört. Dann, als wir drei Medaillengewinner: Jewgeni Tschigischew, Viktors Ščerbatihs und ich, uns hinter dem Siegertreppchen aufstellen sollten, durchfuhr mich ein Schreck: Susann!

Ihr Foto!

Ich hatte es noch im Aufwärmbereich in der Sporttasche und hätte in dem ganzen Trubel und der Aufregung beinahe vergessen, dass sie doch mit dabei sein musste, denn schließlich hatte ich die Goldmedaille für sie gewonnen. Ich wollte noch einmal nach hinten gehen und das Bild holen. Doch die Wettkampfleitung ließ mich nicht mehr, die Siegerehrung würde gleich losgehen. Ich konnte noch unserem Physio Damiano zurufen, er solle es mir bitte holen. Er verschwand nach hinten und drückte mir wenig später Susanns Foto in die Hand.

Und dann klang mein Name aus den Lautsprechern, ich stieg auf das Siegertreppchen, eingerahmt zwischen Jewgeni Tschigischew und Viktors Ščerbatihs, und bekam die Goldmedaille umgehängt. Die deutsche Nationalhymne wurde gespielt, ich sang mit und riss dabei die Arme in die Höhe. Immer wieder musste ich den Kopf schütteln, weil ich es nicht fassen konnte. Ich war so glücklich, und dann war doch immer wieder der Schmerz da, dass Susi nicht hier war.

Als ich vom Siegerpodest runterstieg und den davor wartenden Pressefotografen meine Goldmedaille hochhielt, riefen sie mir (in allen möglichen Sprachen) zu: »Das Foto, das Foto!«

Ein unglaubliches Blitzlichtgewitter ging los, und ich ahnte in diesem Moment nicht, was diese Geste, die bei der Siegerehrung eigentlich nur meiner verstorbenen Frau zugedacht war, in den nächsten Tagen, Wochen und Monaten alles auslösen sollte.

WIE FREUNDE UND VERWANDTE MEINEN SIEG ERLEBTEN

MEIN TRAINER FRANK MANTEK

Wenn ich meine Eindrücke zu der Leistung von Matthias bei den Olympischen Spielen in Peking beschreiben soll, muss ich hinsichtlich seiner Leistungsentwicklung, die er während unserer Zusammenarbeit vollzogen hat, einige Fakten vorausschicken. Bis zum Beginn der unmittelbaren Olympiavorbereitung im Januar 2008 erarbeiteten wir uns ein Leistungsvermögen von 430 Kilo im Zweikampf. Im Olympiajahr 2008 bestritten wir für den finalen Wettkampf in Peking insgesamt drei wichtige Vorbereitungswettkämpfe. Bei seinem ersten internationalen Auftritt für Deutschland, den wir zielgerichtet zum vorolympischen Testturnier Ende Januar in Peking geplant hatten, absolvierte er 423 Kilo im Olympischen Zweikampf und konnte sich zur Siegerehrung erstmals die deutsche Nationalhymne anhören. Damit wurde in der Olympiastadt 2008 ein Siegeszug eingeleitet, dessen Kreis sich sieben Monate später an exakt der gleichen Stelle schließen sollte. In psychologischer Hinsicht konnten wir uns keine bessere Ausgangsposition schaffen.

Zu den Europameisterschaften, die Ende April in Lignano Sabbiadoro stattfanden, steigerte er diese Leistung um 23 Kilo auf 446 Kilogramm. Anfang Juli durchbrach er zum letzten Olympiatestwettkampf in Heidelberg mit 451 Kilo erstmals jene Schallmauer, die im Superschwergewicht etwas ganz Besonderes darstellt. Sieben Wochen später, bei seinem Olympiasieg, sollten dann weitere 10 Kilo auf 461 Kilogramm im Zweikampf folgen. Diese kontinuierliche Leistungsentwicklung ist auf viele einzelne Faktoren zurückzuführen, die in der Summe zu diesem Ergebnis geführt haben. Dazu gehörten neben den gravierenden technischen Verbesserungen, die wir gemeinsam in unserer über dreijährigen Zusammenarbeit erreicht hatten, auch ein trainingsmethodisches Gesamtkonzept, welches in der Vorbereitung dieses Hauptwettkampfes perfekt aufgegangen war. Den psychologisch-pädagogischen Aspekt, das Wie im Miteinander, die Fragen der Motivationsfähigkeit und die besondere Persönlichkeitsstruktur des Matthias Steiner möchte ich in diesem Zusammenhang nur der Vollständigkeit halber erwähnen.

Diese Olympiavorbereitung mit Matthias kann ich heute ohne Wenn und Aber als mein Meisterstück in meiner nun fast 20-jährigen Trainerlaufbahn bezeichnen. Es war auch deshalb eine nahezu perfekte Vorbereitung, weil auf der einen Seite ein Athlet stand, der alle notwendigen Voraussetzungen für außergewöhnliche Leistungen mitbrachte, und auf der anderen Seite ein reifer Trainer, der es verstand, diese Eigenschaften optimal zu kanalisieren.

Wenn ich den Olympiasieg von Matthias mit ein wenig Abstand aus heutiger Sicht bewerte, möchte ich neben den angeführten Fakten insbesondere auf die Europameisterschaft 2008 in Lignano Sabbiadoro eingehen. Matthias ist dort zum ersten Mal nach einer fast dreijährigen internationalen Wettkampfpause, die durch das laufende Einbürgerungsverfahren notwendig war, auf seine wichtigsten Hauptkonkurrenten des späteren olympischen Wettkampfes getroffen. Mit einem unglaublichen Wettkampf und einem kompletten Medaillensatz hat er hier nicht nur eine eindrucksvolle Duftmarke hinterlassen, sondern seinen Mitkonkurrenten überaus deutlich gezeigt, dass in Peking die Vergabe der Medaillen nur über ihn laufen kann. Nicht nur, *dass* er sechs von sechs Versuchen gültig zur Hochstrecke gebracht hat, sondern *wie* er das gemacht hat, war eine entscheidende Komponente, die uns für die Taktik beim Zielwettkampf in Peking einen wichtigen Vorteil bringen sollte.

In Lignano Sabbiadoro absolvierte Matthias alle sechs Versuche und vor allem seine letzten Versuche im Reißen und Stoßen mit einer derartigen Souveränität, dass alle seine Konkurrenten und deren Trainer beim besten Willen nicht einschätzen konnten, wo bei Matthias die Grenzen liegen könnten, wenn er in Peking so richtig »von der Leine« gelassen würde. Unmittelbar nachdem Matthias seinen letzten Versuch im Stoßen in einer absoluten technischen Perfektion und mit einer unglaublichen Leichtigkeit gültig nach oben befördert hatte, entstand in meinem Kopf ganz spontan ein Gedanke, der uns für unsere spätere Strategie zur Anmeldung der Anfangsversuche bei den Olympischen Spielen von großer Bedeutung sein sollte. In unserer Sportart müssen die Anfangsgewichte für das Reißen und das Stoßen zum Wiegen der Athleten, zwei Stunden vor der ersten Hebung, dem Wettkampfbeginn, angemeldet werden.

Neben dem Wettkampf dieser Europameisterschaften absolvierten wir elf Wochen später, am 5. Juli in Heidelberg, den letzten Test. Wir hatten dazu die Olympiamannschaften von Frankreich und Spanien eingeladen, um diesem sehr wichtigen Highlight den entsprechenden Rahmen zu geben. Auch bei diesem Wettkampf präsentierte sich Matthias in ausgezeichneter Form und absolvierte wiederum sechs gültige Versuche. Dabei durchbrach er mit 201 Kilo erstmals die 200-Kilogramm-Grenze im Reißen und stieß erstmals 250 Kilogramm. Im Zweikampf ergab dies die neue persönliche Bestleistung von 451 Kilogramm. Selbstverständlich stellten wir die Videos dieser Veranstaltung umgehend ins Internet. Schließlich sollten unseren Gegnern die Bilder der weiteren Leistungssteigerung von Matthias schnellstmöglich zur Verfügung stehen.

Nun war die Zeit reif, der Öffentlichkeit mitzuteilen, wie sich unsere Motivation und gemeinsame Zielstellung im Laufe der Olympiavorbereitung weiter entwickelt hatte. Aus der »Operation Medaille« wurde die »Operation Goldmedaille«. Leider mussten wir feststellen, dass zu diesem Zeitpunkt dieser Schrei nach der Goldmedaille in Peking bei den Medien nicht jenes Gehör fand, welches wir uns vorstellten. Dieses Desinteresse an uns änderte sich erst nach dem Olympiasieg.

Machen wir den gedanklichen Sprung nach Peking. Die Gewichtheberhalle war am Tag von Matthias' Wettkampf mit 6000 Zuschauern bis auf den letzten Platz belegt. Für Matthias waren dies jene Voraussetzungen, die er für das Abliefern von außergewöhnlichen Leistungen unbedingt benötigt. Die Vorstellung, dass neben den live anwesenden Zuschauern in der Wettkampfhalle, von denen für ihn viele von großer Bedeutung waren, auch Millionen von Zuschauern an den Fernsehgeräten »bei seiner Show« dabei sein werden, ist genau das, was diesen Athleten unglaublich motiviert. Besonders unter solchen Bedingungen ist er in der Lage, Leistungen zu erbringen, die auch mich als Trainer immer wieder in Erstaunen versetzen. Ich kann heute immer noch nicht sagen, wie groß der Druck für Matthias in einem Wettkampf sein muss, dass es zu viel wird. Dieses Phänomen ist eine Eigenschaft, die man erleben muss. Man kann sie nur schwer beschreiben. Hätten die Olympischen Spiele ohne Zuschauer und ohne dieses öffentliche Interesse stattgefunden, wäre diese außergewöhnliche Leistung an jenem unvergessenen Dienstagabend in Peking mit großer Wahrscheinlichkeit in dieser Form nicht möglich gewesen.

Nun zum Wettkampf selbst. Ich meldete für Matthias zum Wiegen seiner Veranstaltung für die jeweils ersten Versuche 195 Kilo im Reißen und 250 Kilo im Stoßen an. Bei einer normal verlaufenden Erwärmung von Matthias war geplant, im Reißen dann etwas höher einzusteigen und im Stoßen selbstverständlich etwas niedriger. Diese Vorgehensweise war bewusst geplant, denn wir wollten unsere Gegner so lange wie möglich über unser taktisches Konzept im Unklaren lassen. Da im Gewichtheben ein Sportler für eine Teildisziplin jeweils nur drei Versuche hat, sind das Taktieren und die Festlegung der Anfangsversuche von großer Bedeutung. Deshalb versuchte ich, auch rückblickend auf die geschilderte Europameisterschaft, besonders im Stoßen mit der sehr hohen Anfangsmeldung von 250 Kilo (Matthias hatte diese Last ja offiziell erst einmal in seinem Leben, sieben Wochen vor Olympia bei dem Turnier in Heidelberg, zur Hochstrecke gebracht) unsere Gegner zu beeindrucken und sie über das wahre Leistungsvermögen von Matthias weiter im Unklaren zu lassen.

Seine beiden Hauptgegner, Jewgeni Tschigischew aus Russland und der Lette Viktors Ščerbatihs, meldeten für das Stoßen jeweils 10 Kilo weniger. Nachdem wir dann wie geplant im Reißen die Anfangslast von 195 Kilogramm noch um 3 Kilo steigerten und Matthias diese Last auch noch sehr souverän bewältigte, konnte keiner von unseren Kontrahenten davon ausgehen, dass wir später im Stoßen das Anfangsgewicht reduzieren würden. Außerdem bewirkte die Anfangsmeldung von 250 Kilo, dass Matthias im Stoßen als letzter Athlet starten würde.

Für den Wettkampf brachte uns das entscheidende Vorteile, denn ich als Trainer hatte damit die Möglichkeit, die als Eingangslast gemeldeten 250 Kilo erst dann zu reduzieren, wenn die gesamte Konkurrenz ihren ersten Versuch bereits absolviert und den zweiten schon angemeldet hatte. Das Reißen begann, und der Koreaner Jeon, den ich zunächst durchaus mit auf der Rechnung hatte, scheiterte dreimal an 195 Kilo und war damit nicht nur aus dem Wettbewerb ausgeschieden, sondern auch geistig bei mir abgehakt. Matthias brachte, wie schon erwähnt, die 198 Kilo zur Hochstrecke, ebenso Ščerbatihs.

Tschigischew riess gleich in seinem ersten Versuch gültige 200 Kilo. Für Matthias' zweiten Versuch hatte ich 203 Kilo gemeldet, die er auch problemlos nach oben brachte und somit die erste neue Bestleistung in diesem Fight aufstellte. Der Lette zog wiederum gleich, ebenso der Ukrainer Artem Udatschyn, der jedoch später im Stoßen keine Rolle mehr spielen sollte. Von dem Russen wussten wir, dass er ein sehr starker »Reißer« war, und so kam es dann auch. Zweiter Versuch Tschigischew, 205 Kilo, gültig. Im dritten Versuch setze sich Ščerbatihs mit gültigen 206 Kilo an die Spitze des Feldes, von der er im darauffolgenden Versuch von Udatschyn um ein Kilo verdrängt wurde.

Nun waren wir mit unserem dritten Versuch an der Reihe. Lange hatte ich überlegt, ob 206 oder 207 Kilo die bessere Variante war. Nach kurzer Rücksprache mit Matthias, was in solchen Momenten ohne viele Worte, manchmal sogar nur über den Blickkontakt erfolgt, meldete ich letztendlich 207 Kilo. Matthias betrat die Heberbühne voller Selbstbewusstsein und war innerlich überzeugt, auch diesen Versuch gültig zu gestalten. Vom technischen Gesichtspunkt aus verlief auch in diesem

Versuch alles optimal, jedoch lockerte sich sein Griff der rechten Hand in der höchsten Beschleunigungsphase der Hantel minimal. Das hatte zur Folge, dass auch beim Fixieren der Hantel über dem Kopf die rechte Seite einknickte und die Hantel so Matthias beim Herabfallen leicht im Genick traf.

Für die Zuschauer und alle Beobachter, die nicht aus unserer Branche kamen, sah das ziemlich schmerzhaft aus, und nicht wenige machten sich Sorgen, ob er sich dabei nicht auch verletzt hatte. In der Sekunde, als wir mit Matthias hinter der Bühne versuchten, die Ursache dieser Fehlhebung zu analysieren, baute der Russe Tschigischew mit gültigen 210 Kilo im Reißen seine Führung gegenüber Matthias auf sieben Kilogramm aus. Dazu kam noch ein Kilogramm, welches aus dem geringeren Körpergewicht von Tschigischew gegenüber Matthias resultierte.

Nach dem Reißen lag Matthias, der sich sehr lange über seinen letzten Versuch ärgerte, nun auf dem vorläufigen vierten Platz. Mich störte das nicht weiter, denn ich war von seinen Stoßqualitäten derart überzeugt, dass ich nach wie vor unseren Olympiasieg fest im Auge behielt. Schließlich wusste auch zu diesem Zeitpunkt noch keiner unserer Gegner, mit welcher Taktik wir den weiteren Wettkampf angehen werden und was Matthias im Stoßen tatsächlich »auf dem Kasten« hat.

In diesem Zusammenhang muss ich auch erwähnen, dass es bei solchen Events immer viel schwerer ist, von vorn zu heben, als von hinten zu jagen. Auch solch eine Erfahrung hatte ich persönlich bei Olympischen Spielen schon erlebt. 1996 in Atlanta führte mein Athlet Ronny Weller nach dem Reißen den Wettkampf an und verteidigte diese Führung bis zu seinem letzten gültigen Versuch im Stoßen. Leider kam dann, kurioserweise auch ein Russe, mit dem letzten Versuch auf die Bühne und wurde mit einer unglaublichen 10-Kilogramm-Steigerung Olympiasieger.

Vor Beginn des zweiten Teils unseres Wettkampfes versuchte ich Matthias diese meine innere Überzeugung dahingehend zu vermitteln, dass ich ihn an unsere zahlreichen vorbereitenden Wettkampfanalysen erinnerte. Wir wussten beide und hatten uns innerlich darauf eingestellt, dass wir nach dem Reißen mit großer Wahrscheinlichkeit nicht in Führung liegen werden. Schließlich kam unser Hauptgegner Tschigischew mit einer Bestleistung von 211 Kilo im Reißen nach Peking. Dies waren immerhin 10 Kilo mehr wie jene von Matthias mit 201 Kilo. Die nun schon zum zweiten Mal genannten 10 Kilogramm sollten später noch eine sehr große Bedeutung bekommen.

Ich erkannte in den kurzen Dialogen mit Matthias, dass es ihm unglaublich schwerfiel, diesen Frust des ungültigen Versuches abzuschütteln. Natürlich habe ich gerade bei ihm großes Verständnis für diese Reaktion, denn er ist ein Mensch, bei dessen Steuerung Emotionen eine herausragende Rolle spielen. Von diesem Umstand geprägt, verlief auch die Erwärmung für das Stoßen. Selbstverständlich entging es auch nicht meinen Beobachtungen, dass der Kraftüberschuss sowie die sauberen technischen Abläufe und die damit verbundene Leichtigkeit in dieser Teildisziplin gerade an diesem Tag in dieser so wichtigen Situation fehlten. Ich versuchte dies so weit wie möglich in den Hintergrund zu drängen, denn ich war überzeugt, dass beim Betreten der Wettkampfbühne der alte Matthias wieder präsent sein würde. Während dieses Aufwärmens habe ich sehr bewusst sehr wenig mit ihm gesprochen, denn ich spürte, dass er eine gewisse Zeit brauchte, um sich selbst wieder »einzuholen«, seine Konzentration wiederzufinden. Auch dass er seinen letzten Warmmachversuch von 240 Kilo ungültig gestaltete, brachte mich in keinster Weise aus der Fassung. Ich musste ihm in dieser psychologisch sehr schwierigen Situation Stärke und Selbstvertrauen vorleben.

Der Russe Tschigischew führte also mit 210 Kilo nach dem Reißen. Udatschyn aus der Ukraine belegte mit 207 Kilo den zweiten Platz. Der Lette Ščerbatihs war mit 206 Kilo Dritter und Matthias mit 203 Kilo Vierter. Das hieß, dass Matthias unter der Beachtung des Körpergewichts gegenüber dem Russen 8 Kilo, gegenüber dem Ukrainer 5 Kilo und gegenüber dem Letten 4 Kilo aufholen musste.

Schnell stellte sich heraus, dass der Ukrainer Udatschyn nach nur gestoßenen 235 Kilo bei der Vergabe der Medaillen keine Rolle mehr spielen sollte. Die Sache lief dann ab wie geplant – dachte ich zumindest: Nachdem die beiden Hauptgegner ihren ersten Versuch im Stoßen hinter sich hatten (Tschigischew 240 Kilo, Ščerbatihs 242 Kilo) und der Trainer von Ščerbatihs einen folgenschweren Fehler beging (er verpasste die rechtzeitige Steigerung für seinen zweiten Versuch und bekam diesen durch Nichtantreten ungültig), reduzierte ich die Anfangsmeldung für Matthias von den genannten 250 Kilo auf 246 Kilo und rechnete fest damit, dass Matthias diese Last bewältigen würde und so bereits Bronze sicher hätte. Was sollte auch passieren? Er hatte die 246 Kilo schon in Lignano Sabbiadoro gestoßen und dann 250 Kilo in Heidelberg. Für mich war klar: Der geht raus, ist voller Adrenalin und hämmert die Hantel nach oben.

Nun ereignete sich etwas, was ich persönlich überhaupt nicht auf dem Zettel hatte. Bei allen taktischen Varianten, die ich im Vorfeld dieses Wettkampfes Hunderte Male gedanklich durchgespielt hatte, war eine Situation niemals vorgekommen. Dass Matthias den ersten Versuch, egal mit welcher Last, nicht gültig gestalten würde, war ausgeschlossen. Nein, nichts von alledem! Zu meinem Entsetzen brachte Matthias das Gewicht zwar nach oben, bekam es aber dort nicht unter Kontrolle und stapfte damit auf die Kampfrichter zu, bis er es dann schließlich am Ende der Plattform, welche die Maße von 4 mal 4 Metern hat, nach hinten abwerfen musste. Schlagartig begann ich fieberhaft darüber nachzudenken, wie wir den Wettkampf taktisch nun fortführen wollten. Dafür hatte ich, das besagen die Regeln in unserer Sportart, maximal 30 Sekunden Zeit, um das Gewicht für den zweiten Versuch anzumelden. Ich glaube, es waren die schnellsten und wichtigsten 30 Sekunden in meinem Trainerdasein, die ich je erlebt habe. Noch einmal 246 Kilo? Oder steigern? Und um wie viel?

In meinem Kopf drehte sich alles, und das in einer Geschwindigkeit, die ich nicht beschreiben kann. Ich entschied mich für 248 Kilo, denn es kam uns ein glücklicher Umstand zu Hilfe, der uns vom russischen

Betreuerteam um ihren Cheftrainer David Rigert quasi auf dem »Silbertablett« präsentiert wurde. Der führende Russe Tschigischew meldete für den zweiten Versuch 247 Kilo. Eine bessere Entscheidung konnte er damit für uns nicht treffen. Matthias, dessen Puls nach diesem nicht endenden, am Ende dann doch ungültigen ersten Versuch extrem hoch war, bekam dadurch jene Erholungszeit, die notwendig war, zu seinem zweiten Versuch entsprechend »runtergefahren« wieder an die Hantel zu gehen.

Warum die Russen diesen taktischen Weg wählten, ist mir bis heute ein Rätsel. Tschigischew stieß diesen zweiten Versuch gültig und hatte zu diesem Zeitpunkt somit 457 Kilo im Olympischen Zweikampf. Nun betrat Matthias die Bühne zu seinem zweiten Versuch. Der Druck, der in diesem Moment auf ihm lastete, war immens. Ich versuchte ihn dahingehend zu beeinflussen, dass er technisch so perfekt wie möglich heben sollte. Solche Versuche sind nicht allein mit Kraft zu bewältigen. Dazu gehört eine Mischung von absolutem Willen, Selbstvertrauen und eben der notwendigen Technik.

Auch mein Körper erhielt nun eine Anspannung, wie ich sie selten erlebt hatte. Ich weiß nicht, warum, aber ich war zutiefst überzeugt, dass Matthias sich die Chance einer Olympischen Medaille in diesem Moment von niemandem hätte nehmen lassen. Meinen Herzschlag fühlte ich nicht dort, wo er hingehörte, sondern an jeder Stelle meines Körpers. Zu meiner und vieler anderer Beruhigung gestaltete Matthias diesen Versuch unter größter Kraftanstrengung gültig und war mit 451 Kilogramm zu diesem Zeitpunkt Zweiter.

Jetzt begann jene Phase des Wettkampfes, die für alle Beteiligten als die entscheidende zu bezeichnen ist. Die Trainer und ihre Betreuer belauerten sich gegenseitig. Keiner wollte die Karten aufdecken, was er mit seinem letzten entscheidenden Versuch vorhat. Jetzt überschlugen sich die Ereignisse. Tschigischew steigerte um weitere 3 Kilo auf 250 Kilogramm, eine Last, die er bis dahin noch nie bewältigt hatte. Auch diesen Versuch meisterte er gültig und hatte somit 460 Kilo im Olympischen

Zweikampf als Endresultat. Ab jetzt hatte er auf den weiteren Wettkampfverlauf keinerlei Einfluss mehr. Wir warteten weiter ab, denn der letzte Versuch der Veranstaltung, mit dem wir Olympiasieger werden wollten, musste uns gehören. Der Lette brauchte, um Olympiasieger zu werden, 255 Kilo, Matthias sogar 258 Kilo. Und dann passierte etwas, was ich nicht ganz verstand: Šcerbatihs ließ 257 Kilo auflegen, also zwei Kilo mehr, als er brauchte, um den Russen zu schlagen. Ich denke mal, er wollte sich damit zusätzlichen Spielraum verschaffen, um nicht doch noch auf der Zielgeraden von Matthias geschlagen zu werden.

Šcerbatihs setzte diese 257 Kilo relativ gut um, scheiterte jedoch im Ausstoßen an dieser Last. Nun war eine Situation entstanden, von der Matthias und ich in vielen Gesprächen, ob im Trainingslager, im Auto oder auch auf der Anreise nach Peking, geträumt hatten. Matthias hat Silber sicher und noch einen Versuch für die Goldmedaille. Spätestens jetzt war allen Beteiligten endgültig klar: Matthias muss diese besagten 258 Kilo gültig zur Hochstrecke bringen, um die Wettkampfbühne als Sieger zu verlassen. Dazu war eine für diesen Tag und diesen Wettkampfverlauf »unverschämte« Steigerung von 10 Kilo notwendig.

In der Halle brach ein Raunen aus, weil kaum jemand außer Matthias, meinem Kotrainer Michael Vater und mir, es für möglich hielt, dass Matthias diese Last nach oben befördern könnte. Unmittelbar bevor Matthias aufgerufen wurde, kreuzten sich unsere Blicke ein letztes Mal. Vor mir stand ein entschlossener Athlet mit breiten Schultern, großen Träumen und leuchtender Zukunft. Ich war mir sicher, dass er gleich die Treppe zur Bühne hochgehen würde, um das mit aller Entschlossenheit umzusetzen, wovon wir immer geträumt hatten. Olympiasieger und der stärkste Mann der Welt, mehr geht in unserer Sportart nicht. Mit entschlossenem Blick waren meine letzten Worte an ihn: »Mach jetzt das, was ich dir beigebracht habe! Du schaffst das!« Und dann habe ich nur noch dagestanden und kaum noch zu atmen gewagt vor Spannung.

Matthias setzte die Hantel, technisch nicht perfekt, aber mit allen Tugenden, die ihn auszeichnen, vor allem Kampf und Beinkraft, gut um und stand damit aus der Hocke auf. Nun war der Augenblick da, wo du als Trainer das Luftholen vergisst und glaubst, dass dein Blutkreislauf zum Stehen gekommen ist. Immer wieder hatte ich Matthias eingebläut, dass das Ausstoßen die ganz entscheidende Komponente für einen erfolgreichen Wettkampf ist, und ihn in den Monaten zuvor gerade in dieser Teildisziplin immer wieder angetrieben. Ob es zahlreiche gegen ihn verlorene Wetten waren, denn er hatte meine Vorgaben oft überboten, oder das Immer-wieder-Feilen an Details der Technik, es sollte sich nun auszahlen. Dieser unglaubliche Athlet mit einer Willenskraft, die nicht zu beschreiben ist, machte mit dem gültigen Ausstoß sich selbst zum Olympiasieger und stärksten Mann der Welt. Für mich war er damit nicht nur der Champion im Superschwergewicht, sondern der König von Peking und der gesamten Olympischen Spiele 2008. Diese Energieleistung ist etwas Einzigartiges, und jeder, der in der Halle live dabei sein durfte, insbesondere seine Eltern, werden es ebenso empfunden haben. Leider war ein Mensch nicht dabei, dem ich es auch von ganzem Herzen gewünscht hätte. Das Bild mit seiner verstorbenen Frau ging um die Welt, und ich glaube, auch das haben er und sie mehr als verdient.

Wenn ich an diesen auch für mich unvergessenen 19. August 2008 in Peking zurückdenke, erinnere ich mich auch sehr gerne an jene Bilder, als ich Matthias auf der Olympiabühne als Erster, für die ganze Welt sehr emotional sichtbar, gratulierte und ihn herzlich umarmen konnte. In diesem Moment war unsere »Operation Goldmedaille« vollbracht, und es entlud sich eine Freude, die keine Grenzen kannte. Wenige Tage später, noch in Peking, fing ich an zu realisieren, welche Bedeutung dieser Olympiasieg in der Öffentlichkeit verursachte. Obwohl die Goldmedaille von Matthias bereits die 112. internationale Medaille war, die ich mit meinen Athleten in der Verantwortung als Bundestrainer bei Europa-, Weltmeisterschaften und Olympischen Spielen seit 1991 erringen konnte, war und bleibt dieses Ereignis für mich auf Lebenszeit unvergessen. Damit möchte ich die bis dahin gewonnenen Titel und Medaillen anderer Athleten in keinster Weise schmälern.

»Ein Ziel ist ein Traum mit Termin.« Unser Termin war der 19. August 2008 – unvergessen und für uns einzigartig. Danke, Matthias und danke an mein Betreuer- und Athletenteam.

Jetzt heißt es: »Working on a dream – London 2012 – wir schaffen das!«

MEINE ELTERN

Michaela Steiner: Um uns bis zur Veranstaltung abzulenken – in Peking fand ja der Wettkampf erst um 19 Uhr statt –, wollten wir das große Stadion, das sogenannte »Vogelnest«, aus der Nähe sehen. Wir fuhren mit der U-Bahn dorthin, doch da standen bereits gefühlte 100 000 Leute in einer Schlange an, und wir wollten es uns dann doch nicht antun, uns auch noch da einzureihen.

Stattdessen unternahmen wir einen Rundgang durch die Stadt und fuhren am Nachmittag zur Gewichtheberhalle. Dort angekommen, machte uns das Wissen, dass da hinter diesen Mauern bald der eigene Sohn Mittelpunkt einer Großveranstaltung sein würde, sehr nervös. Wir gingen auf dem Gelände spazieren und wollten eigentlich nichts hören und sehen.

Als wir dann in die riesige Halle traten, sahen wir darin fast nur Chinesen sitzen. Aber in der Nähe unserer Sitzplätze wurde deutsch gesprochen. Das waren einige Kollegen und Fans von Matthias aus seinem Chemnitzer Verein.

Fritz Steiner: Ich musste noch kurz in die »Keramikabteilung«, und auf dem Weg dorthin standen chinesische Volontärinnen, die Prospekte verteilten. Als sie mich Europäer sahen, fragten sie mich freundlich, ob sie mir was aufkleben dürften. Klar hatte ich nichts dagegen, und ganz schnell hatte ich die chinesische Flagge auf meiner Stirn kleben. »Na, vielleicht bringt's ja Glück«, dachte ich.

Michaela Steiner: Die Veranstaltung begann, und die Wettkampfteilnehmer wurden vorgestellt. Bei jedem Athleten – ob aus Russland, Polen, Lettland – applaudierten die Chinesen, als wären es Landsleute, bloß als unser Sohn rauskam, klatschten nur wir und ein paar Zuschauer. Die Begeisterung für Matthias hielt sich bei den Menschen im Saal in Grenzen. »Na gut«, dachten wir, »dann müssen halt wir umso lauter sein!«

Fritz Steiner: Die 198 Kilo im Reißen waren perfekt gelungen, die 203 Kilo genauso, und als Matthias dann die 207 Kilo vor sich liegen hatte, dachte ich, dass das möglicherweise doch zu viel sein könnte. Und leider hatte ich recht. Doch die 203 Kilo brachten Matthias ja erst mal auf Rang vier, und jetzt hieß es abwarten, was das Stoßen bringen wird.

Michaela Steiner: Als ich Matthias beim Stoßen mit den 246 Kilo über dem Kopf marschieren sah, da hab ich ihm laut zugerufen: »Bleib stehen, bleib stehen!«, doch zugleich wusste ich, dass er mich ja nicht hören kann und dass das auch gar nichts nützen wird. Ich war in meinem Leben durch meine beiden Männer schon bei vielen Veranstaltungen mit dabei gewesen und kann daher jeden noch so kleinen Fehler sofort erkennen.

Fritz Steiner: Die 2 Kilo Steigerung auf 248 Kilo im Stoßen mussten auf der einen Seite Matthias ein gültiges Ergebnis im Stoßen bringen und auch sein Zweikampfergebnis absichern, doch auf der anderen Seite hat genau das seine Gegner wiederum verunsichert. Sie mussten sich fragen: Was ist da bei dem noch drin? Wie weit geht er? Matthias war der letzte Athlet, der den dritten Versuch zur Hochstrecke bringen musste. Im Vorfeld hatte ich schon mit Peter Lauterer gemutmaßt, dass für einen Sieg um die 460 Kilo im Zweikampf notwenig sein werden, und wir sollten recht behalten. Über 50 Jahre Erfahrung in dieser Sportart lassen einen halt vieles realistischer sehen, aber trotzdem nicht weniger emotional.

Michaela Steiner: Endlich war es so weit. Matthias trat zu seinem letzten, alles entscheidenden Versuch an. Im Umkreis unserer Sitzplätze hatten die Zuschauer seit seinem ersten Versuch im Stoßen irgendwie herausbekommen, dass wir die Eltern von Matthias sind, und mit einem Mal haben sie unseren Sohn mit unterstützt. Sie applaudierten, sie feuerten ihn an und immer wieder lächelten sie zu uns herüber.

Fritz Steiner: 460 Kilo hatte der Russe bereits erreicht, also brauchte ich nicht lange zu überlegen, um zu wissen, dass Matthias 258 Kilo für den dritten Versuch auflegen wird. Klar hat er noch nie so viel raufgebracht, aber er musste in genau diesem Moment alles auf eine Karte setzen. Silber hatte er ja schon sicher! Das konnte ihm niemand mehr wegnehmen, und er hatte ja noch die eine Chance auf Gold. Alle Szenarien spielte ich in den wenigen Minuten vor dem entscheidenden Versuch durch. Im Geiste sprach ich mit meinem Sohn: Matthias, verfall nicht in das alte Muster – mach das, was du die ganzen letzten Jahre gelernt hast. Setz es um!

Und als er mit vorgeschobener Unterlippe an die Hantelstange ranging, da dachte ich mir: Das kann's sein! Der packt das! Er blieb sogar länger als sonst in der Hocke, was ihn Kraft kostete, denn der Schwung, der aus der Bewegung kommt, der geht dabei verloren. Umso mehr musste er sich den notwendigen Schwung aus seinen Beinen holen. Er stand! Gut, Matthias, sehr gut, dachte ich mir. Jetzt rauf und durchstrecken, ja nicht den kleinsten Fehler machen! Wie er dann die 258 Kilo oben fixiert hatte, wusste ich: Er hat's. Mein Bub hat es geschafft! Zugleich sagte ich mir: Ein paar Sekunden musst du noch warten, erst wenn das weiße Licht leuchtet, dann bist du Olympiasieger. Die Halle tobte und trotzdem hörte ich das akustische Signal und sah, wie Matthias sich über seine Hantel warf. Mein Bub hat die Goldmedaille! Ich wär beinah geplatzt vor Freude und Stolz.

Michaela Steiner: Als ich sah, dass er diese 258 Kilo hält, als ich sah, wie er mit seinem Trainer auf der Bühne rumtanzte, habe ich vor Freude geheult! Mein Herz klopfte wie verrückt und ich wollte nur eines: zu unserem Sohn rennen und ihm gratulieren.

Bei der Siegerehrung sah ich dann, wie Matthias seine Mannschaftskollegen und seinen Trainer bat, ihm Susis Foto aus seiner Tasche zu holen, damit er es, wie auch in Lignano, mit auf das Siegespodest nehmen konnte. Da tat es mir so unendlich leid, dass ich nicht unten bei ihm sein konnte. Sein ganzes Leben war immer ein ewiges Auf und Ab. Ein Glück, ein Leid, ein Glück, ein Leid. Und jetzt dieser Sieg! Alles hat er seinem Ziel untergeordnet, und jetzt war er dort, wo er immer hinwollte. Höher hinauf geht nicht mehr!

Ich dachte an Susann und wie sehr sie sich jetzt gefreut hätte.

»Das kann's jetzt nicht sein, unser Bub ist Olympiasieger und wir dürfen gar nicht zu ihm hin?«, rief ich meinem Mann zu, denn rund um uns war es ziemlich laut. Von überall her kamen Zuschauer auf uns zu und gratulierten uns, und wir mussten ihnen auf ihre Eintrittskarten ein Autogramm geben. Wir, die stolzen Eltern des Olympiasiegers! Nur ihm selbst endlich gratulieren, das durften wir noch immer nicht.

Mein Mann und ich gingen von unseren Sitzplätzen in Richtung Seiteneingang, doch ein Hineinkommen war chancenlos. Überall standen Offizielle und versperrten höflich, aber bestimmt den Zutritt. Bis uns das ARD-Fernsehteam erkannte (das hat dann auch gleich alles exklusiv aufgenommen!) und uns in einem unbeobachteten Moment quasi »vorbeischleuste«. Endlich waren wir nur mehr durch eine Tür von Matthias getrennt. Hinter dieser Tür wurden die Dopingkontrollen durchgeführt. »Gleich ist er da«, sagte mein Mann ganz aufgeregt zu mir. Doch wie das so ist, solche Kontrollen können dauern, und da dachte ich an die Zeit, als er noch ein kleiner Bub war und wie alles begann. Ich sah ihn komischerweise nicht gewichtheben, ich sah ihn auf seiner Ziehharmonika spielen, und ich hörte ihn, wie er mir zurief: »Mama, komm rein ins Kinderzimmer, ich spiel und du dirigierst!«

Endlich kam Matthias verschwitzt, aber glücklich strahlend durch die Tür, und endlich konnten wir unseren Sohn umarmen und ihm gratulieren.

Oft werden wir gefragt, ob wir seit seinem Olympiasieg besonders stolz auf unseren Sohn sind. Nein, nicht anders, als wir es auch vorher schon waren.

MEINE SCHWESTERN

Sabine: Ich werde diesen Tag nie vergessen! Ich konnte mir leider nicht freinehmen, was ich gerne gemacht hätte, daher war ich arbeiten. Als Sprechstundenhilfe bei einem Arzt heißt es für mich immer ruhig und sachlich bleiben, doch dieser Nachmittag des 19. August ließ mir dazu keine Gelegenheit. Es im Fernsehen zu sehen ist ja schon aufregend genug, aber ohne TV, nur per Telefon die Infos zu bekommen, ist schlimm. Meine Tochter Sandra hat mich nach jedem Versuch telefonisch informiert, ich war total aufgeregt und wurde von Versuch zu Versuch nervöser. An normale Arbeit war während dieser Zeit kaum zu denken.

Nach seinem unglaublichen Sieg war ich den Tränen nahe, bin in der Ordination herumgesprungen und habe unendliche Freude und Erleichterung empfunden. Und ich wusste, dass mein kleiner Bruder endlich einen seiner Wahlsprüche Wirklichkeit werden ließ: »Träume nicht dein Leben, sondern lebe deinen Traum!«

Gabi: Ich war in meinem Friseurgeschäft und lief zwischendurch immer zu meinem Nachbarn, der in seinem Gasthaus den Wettkampf im Fernsehen verfolgte. Ich war im April ja bei Matthias' Europameisterschaftskampf in Lignano mit dabei gewesen, habe da vor Ort mit ihm mitgefiebert, doch zu seinem großen Kampf in Peking konnte ich leider nicht fahren. Gerne hätte ich an diesem Dienstagnachmittag mein Geschäft zugesperrt, doch einige Voranmeldungen machten meinen Plan zunichte. So war ich eben auf die nachbarschaftliche Hilfe angewiesen.

Von Versuch zu Versuch wurde ich nervöser und nervöser, ich war traurig, als er die beiden Fehlversuche machte, und als er die 258 Kilo fest oben halten konnte, da habe ich mich riesig für ihn gefreut. Gedanklich erfasst hatte ich den Olympiasieg damals noch nicht wirklich. Vor allem dachte ich zu diesem Zeitpunkt auch nicht, was das alles für meinen Bruder in Zukunft bedeuten und wie dieser Sieg sein Leben positiv verändern würde. Damals waren wir in der Familie nur froh für ihn, dass sein größter Wunsch in Erfüllung gegangen war.

RENÉ BOYER, OBMANN DES FANCLUBS

Schon Tage vor dem Wettkampf stand für uns vom Fanclub fest: Wir organisieren zur Live-TV-Übertragung am 19. August ein Public-Viewing im Gasthof »Oase am Teich« in Nexing, einem Nachbarort von Obersulz. Da die Veranstaltung am frühen Nachmittag stattfand, hatten sich viele unserer Clubmitglieder einen Urlaubstag genommen, um gemeinsam den Wettkampf zu verfolgen. Nach der überaus gelungenen Veranstaltung in Lignano bei der Europameisterschaft im April waren alle so begeistert von Matthias, von seinem Sport und auch von der Atmosphäre während des Kampfes, dass bis zu 50 Leute ihr Kommen zugesagt hatten. Für die notwendige Stimmung war also von unserer Seite aus gesorgt.

Dazu muss ich noch sagen, dass unser Club scherzhafterweise in zwei Kategorien eingeteilt ist: die Muppets (unsere »Oldies«), die Matthias und seine Eltern von klein auf kennen und von denen viele begeistert von Veranstaltung zu Veranstaltung mitreisen, und die Jungen, das sind alle die, die mit Matthias aufgewachsen sind, mit ihm die Schulbank gedrückt haben und die mit ihm schon so manchen jugendlichen Unsinn angestellt haben. Eine verschworene Truppe beinahe gleichaltriger Jungs und Mädels. Einige »neue« Freunde kamen durch Heirat dazu, aber das Ziel für alle, ob Alt oder Jung, ist gleich: Wir wollen unseren Matthias unterstützen und begleiten. Ob im Wettkampf oder im Leben.

So auch an diesem 19. August 2008. Von Anbeginn waren wir uns sicher: Egal, wie es ausgeht, wir wollen »live« mit dabei sein, wenn schon nicht direkt vor Ort. Als Erstes trudelten unsere »Muppets« ein, denn die meisten von denen waren in Rente und mussten nicht erst den Arbeitsschluss abwarten. Nach und nach füllten sich die Tische und Bänke vor der TV-Wand mit weiteren Mitgliedern, es wurde Essen und Trinken bestellt und auf die Fernsehübertragung gewartet.

Des einen Leid, des anderen Freud: Weil der deutsche Kunstturner Fabian Hambüchen sein Ziel, Olympiasieger zu werden, verfehlt hatte, schaltete der TV-Sender sofort und live von den Turnern auf die Gewichtheberveranstaltung um. Zu unserem Glück, denn kaum war man auf Sendung, kam auch schon Matthias ins Bild. Das erste große Hallo ging durch den Raum und alle starrten gespannt auf die Übertragung.

198 Kilo im Reißen war das Startgewicht, und offensichtlich ohne Probleme brachte Matthias die Hantel nach oben. Applaus von allen im Saal.

Als Nächstes die 203 Kilo. Auch dieses Gewicht – und unsere Profis wussten genau, dass Matthias noch nie so viel gehoben hatte – bereitete ihm keinerlei Schwierigkeiten, so hatte es zumindest den Anschein. Na also, der Wettkampf begann doch super für unseren Matthias!

Die aufgesteckten 207 Kilo im Reißen waren dann doch zu viel. Die Hantel rutschte ihm weg, traf ihn noch leicht, aber zum Glück hatte er sich nicht verletzt.

Die Mütter in unserem Fanclub konnten jetzt gar nicht mehr hinsehen. »Der arme Bub, der kann sich doch wehtun!«, riefen sie entsetzt aus, als sie die Hantel runterfallen sahen.

Die 203 Kilo brachten Matthias vorläufig nach dem Reißen auf den – undankbaren – vierten Platz.

Ich muss erwähnen, dass einige Mitglieder vom Fanclub sich perfekt mit dem Reglement auskennen, andere hingegen saßen nur da und sahen: Es klappt oder es klappt nicht. Die kannten nicht die Feinheiten, aber das tat der Begeisterung für Matthias und seinen Sport keinen Abbruch, sondern entfachte immer hitzige und auch witzige Diskussionen.

Ich weiß zum Beispiel, dass seine Lieblingsdisziplin sowieso das Stoßen ist, und ich war mir ganz sicher, dass er beim ersten Versuch die 246 Kilo sicher zur Hochstrecke bringen würde. Doch nein, wir konnten gar nicht hinschauen, als er auf der Bühne zu Marschieren anfing und die Hantel schließlich nach hinten runterwarf. »Meine Güte, der hat sich sicher beim letzten Versuch im Reißen verletzt«, wurde beinahe von allen befürchtet.

Jetzt war eine Situation eingetreten, von der uns Frank Mantek später erzählte. Er hatte im Vorfeld bei all seinen taktischen Überlegungen jede Möglichkeit durchgespielt, nur eine einzige nicht: nämlich die, dass Matthias im ersten Versuch beim Stoßen versagt! Alles, nur das nicht.

Die Stimmung im Gastraum war getrübt. »Armer Matthias«, sagten die einen.« – »Ach, du packst das!«, riefen ihm die anderen im Raum zu, als könnte er die Aufmunterung hören.

»Und, was macht er jetzt? Wie geht es weiter?«, fragten wieder andere im Raum diejenigen, von denen sie wussten, dass sie sich auskennen.

»Ganz einfach, entweder er hebt noch einmal 246 Kilo, oder er geht sogar ein wenig mit dem Gewicht rauf!«, beantworteten unsere »Profis« die Frage.

Letzteres traf zu. Frank Mantek ließ für den zweiten Versuch 2 Kilo mehr auflegen, und dieses Mal sah es so aus, als würden Matthias diese 248 Kilogramm gar nichts ausmachen! Souverän stemmte er die Hantel nach oben.

Als dann der dritte Versuch seines lettischen Rivalen ungültig gegeben wurde, sprangen wir alle von unseren Plätzen auf und tanzten herum, denn eines war jetzt schon klar: Matthias hat die Silbermedaille sicher!

Meine Güte, das gibt ein Fest, wenn der wieder heimkommt! Eine Silbermedaille, eine Silbermedaille! Alle freuten sich riesig für ihn.

Doch wenig später blickten wir fassungslos auf den Bildschirm. »Steiner, Matthias, 258 Kilogramm«, stand da zu lesen.

»258 Kilo? Ist der wahnsinnig?«, fragten die einen.

»Jetzt will er's wissen!«, grinsten andere.

Ein Lachen ging durch den Raum, als wir den Blick von Matthias sahen, mit dem er die Hantel entlangschritt. Die Unterlippe nach vorne gewölbt, grad so, als wollte er mit der Hantel eine Wette abschließen: Dich bring ich hoch, und du hast schon verloren! Ich kenne Matthias seit dem Kindergarten, und ich weiß, was dieser entschlossene Blick bei ihm zu bedeuten hat. In diesem Moment wusste ich: Er würde es schaffen!

Und als er dann dieses unglaubliche Gewicht zur Hochstrecke brachte, als sein Olympiasieg sicher und für alle sichtbar war, selbst als Matthias schon Tausende Kilometer entfernt wie ein Känguru über die Gewichtheberbühne hüpfte, da herrschte im Gastraum der »Oase am Teich« in Nexing im Weinviertel mit einem Mal völlige Stille. Fast schien es, als hätten alle das Atmen vergessen.

Es konnte keiner fassen: Der Steiner, der, mit dem wir diesen und jenen Blödsinn gemacht hatten, der Matthias, dem vom Schicksal nichts erspart geblieben war, der war mit einem Mal Olympiasieger! Unser Freund, unser Matthias ist der stärkste Mann der Welt!

Und endlich löste sich bei einem von uns, dem Maier Gigi, die Spannung, und er rief in die Runde: »Hey, Leute, es ist nix passiert. Es ist niemand gestorben, wir haben was zu feiern!« Da brach dann endlich auch unter den Mitgliedern des Fanclubs der Jubel aus.

Und so, wie einer der Fernsehreporter sagte: »Na, die werden heute eine Kuh fliegen lassen!«, genau so war es dann letztendlich nicht nur bei Matthias im fernen Peking, sondern auch bei uns. Bis weit in die Nacht hinein feierten wir den Olympiasieg von Matthias, aber wir alle hatten zu diesem Zeitpunkt keine Ahnung, dass unser beschauliches Dorf bereits vom nächsten Morgen an von einer Horde Presse- und Fernsehteams aus aller Herren Länder überrollt werden würde. Und ich wusste zu diesem Zeitpunkt auch nicht, dass ich am nächsten Tag auf zwei Mobiltelefonen pausenlos angerufen werden würde und sogar meinen Unterricht in der Berufsschule früher beenden musste, weil die Presse den Obmann des Fanclubs mit Beschlag belegte. Doch das alles trug nur zu noch mehr guter Laune bei, und ganz Obersulz war tagelang im Siegestaumel.

INGE POSMYK

Am 19. August 2008 war ich im N24 TV-Studio in Berlin und verlas dort in den Nachrichten mehrfach die Meldung über den Olympiasieg des Gewichthebers Matthias Steiner. Um ehrlich zu sein, interessierte ich mich zu diesem Zeitpunkt recht wenig für eine Sportart wie Gewichtheben. Ich hatte mir zwar vor Jahren mal einen Wettkampf mit dem Superschwergewichtler Manfred Nerlinger im TV angesehen, aber das war auch schon das höchste der Gefühle. Jedoch an diesem Tag, da konnte man nicht anders, da wurde man von diesen Bildern förmlich angezogen. Ich musste einfach immer wieder hinschauen, bekam Gänsehaut und jubelte innerlich mit.

Bei der Siegerehrung war ich zu Tränen gerührt. Im Nachrichtenstudio habe ich mir das natürlich nicht anmerken lassen, aber als ich dann am Abend bei mir zu Hause auf der Couch die Bilder noch einmal in Ruhe genießen konnte, da kullerten bei mir die Tränen. Ich habe mich einerseits riesig für Matthias, einen für mich bis dahin völlig unbekannten Menschen, gefreut, gleichzeitig war ich – wie so viele – ergriffen von seinem Schicksal. Vielleicht auch deshalb, weil es mir zu dieser Zeit privat nicht sonderlich gut ging und ich Liebeskummer hatte. Gerade da ist man ja für Schicksalsgeschichten sehr empfänglich. Aber ich weiß noch, dass ich mir gedacht habe, wie unbedeutend doch mein Liebeskummer ist im Gegensatz zu dem, was Matthias in seinem Leben schon alles mitmachen musste. Was für ein toller Mann, der seine Frau über alles geliebt haben muss. Wenn mir das auch mal passieren würde, solch einen Prinzen zu finden … Ich war zu dieser Zeit allerdings zu sehr mit mir selbst beschäftigt, als dass ich weiter über seinen Sieg oder die Person Matthias nachgedacht hätte.

MEINE GROSSMUTTER
(ERZÄHLT VON MATTHIAS STEINER)

Während sich überall in der Welt völlig unbekannte Menschen mit mir auf die unterschiedlichsten Arten freuten, hatte in Obersulz vor dem Fernsehgerät meine 91 Jahre alte Oma gemeinsam mit meiner Tante einen Bericht über den Wettkampf gesehen. Oma, die nach dem Krieg ihre Familie alleine durchgebracht hatte, die damals jede Arbeit, ob Nähen, Putzen oder Kürschnern annahm, um die hungrigen Mäuler satt zu bekommen, diese Frau konnte man ihr ganzes Leben lang mit kaum etwas beeindrucken. Sie gab selten einmal ein Lob von sich, beinahe nie kam es vor, dass ihr ein Geschenk zusagte, und wenn ich als Kleinkind im Kinderwagen plärrte, ging sie lieber – wie meine Eltern oft erzählten – ein paar Schritte weiter, um mich nicht mehr hören zu müssen. Aber rausgenommen und getröstet hat sie mich nicht.

Während also alle Welt sich freute und mir zujubelte, da kommentierte meine Großmutter meinen Olympiasieg mit einem einzigen kurzen Satz, der genau so aus Friedrich Torbergs Buch *Die Tante Jolesch* stammen könnte: »Na, da schau her, das hätt' i net 'glaubt!«

HERRLICH, OLYMPIASIEGER ZU SEIN!

Kaum war die Siegerehrung in der großen Halle vorbei, da wurden wir drei Medaillengewinner zu einer kurzen Pressekonferenz in einen anderen Raum geführt. Das ganze Prozedere danach übt man ja nicht im Vorfeld, man wird von den Ereignissen und Abläufen beinahe überrollt. Hin und her wurde ich geschoben, gezerrt und geschickt. Man ist aber in einem solchen Glückstaumel, dass man alles nur halb mitbekommt und den Organisatoren einfach hinterherläuft.

Bevor wir in diesem Raum ankamen, mussten wir durch einen schmalen Gang, der wie ein Schlauch war, und dort standen dicht gedrängt Reporter und Kamerateams, die noch schnell die eine oder andere Frage stellten, und Offizielle, die uns mit einem permanenten »Go, go!« zum zügigen Weitergehen antrieben. Immer an meiner Seite: der Herr, den ich erst seit meinem Olympiasieg kannte, weil er mir das Formular zur Unterschrift hingehalten hatte, der von der Anti-Doping-Kontrolle. Er ließ mich keine Sekunde aus den Augen. Bei der Pressekonferenz durften jedem von uns nur zwei Fragen gestellt werden, und da dachte ich mir noch: »Wieso so eine kurze Fragerunde? Ich würde gern mehr sagen!«

Eine Minute später wusste ich, warum. Mein »Schatten« trat neben mich und meinte, wir hätten nur mehr drei Minuten. »Drei Minuten?«, fragte ich. »Wozu?«

»Bis zur Dopingkontrolle. Sie müssen in einer vorgegebenen Zeit die Dopingkontrolle absolvieren, sonst ist alles ungültig!«

»Oh, dann gehen wir besser schnell!«

Gerade noch rechtzeitig kam ich im Warteraum an, wo ich zunächst meinen Ausweis vorzeigen musste, Formulare wurden ausgefüllt, und es standen jede Menge Getränke zum »Blasebefüllen« auf einem Tisch. Als ich nach etwa einer halben Stunde den nötigen Harndrang verspürte, brachte man mich in den Nachbarraum. Dort wurde mir zunächst Blut abgenommen und ich konnte mir die Fläschchen für die Urinprobe aussuchen. Dann erst ging es in den eigentlichen Dopingtestraum, die Toilette nämlich, die aussah wie ein Spiegelkabinett. Alle vier Wände waren verspiegelt, ich musste mich komplett entkleiden und mir sofort meine Hände desinfizieren, und erst dann durfte ich das Fläschchen befüllen. Als ich endlich fertig war und durch die Tür trat, sah ich meine Eltern, die auf mich warteten. Glücklich umarmten sie mich, und das Fernsehteam filmte diesen sehr emotionalen Moment.

Es ist herrlich, Olympiasieger zu sein!

Wieder kamen Menschen, die ich vorher noch nie gesehen hatte, auf mich zu und sagten mir, was ich jetzt zu tun hätte.

Zuerst zu Michael Antwerpes in die Sendung, dann ins Studio zu Waldi und Harry. »Und die Eltern und der Trainer kommen auch mit.« Damit war der Rest des Abends für uns verplant.

Doch das stellte sich als gar nicht so einfach dar, denn mein Vater hatte nur einen Gedanken: »Ich muss mein Messer wiederhaben, vorher geh ich nirgendwo hin!« Dieses wurde ihm bei der Einlasskontrolle in die Halle abgenommen und an einem der Ausgänge für ihn deponiert. Völlig aufgeregt rannte er von einem Organisator zum anderen, weil er nicht genau wusste, bei welchem Ausgang, bis ihm Frank Mantek zurief: »Fritz, komm jetzt mit, ich kauf dir ein neues!«

»Nein, ich will kein neues Messer, ich will meines wiederhaben! Das war ein Geschenk von Matthias!«

Später erklärte er, dass er keinen Schritt aus der Halle gemacht hätte, wenn man ihm nicht sein Messer ausgehändigt hätte. Ich hatte meinem Vater dieses Messer einmal von einer Reise mitgebracht. Zugegeben, es war wirklich ein sehr schönes Messer, aber ich wusste erst in diesem Moment, wie viel dieses Geschenk meinem Vater bedeutete.

Endlich hatte er es wieder einstecken, und schon ging es quer durch das nächtliche Peking ins Deutsche Haus. Frank Mantek, Michael Vater und ich wurden von einem Shuttledienst dorthin gebracht, meine armen Eltern – so erfuhr ich erst im Nachhinein – erlebten eine Odyssee mit einem chinesischen Taxifahrer. Der konnte nur Chinesisch reden und lesen, nicht eine Silbe Englisch, daher nützte es überhaupt nichts, dass meine Eltern ihm auf alle möglichen Arten zu erklären versuchten, dass sie ins Hotel Kempinski fahren mussten. Ein neuer Taxifahrer musste her, um doch noch rechtzeitig zur Fernsehsendung zu kommen. Mein Vater sagte danach: »Mit dem hätten wir höchstens Peking bei Nacht gesehen, aber niemals das Deutsche Haus von innen!«

Ich bekam von all dem nichts mit, denn ich war ja schon bei Michael Antwerpes im Studio, und hier sah ich zum ersten Mal meinen erfolgreichen dritten Versuch im Stoßen mit 258 Kilo, der mir den Olympiasieg gebracht hatte. »Das bin ich!«, dachte ich mir dabei. Man hat sich nach so einem Sieg nicht mehr unter Kontrolle, man würde am liebsten die Bühne abbauen, jeden umarmen – jetzt sah ich auch, dass ich dies tatsächlich getan hatte – und vor Freude nur rumhüpfen – auch das hatte ich getan.

Es war ein sehr angenehmes Interview, das Michael Antwerpes mit mir führte, und ich war überrascht, dass er sogar mein Mitsingen bei der Nationalhymne bemerkt hatte. Für mich war das etwas Selbstverständliches. Nach dem Einbürgerungstest hatte ich den Text überreicht bekommen und ihn ein paarmal durchgelesen, das reichte aus, um die dritte Strophe des Deutschlandliedes mitsingen zu können.

Nach diesem Fernsehinterview ging es sofort zur einstündigen Sendung *Waldi und Harry*. Waldemar Hartmann und Harald Schmidt sind als

»Doppel« einfach ein besonderes Highlight in Sachen Sportmoderation. Als »Waldi und Harry« blickten die beiden an den ARD-Sendetagen im Deutschen Haus in Peking ironisch auf die Ereignisse des Tages zurück, und ihre durchaus fachlich fundierten Analysen wurden mit spitzen Kommentaren garniert. Diese Sendung hatte ich mir schon immer gerne angesehen. Launig und lustig ging's zu, gleich zu Beginn, als Waldemar Hartmann zu mir nach dem fast zwei Minuten dauernden Applaus des Publikums sagte: »Ich glaube, das war der größte Applaus, den ein Österreicher seit Udo Jürgens in Deutschland bekommen hat!« Meine Eltern saßen im Publikum, und zum zweiten Mal an diesem Abend sah ich meinen Freudentanz mit Frank Mantek nach dem Sieg. Zum Schluss meines Auftritts zeigte Waldi auf meine Medaille und holte zu einem Seitenhieb auf Österreich aus, als er feststellte: »Das wäre eine Goldmedaille für euch, wenn ihr es kapiert hättet!«

Anschließend feierten wir im Deutschen Haus. Einige Chemnitzer Kollegen waren da, darunter Achim Kunz, der Olympiasieger von Seoul 1988 und Zweitplatzierte bei den Olympischen Spielen in Moskau 1980, und Ingo Steinhöfel, der 1988 in Seoul die Silbermedaille geholt hatte, außerdem der Präsident vom Klub und zu meiner großen Freude auch meine Eltern. Die Mannschaftskollegen, die ihre Wettkämpfe schon Tage vor meinem gehabt hatten, prosteten mir zu und freuten sich mit mir. Fremde Leute kamen auf mich zu, gratulierten mir, wollten ein Foto mit mir, brachten mir Bier zum Anstoßen, und wieder dachte ich mir: Geil, ich bin Olympiasieger!

Bis ich mit Frank Mantek und Michael Vater am frühen Morgen, so gegen 5 Uhr, das Deutsche Haus verließ, hatte ich nur insgesamt zwei Bier getrunken, kaum was gegessen, aber ich hatte – als absoluter Nichtraucher – mich mit meinem Trainer hingesetzt und eine dicke Zigarre gepafft. Das musste sein.

An Schlafengehen war noch nicht zu denken, denn wir gingen zuerst noch in die riesengroße zeltartige Kantine (zwei bis drei Fußballfelder groß), in der es nach wie vor etwas zu essen gab. Italienisch, chinesisch, japanisch, vegetarisch, Gegrilltes, Süßes, Obst und Gemüse und auch einen McDonald's. Ja, genau nach einem Big Mac stand mir der Sinn! Oder auch nach zwei oder drei – egal! Wir drei saßen in diesem »logistischen Wahnsinn« (hier wurden täglich mehrmals bis zu 25 000 Sportler und Betreuer »abgefüttert«, aber mit derartigen Leckereien, wie man sie in manch einem gehobenen Lokal finden kann!), philosophierten noch ein wenig und machten uns um 6 Uhr früh zufrieden und glücklich auf den Weg in die Wohnung.

Zuvor aber hatte ich noch ein ganz besonderes Erlebnis: Beim Betreten des Essenszeltes mussten alle ihre Rucksäcke abgeben, und beim Wiederholen sah ich am Ausgabetresen eine Zeitung liegen, auf deren Titelblatt ausschließlich mein Konterfei zu sehen war mit der Schlagzeile »Supersteiner«. In dem Moment glaubte ich, mich trifft der Schlag! Denn die »China Daily« ist die größte fremdsprachige Tageszeitung Chinas, wenn nicht sogar Asiens, und normalerweise sind auf dem Titelfoto ausschließlich Chinesen!

So aufgedreht ging es zurück. Ausschlafen war nicht drin, denn schon zwei Stunden später war Aufstehen angesagt! Duschen, Fertigmachen und um 10 Uhr zur großen Pressekonferenz im Deutschen Haus. In einem etwa 70 Quadratmeter großen Raum waren über 50 Journalisten und Fernsehteams dicht aneinandergedrängt, und die meisten Fragen stellten die Reporter mir. Es war mir beinahe etwas unangenehm, denn fast alle anderen Sportler, die hier mit mir saßen, waren am Vortag auch Olympiasieger geworden!

Als dieser Termin vorbei war und ich aufstehen und rausgehen wollte, kamen sofort die Kamerateams von DSF und Eurosport auf mich zu, dann die von ARD, ZDF und viele mehr, ich wusste am Ende nicht mehr, wie viele es waren. Ich wusste nur, ich musste am Nachmittag wieder im Deutschen Haus sein!

Frank Mantek holte mich ab und wir fuhren vorher noch im Österreicher-Haus vorbei. Ein großes Hallo, eine sehr gemütliche, völlig entspannte Atmosphäre, warmer Leberkäse wurde mir serviert, und ein sehr höflicher Reporter des ORF fragte, ob er ein Interview mit mir machen könne.

Klar, ich hätte nichts dagegen, sagte ich ihm schmunzelnd.

Schmunzeln musste ich deshalb, weil genau dieser Reporter vier Jahre vorher, in Athen, kaum meinen Namen herausgebracht hatte. Es hatte ihn rein gar nichts an meiner Person interessiert, und jetzt, nach meiner Goldmedaille, war er von mir und meiner Geschichte begeistert. So schnell können sich Meinungen ändern!

Pünktlich zum Termin war ich wieder im Deutschen Haus und wurde von vielen Menschen freudig begrüßt. Fotos wurden gemacht, und noch immer wurde mein Sieg gefeiert.

Schön, Olympiasieger zu sein!

IM MEDIENTAUMEL

Zwei Tage nach meinem Olympiasieg wollte ich eigentlich mit meinen Teamkollegen die Chinesische Mauer besichtigen, doch leider hatte mich ein leichter grippaler Infekt erwischt, und den wollte ich lieber auskurieren. Im Gegensatz zu den Spielen in Athen, wo ich gleich nach meinem Wettkampf abreisen musste, stand in Peking die Abschlussfeier als fixer Programmpunkt fest, und dafür wollte ich unbedingt fit sein. Zusätzlich hingen mir die letzten Tage noch in den Knochen, und dann fing es auch noch an, heftig zu regnen. Da war ich froh, dass ich, anders als meine Teamkollegen, im Olympischen Dorf geblieben war. Doch kaum bekamen die Reporter davon Wind, riefen sie an und baten um ein Gespräch.

»Na gut, jetzt ein wenig ausruhen, und dann gebe ich am Nachmittag Interviews«, entschied ich. Die paar Tage, wo die Journalisten sich noch für mich interessierten, so dachte ich, die wollte ich – grippaler Infekt hin oder her – einfach genießen.

Fragen beantworten für ein Sportmagazin, ein halbstündiges Fernsehinterview für das chinesische Staatsfernsehen und ein langes Gespräch mit der Bildzeitung waren dann alles, was ich an diesem Tag schaffte. Ich merkte, dass ich doch ziemlich angeschlagen und der Tag für mich gelaufen war. Bettruhe war angesagt.

Am nächsten Tag versuchte eine österreichische Reporterin von der Wochenzeitschrift *NEWS*, mich zu interviewen, doch irgendwie schafften wir das nicht. Auch am darauffolgenden Tag klappte es wiederum nicht, und da kam Frank Mantek auf eine Idee, die allen half.

»Matthias war noch nicht bei der Chinesischen Mauer, dann organisieren Sie doch einfach eine Fahrt dorthin, dann können Sie in Ruhe mit ihm sprechen!«

Nina Strasser war begeistert. Gemeinsam mit einer Fotografin machten wir uns auf den Weg, und sie erzählte mir bereits im Auto, dass sie seit meinem Weggehen aus Österreich mit mir eine Reportage machen wollte, doch das war ihr nie vom Verlag genehmigt worden. Jetzt bekam sie natürlich grünes Licht, aber fast hätte ich ihr das Interview vermasselt, weil ich eben tagelang keine Zeit hatte. Doch sie ließ nicht locker. Hartnäckigkeit zahlt sich eben irgendwann aus!

Am nächsten Tag war die Abschlussfeier, und ich hatte so etwas Gigantisches noch nie zuvor gesehen. Es können in Zukunft keine Spiele irgendwo in der Welt besser sein – anders ja, aber sicher nicht besser. Es waren perfekte Spiele, und bei mir kam noch als Krönung meine Goldmedaille hinzu.

Im Stadion waren 80 000 Zuschauer, daheim vor den Fernsehgeräten Hunderte Millionen Menschen. Auf überdimensional großen Videowänden wurden die Highlights eines jeden einzelnen olympischen Wettkampftages gezeigt. 8. August, 9. August, 10. August … und eben auch der 19. August. Plötzlich wurde mein Sieg und das Herumhüpfen auf der Bühne mit meinem Trainer groß eingespielt. Es war ein unbeschreibliches Gefühl. Gänsehaut pur!

Am Rückflugtag hatte ich Geburtstag, und in der Lufthansamaschine überraschten mich die Stewardessen mit einer Geburtstagsbox. Neben einer kleinen Torte waren darin auch alle Ausschnitte aus den Ausgaben der *Bild* der vergangenen Tage, die ich in diesem Moment das erste Mal sah. Meine Güte, ich konnte das alles kaum glauben!

Aber es ging noch weiter. In der *Welt am Sonntag*, die ich im Flieger bekam, war auf einer Doppelseite mein Siegerfoto und ein Bericht über meinen Sieg zu lesen.

Als ich meine Augen schloss, um ganz still und leise die Eindrücke der letzten Tage Revue passieren zu lassen, dachte ich zurück, wie alles begonnen hatte. Ich dachte an die vielen wunderschönen Momente, an all die Mühsal, an mein Schicksal und an die Freude, als ich endlich mein Ziel erreicht hatte.

Es dauerte eine gewisse Zeit, bis ich realisierte, was da passiert war. Das ist dieser schmale Grat zwischen Verstehen und Begreifen. In diesem Flugzeug, auf dem Weg von Peking nach Deutschland, da begriff ich wahrscheinlich zum ersten Mal, dass sich mein Leben durch diesen Olympiasieg offenbar doch nachhaltiger verändert hatte, als ich es mir zu Anfang dachte.

Für uns Heimkehrer aus Peking fand am Frankfurter Flughafen ein Empfang statt, doch den konnte ich leider nicht genießen, denn ich musste sofort weiter nach Hamburg fliegen, weil ich dort Gast beim Sportbild Award war. Unsere Maschine aus Peking hatte Verspätung, mein Koffer konnte nicht rechtzeitig weitergeleitet werden, und deshalb ließ ich mich in Hamburg zuerst zu einem »Übergrößenladen« fahren. In den Jeans und dem T-Shirt, die ich während des Fluges anhatte, konnte ich schlecht zu dieser Veranstaltung erscheinen.

Vor dem Hotel wartete ein Limousinenservice auf mich, und ich wurde auf schnellstem Wege zur Gala gefahren. Beinahe zwei Stunden zu spät, und deshalb wurde ich auf dem roten Teppich von meinen Begleitern förmlich vorwärtsgedrängt, weil die Gäste im Festsaal schon auf mich warteten.

Auf mich? Ich glaubte das nicht. Da waren doch sicher noch andere wichtige Menschen drin!

Die Fotografen standen dicht gedrängt hinter der Absperrung und riefen mir zu, ich möge doch bitte kurz für ein Foto stehen bleiben.

»Nein, Herr Steiner, nicht stehen bleiben, bitte gehen Sie weiter, wir haben keine Zeit mehr dafür!«, hieß es von hinten.

»Doch«, entschied ich, »die paar Minuten müssen jetzt auch noch Zeit sein, denn ob ich zwei Stunden zu spät bin oder zwei Stunden und fünf Minuten, ist sicher nicht so tragisch. Die Reporter hier haben auch gewartet, und ich will sie nicht enttäuschen.« Ich ging auf die Fotografen zu, ließ sie Fotos von mir und meiner Goldmedaille machen, und erst dann ging ich weiter.

Drinnen im Saal lief ein wunderbares Fest, und ich sah die beiden Klitschko-Brüder, Kati Witt, Michael Stich, Reinhold Beckmann und viele mehr, und sie alle kamen auf mich zu und gratulierten mir zu meinem Sieg. Früh am nächsten Morgen war ich endlich wieder in meinem Hotel und bin nur noch ins Bett gefallen. Nach wenigen Stunden Schlaf musste ich mich schon wieder von diesem schönen Hamburger Hotel verabschieden, denn um 14 Uhr sollte ich in Chemnitz mit der Oberbürgermeisterin zu Mittag essen. Auf dieser Fahrt mit einem Mietwagen wurde ich immer müder, und deshalb lenkte ich das Auto auf einen Parkplatz und schlief eine halbe Stunde wie im Koma. Ich hätte in diesem Moment keinen Meter mehr weiterfahren können.

Trotzdem schaffte ich es, Chemnitz fast pünktlich zu erreichen, und fuhr gleich zum vereinbarten Treffpunkt, einem großen Parkplatz. Zu meiner Verblüffung kam ein alter Cadillac vorgefahren (der, in dem John F. Kennedy seinerzeit bei seinem Besuch in Berlin herumgefahren worden war). Mein Trainer Frank Mantek war auch da, und der Chauffeur fuhr uns beide zum Rathaus.

Als wir in die Straße einbogen, standen da an die 4000 Menschen, und das an einem Dienstagnachmittag, eine Bühne war aufgebaut worden, und die Oberbürgermeisterin hatte einen Empfang organisiert, dass uns beinahe die Sprache wegblieb. Herrlich, wirklich herrlich, doch das sollte alles erst der Anfang sein.

In den darauffolgenden Tagen ging es ähnlich weiter. Einladungen zu diesem Fest, eine Rede halten bei jener Veranstaltung, alles immer aus dem Stegreif, weil ich keine Zeit hatte, irgendetwas vorzubereiten. Interviews bei allen wichtigen TV-Sendern, und bei einem hatte ich ein Versprechen einzulösen: In der NDR-Talkshow von Barbara Schöneberger war ich schon vor den Olympischen Spielen eingeladen, aber damals hatte ich aus Trainingsgründen absagen müssen. Ich hatte aber hoch und heilig versprechen müssen, sofort nach Olympia (egal, wie es für mich ausgeht) Gast in ihrer Sendung zu sein. Das Interview lief sehr gut, und als ich nach der Sendung mit Barbara plauderte, gab sie mir den Rat, mir über kurz oder lang ein gutes Management zu suchen, weil ich all die Anfragen, all die Einteilungen, wo und wann ich sein sollte, nicht mehr alleine machen könnte.

Ich erzählte ihr, dass mein Trainer in Peking zu mir gesagt hatte: »Matthias, nimm die zwei bis drei Wochen mit, wo die Medien an dir Interesse haben. So was erlebst du nie mehr. Das ist schnell vorbei, und dein Alltag beginnt wieder!« Es hörte aber nicht auf, und Barbara gab mir einen Tipp, an wen ich mich wenden sollte: an die Managementagentur von Alexander Elbertzhagen in Köln. Sie sei damit superzufrieden und ich solle doch dort mal anrufen. Was ich auch umgehend tat, und bereits wenig später wurde ich von Patric Lunau-Mierke eben aus dieser Agentur bestens betreut.

Die Anfragen zu Veranstaltungen und Galaempfängen häuften sich, doch ab da brauchte ich nichts mehr zu koordinieren, das machte alles mein Management. Ich konnte mich endlich wieder auf mein Training konzentrieren.

Eine meiner vielen Reisen führte mich in die Bundeshauptstadt Berlin. Alle Medaillengewinner von Peking wurden zuerst ins Axel-Springer-Haus eingeladen und dann, als Höhepunkt, hatten wir ein Treffen mit Bundeskanzlerin Angela Merkel im Bundeskanzleramt, wo ein Foto aller Sportler gemeinsam mit der Kanzlerin geschossen wurde. Wiederum in Berlin bekam ich von Bundespräsident Horst Köhler die höchste sportliche Auszeichnung verliehen, das Silberne Lorbeerblatt.

Ich war bei Thomas Gottschalk in *Wetten, das ...?*, ich war Gast bei Frank Elstner, bei Oliver Geissen, bei Günther Jauch in *Stern-TV*, ich war in Morgenmagazinen und in Nacht-Talksshows. Besonders gefreut habe ich mich, dass ich bei Johann Lafer und Horst Lichter in die Sendung *Lafer! Lichter! Lecker!* eingeladen wurde, wo eine tolle Freundschaft zwischen Johann und mir entstand. Nur einige Wochen später lud ich meinen Trainer als Überraschung zu seinem 50. Geburtstag zu Johann auf seine Stromburg ein, und Johann bekochte und verköstigte uns höchstpersönlich. Ein unvergesslicher Abend! Von seinen Kochkünsten war ich ja schon begeistert, aber von seiner warmherzigen Art war und bin ich zutiefst beeindruckt.

Und dann kam mit einem Mal die Einladung zur Bambi-Verleihung! Da war ich echt platt. Was für ein wunderschönes, sehr würdevolles Fest das doch ist, dachte ich mir. Ich freute mich sehr, nicht nur Gast dieser Veranstaltung zu sein, sondern ich war auch Preisträger. Ich konnte es kaum fassen, dass ich den begehrten Bambi in Händen halten und sogar mit nach Hause nehmen durfte! Bei dieser Veranstaltung kam der weltbekannte Hollywoodschauspieler Keanu Reeves auf mich zu, gratulierte mir, da er großer Olympiafan ist und meinen Wettkampf gesehen hatte, und erzählte mir die traurige Geschichte seines Lebens. 1999, einen Monat vor dem errechneten Geburtstermin, kam seine Tochter tot zur Welt, und zwei Jahre später starb die Mutter des Kindes, Jennifer Syme, bei einem Autounfall. Er hatte von meinem Schicksal gehört, und die Verbundenheit im Leid ist ein starkes Band. Wir beide brauchten keine Worte des Bedauerns, wir wussten auch so vom Schmerz des anderen.

Dann stand die Preisverleihung zum »Sportler des Jahres« an. Als Begleitung hatte ich meine beiden Trainer Frank Mantek und Michael Vater mitgenommen. Leider konnten wir – angeblich aus organisatorischen Gründen – nicht zusammensitzen. Als alle Sportler ihre Preise schon in Händen hielten und nur noch der Preisträger des ersten Platzes zu verkünden war, da staunte ich nicht schlecht. Ich wurde als Sportler des Jahres auf die Bühne gerufen, und derjenige, der mir den Preis überreichte, war niemand anderes als Frank Mantek! Er hielt eine Laudatio auf mich und »unseren gemeinsamen« Sieg in Peking, und ich war zu Tränen gerührt. Mein Chef, der Bühnenauftritte bisher tunlichst gemieden hatte, der stellte sich hin und sprach vor Publikum, als hätte er nie was anderes gemacht.

Wahnsinn, ich bin Sportler des Jahres 2008! Das war noch nie ein Gewichtheber. Natürlich bin ich auf diese Auszeichnung mächtig stolz. Später wurde ich noch vom Bundesverband Deutscher Gewichtheber zum Gewichtheber des Jahres 2008 gekürt. Dann wurde ich auch noch Weltgewichtheber des Jahres, eine Auszeichnung, die noch nie zuvor ein Deutscher bekommen hatte. Und zu guter Letzt kam ich, wenn auch nur als Zuschauer, irgendwie wieder zu meinen sportlichen Anfängen zurück. Ich war in der letzten Bundesligasaison bei der TSG 1899 Hoffenheim fast Stammgast und habe festgestellt, dass ich an fußballerischer Begeisterung fast nichts verloren habe. Noch heute muss ich mich manchmal kneifen, um das alles zu realisieren.

VOM »KRÄFTIGEN MANN« IN OBERSULZ ZUM TERMINATOR NACH OHIO

Kaum war der Wettkampf in Peking vorbei, stand für meinen Fanclub im fernen Obersulz schon fest: Für Matthias wird ein großes Willkommensfest organisiert! Bereits am Tag nach meinem Wettkampf wurden die ersten Vorbereitungen getroffen. Als Termin hatten sie den 3. Oktober gewählt, und für den »1. Fanclub Matthias Steiner« und unsere beschauliche Gemeinde Obersulz war die Organisation ein richtig großer Kraftakt, wie mir mein Freund René später erzählte.

»Du musst dir das mal vorstellen, Matthias. Auf einmal bist du, den wir von klein auf kennen, der stärkste Mann der Welt! Und noch dazu Olympiasieger! Und wir wollten ein Fest ausrichten, das all dem gerecht wird.«

»Das habt ihr doch schon in den Jahren davor super hinbekommen«, lobte ich ihn, »aber ich war schon überrascht, wie toll ihr das dieses Mal gemacht habt!«

»Ja, aber diesmal wollten wir ein Fest organisieren, das deinem großen Sieg gerecht wird. Also haben wir uns als Erstes gefragt: Wie kann man einen Olympiasieger gebührend empfangen?«

Wochenlang hatten sie Telefonate geführt, Sponsoren gesucht, Eltern und Wegbegleiter von mir bekamen Einladungen, und der Fanclub leistete viel Pressearbeit.

»Die Vereine hier in Obersulz haben uns tatkräftig unterstützt, sonst hätten wir nicht gewusst, wie wir die vielen Gäste aus dem In- und Ausland ausreichend bewirten hätten sollen«, berichtete mir René.

Es schüttete an diesem 3. Oktober in Strömen, doch das tat dem herzlichen Empfang keinen Abbruch. Besonders freuten mich die musikalischen Einlagen unserer Ortsmusikkapelle Obersulz-Blumenthal. Die Veranstaltung wurde ein grandioser Erfolg, und mein Freund René moderierte so lange, bis er fast keine Stimme mehr hatte. Ein herrliches Gefühl, so einen Ankerplatz im Leben zu haben, wie hier bei meiner Familie und meinen alten Freunden.

Die Feier ging im Gasthaus meines Freundes Christoph Schlegl weiter. Über zwei Stunden lang schrieb ich Autogramme, gab Interviews und jeder der Gäste wollte mit mir auf einem Foto sein. Im großen Saal oberhalb der Gaststätte feierten die Besucher ausgelassen meinen Sieg, als mein Freund Christoph zu mir kam und meinte: »Na, Matthias, es ist bei dir alles ganz anders gekommen, als wir uns das vor zehn Jahren gedacht haben. Kannst dich noch erinnern, was wir immer gesagt haben? Ich übernehme einmal das Gasthaus meiner Eltern, und du bist dann mein Koch!«

»Ja, und das Fleisch wollten wir von René kaufen! Also, wenn du Hilfe in der Küche brauchst, kochen kann ich noch immer! Vielleicht nicht alles, was auf deiner Speisekarte steht, aber das eine oder andere bekomm ich schon hin!«, flachste ich mit ihm.

Am nächsten Tag wurde auf zahlreichen Fernsehsendern im In- und Ausland sowie in sämtlichen Tages- und Sportzeitungen über diesen gelungenen Empfang berichtet. Besonders gefreut habe ich mich über die Olympiaprämie der Gemeinde Obersulz in Höhe von 6000 Euro. Den größten Teil spendete ich einem Nachbarkind aus Obersulz, Philipp, der von Geburt an schwerstbehindert ist. Seine Eltern versuchen alles Menschenmögliche, um ihrem Kind das Leben zu erleichtern. Da war es für mich selbstverständlich, dass auch ich helfe. Mit dem restlichen Geld unterstützte ich weitere soziale Einrichtungen in der Region.

Bis in den frühen Morgen wurde gefeiert, und vom speziellen Wein »Li Nan«, (chinesisch: Kräftiger Mann) wurden viele, viele Flaschen getrunken. Zum Glück hatte Renés Vater, der Winzer ist und diesen Wein kreiert hatte, von Beginn an für ausreichenden Nachschub gesorgt!

An dieser Stelle möchte ich mich bei allen Mitgliedern meines Fanclubs sowie bei allen Mitwirkenden, Sponsoren und Freunden für die tatkräftige Unterstützung bedanken!

Gegen Ende des Jahres 2008 ging beim Gewichtheberverband in Leimen eine ganz spezielle Einladung ein. Wohl jeder kennt Arnold Schwarzenegger, wenn nicht als Gouverneur von Kalifornien, dann als Schauspieler in Filmen wie *Conan, der Barbar* oder *Terminator*.

Schwarzenegger ist, wie ich, gebürtiger Österreicher. Aber es gibt noch eine Gemeinsamkeit: Bevor er mit dem Bodybuilding begann, war Schwarzenegger aktiver Gewichtheber und wurde 1965, mit 18 Jahren, sogar Junioren-Staatsmeister in unserem gemeinsamen Geburtsland.

Seine anschließende erfolgreiche Karriere als Bodybuilder, die ihm auch den Weg nach Hollywood eröffnete, veranlasste Schwarzenegger, im Jahr 1989 die Arnold Classics, später Arnold Sports Festival genannt, ins Leben zu rufen. Dieser Wettbewerb im professionellen Bodybuilding und mit Preisgeldern im sechsstelligen Bereich wird alljährlich in Columbus/Ohio ausgetragen.

Bereits im Vorfeld der Olympischen Spiele hatte es geheißen, Schwarzenegger werde nach Peking kommen, um sich die Wettkämpfe im Gewichtheben, natürlich auch den im Superschwergewicht, anzusehen. Er war wohl auch tatsächlich angereist, musste aber dann wegen seiner Verpflichtungen als Gouverneur früher als geplant nach Kalifornien zurückkehren. Freundlicherweise lud er aber nach meinem Olympiasieg das Team des Deutschen Gewichtheberverbandes und auch mich zum nächsten Arnold Sports Festival nach Columbus ein. Natürlich flogen wir hin.

Zunächst war nicht ganz klar, an welchem der drei Veranstaltungstage »Arnie« kommen würde, aber dann waren plötzlich morgens mehr Security-Männer als sonst da, und die Sicherheitsvorkehrungen wurden verstärkt. Schwarzenegger traf ein und bahnte sich mit seinem Gefolge den Weg durch die Anwesenden, als ihn jemand auf mich aufmerksam machte. Er kam auf mich zu, begrüßte mich freundlich, und ich zeigte ihm stolz die Goldmedaille, die ich um den Hals trug. Wir wechselten – auf Deutsch – einige Worte über Peking. Er hatte den Wettkampf am Fernseher verfolgt und meinte, mein Fehlversuch im Stoßen bei 246 Kilo, der sei ihm besonders in Erinnerung geblieben, denn »da war mehr Drama da«.

Er stellte mich auch noch seiner Frau Maria Shriver vor. Die ganze Begegnung dauerte vielleicht drei oder fünf Minuten, hat aber bei mir einen nachhaltigen Eindruck hinterlassen. Ich bewundere Arnold Schwarzenegger für das, was er aus eigener Kraft geschafft hat.

ICH WOLLTE NUR DIE WAHRHEIT WISSEN

Die Zeit nach meinem Olympiasieg war allerdings nicht nur von schönen Ereignissen und Veranstaltungen geprägt. Am 12. November 2008, einem Mittwoch, hatte ich einen schweren Gang anzutreten.

16 Monate nach Susanns Unfalltod sollte endlich über den Mann Gericht gehalten werden, der in ihr Auto gerast war und ihr junges Leben ausgelöscht hatte. Vor dem Gerichtsgebäude in Heidelberg warteten bereits Trauben von Reportern und Fotografen auf meine Ankunft. Doch ich lief an ihnen wortlos vorbei und wurde von meinem Anwalt in ein Nebenzimmer geführt, worin ich bis zum Prozessbeginn wartete. Ich hätte ohnehin keine Antworten geben können, denn bei mir selbst waren zu viele Fragen offen – vor allem die eine Frage, was damals, am 16. Juli 2007, wirklich passiert war.

»Heute Abend,« dachte ich, »heute Abend werde ich mehr wissen. Ich werde wissen, was dieser Jemand falsch gemacht hat und warum meine Frau sterben musste, und vielleicht wird es mir dann ein wenig besser gehen.«

Es kam jedoch alles ganz anders.

Der Unfallfahrer hatte sich, wohl auf Anraten seines Anwalts, entschlossen, gar nichts zu sagen. Nun mag es sein gutes Recht sein, zu allen Vorwürfen zu schweigen, aber ich fand es ganz einfach unerträglich feige! Ein erwachsener Mann von 57 Jahren sollte zu seinen Fehlern stehen und sich dazu äußern. Bei ihm: nichts von alledem. Auf alle Fragen vonseiten des Staatsanwalts und meines Anwalts hieß es nur immer wieder, er könne sich an nichts mehr erinnern, er wisse nichts mehr über den Unfallverlauf, er habe einen Blackout gehabt. Warum die Polizei nach dem Unfall seine Lesebrille fein säuberlich im Getränkehalter abgelegt fand, während alle anderen losen Gegenstände wild in seinem Auto und auf der Straße umherlagen, auch das konnte der Mann, der für Susanns Tod verantwortlich war, nicht erklären.

»Ich glaube, Sie können sehr wohl, aber Sie wollen nicht«, versuchte ihn die Richterin doch noch zu einer Aussage zu bewegen. Vergeblich.

Zeugen hatten nur gesehen, dass er mit seinem schweren Jeep plötzlich von seiner Fahrspur ausgeschert und in Susanns kleinen Wagen gekracht war. Warum, das konnten sie nicht sagen. Gutachter stellten in nüchternem Wissenschaftsdeutsch fest, dass der Angeklagte im Moment des Aufpralls statt der erlaubten 70 mindestens 90 Stundenkilometer schnell gewesen sei, dass Susann nach dem Unfall noch selbst ihren Gurt gelöst und dann vergeblich versucht hatte, die Autotür zu öffnen.

Wie in einem bösen Traum musste ich mir anhören, dass Susann nicht an ihren Kopfverletzungen, sondern an der von den gebrochenen Rippen gequetschten Lunge gestorben sei. Ich wusste jetzt, dass meine Frau fürchterlich gelitten haben musste, lebensgefährlich verletzt, allein und hilflos eingeklemmt in dem Wrack, das einmal ihr Auto gewesen war.

Alles wurde haarklein erklärt, nur nicht das, was ich wissen wollte: warum dieser Mann auf die Gegenfahrbahn geraten war, ob er abgelenkt oder eingeschlafen war, ob er gelesen, etwas im Auto gesucht oder am Radio gedreht hatte. Das konnte niemand beantworten, außer einem, und der schwieg eisern. Ich versuchte, ihm in die Augen zu sehen, um darin vielleicht etwas zu erkennen, aber er wandte jedes Mal den Kopf ab.

Wenige Wochen später, am 3. Dezember, wurde das Urteil verkündet. Der Unfallfahrer bekam zehn Monate auf Bewährung, dazu eine Geldstrafe, und er musste seinen Führerschein für sechs Monate abgeben.

Ich empfand keinerlei Genugtuung, ich spürte eigentlich gar nichts. Susann war tot, und kein noch so hartes Urteil würde sie je wieder lebendig machen.

Für die Justiz war die Sache damit erledigt. Aber die Frage, die mich wirklich beschäftigt hatte, die Frage, warum dieser Mann in das Auto meiner Frau gefahren war und sie dadurch getötet hatte, diese Frage werde ich nie beantwortet bekommen.

BLUMEN AUS DEM ZEITSCHRIFTENLADEN

Aber zum Glück trat ein besonderer Mensch in mein Leben, der wieder Wärme in mein Herz zurückbrachte und mir seither hilft, den Tod von Susann weiterhin zu verarbeiten. Meine neue große Liebe, Inge Posmyk.

Publizist und Autor Florian Langenscheidt stellte in Berlin sein Buch *Wörterbuch des Optimisten* der Öffentlichkeit vor und hatte unter anderem mich gebeten, daraus vorzulesen und auch noch ein paar persönliche Worte zu meinem Glücksverständnis an die Besucher zu richten. Als ich auf dem Podium stand, nahm ich Inge zum ersten Mal kurz wahr, konzentrierte mich aber dann auf meinen Vortrag. Später traf ich sie am Buffet wieder und begegnete zum allerersten Mal in natura der Frau, die ich schon seit Langem als Moderatorin aus dem Fernsehen kannte.

Wann immer ich Zeit hatte, schaute ich nachmittags auf Kabel eins *King of Queens*, und danach kam immer Inge mit ihren Nachrichten. Bei N24 war sie mir mit ihrer fröhlichen Art auch schon häufig aufgefallen, denn den Sender schaue ich sehr gerne wegen seiner Dokumentationen und natürlich auch wegen der Nachrichten. Optisch hatte sie mir im Fernsehen sehr gefallen, und ihr tiefes Timbre in der Stimme hatte ich schon immer sehr erotisch gefunden. Ihre tolle Figur konnte man ja auch am Bildschirm erkennen, aber nicht ihre Größe. Doch mit ihren 1 Meter 77 war sie genauso, wie ich mir sie vorgestellt hatte.

Ich muss sagen, ich war wirklich von ihr fasziniert.

Wir plauderten sehr (sehr, sehr) nett miteinander, wir unterhielten uns über das Buch, das Essen und über die Leute im Saal, und zum Glück tauschten wir zum Schluss Telefonnummern aus, weil Inge mich irgendwann gerne als Gast in einer der N24-Sendungen gehabt hätte.

Und zum ersten Mal seit Jahrhunderten – so kam es mir vor – interessierte mich eine Frau wieder mehr, als ich es mir zu diesem Zeitpunkt selbst eingestanden hätte.

Seit unserem ersten Treffen bei der Lesung im Oktober ging mir diese bezaubernde blonde Frau nicht mehr aus dem Sinn. Schon deshalb, weil ich sie ja nach wie vor beinahe täglich im Fernsehen sah. Hin und wieder schickte sie mir eine SMS, um mir zu meinen diversen Auszeichnungen zu gratulieren oder um mir für den Prozess Mut zuzusprechen, und natürlich beantwortete ich diese gerne, doch mehr war da nicht. Denn ich war noch zu sehr mit mir und dem Prozess beschäftigt.

Umso überraschter war ich, als wir uns zwei Monate später in der Weihnachtszeit zufällig bei gemeinsamen Bekannten in Berlin zum Abendessen wiedertrafen. »Hatte sie schon beim letzten Mal so gut ausgesehen, oder was ist los mit mir?«, dachte ich. Zunächst unterhielten wir uns natürlich mit den anderen Gästen, aber nach und nach versanken wir immer mehr in unsere eigene Welt und nahmen das Drumherum gar nicht mehr so wirklich wahr. Viel zu schnell war der nette Abend vorbei, aber wir verabredeten uns direkt für den nächsten Tag. Inge wollte einen Tisch bei einem Italiener in ihrer Nähe reservieren.

So trafen wir uns bereits um 18 Uhr und bestellten etwas zu trinken und zu essen und plauderten und plauderten. Zuerst über Allgemeines, wobei wir schnell feststellten, dass wir über vieles beinahe identische Meinungen hatten, dann über Persönliches, wobei wir die ersten tiefen Einblicke in das Wesen des anderen bekamen. Und mit einem Male merkte ich, wie ich mich, nach beinahe anderthalb Jahren, wieder öffnete. Noch nicht so, dass ich bereits beide Flügeltüren zu meinem Herzen aufgerissen hätte, aber ich merkte, wie wohl ich mich mit einem Mal fühlte und wie sehr ich dieses gemeinsame Abendessen genoss.

Wir erzählten und erzählten, und irgendwann waren wir die letzten Gäste im Lokal. Erst jetzt merkten wir, dass wir acht Stunden lang am Tisch gesessen hatten.

Noch nie in meinem Leben hatte ein Abendessen so lange gedauert, und doch war die Zeit wie im Fluge vergangen.

Ich brachte Inge zu ihrer Wohnung, vor der Tür redeten wir sicherlich noch eine weitere Stunde miteinander, obwohl es eisig kalt und extrem windig war. Schließlich verabschiedeten wir uns mit Küsschen links, Küsschen rechts voneinander, wobei wir beim letzten Küsschen irgendwie abrutschten und es auf unserem Mund landete.

Als ich dann in meinem Hotelzimmer war, konnte ich nicht einschlafen. Unsere Gespräche gingen mir durch den Kopf, und vor allem musste ich mit mir selber etwas regeln: War ich schon bereit, mich wieder ganz auf eine Partnerin einzulassen? Denn eines wusste ich mit absoluter Sicherheit nach diesem einen Abend – das war nicht nur ein Abendessen mit einer schönen Frau gewesen, das war mehr.

Am nächsten Morgen telefonierten wir miteinander, und als wir merkten, dass unser Telefonat zu einem Dauergespräch über mehrere Stunden werden könnte, fragte mich Inge: »Willst du nicht einfach zum Frühstücken bei mir vorbeikommen, und da quatschen wir dann in Ruhe weiter?«

Es dauerte nicht lange, da stand ich bei ihr vor der Tür.

Als wir einander begrüßten, hatte ich ganz weiche Knie, wie ein 16-Jähriger, der sich zum ersten Mal mit einem Mädchen trifft. Ich wusste gar nicht, wie ich Inge begrüßen sollte. Sollte ich ihr die Hand geben, sie umarmen? Bevor ich nachdenken konnte, nahm mir Inge die Entscheidung ab, indem sie mich einfach kurz zur Begrüßung küsste.

Trotzdem war ich nach wie vor unsicher wie ein Teenager. Ich setzte mich erst einmal auf die andere Seite des reichlich gedeckten Tisches, als sie mir einen Milchkaffee brachte. Im Laufe des Gespräches kamen wir uns aber immer näher, und nach einer halben Stunde war ich wieder ganz der Alte.

Irgendwann sagte Inge: »Matthias, ich habe dich heute Nacht im Internet gegoogelt. Und da habe ich was entdeckt, worüber ich mir bis dato noch überhaupt keine Gedanken gemacht habe und worüber wir auch noch nicht gesprochen haben.«

Ich wusste, was sie meinte, und erwiderte: »Ich war auch neugierig und hab dich gegoogelt, aber das ist doch total egal!«, antwortete ich.

»Naja, es sind zwölf Jahre! Ich war mir sicher, dass du schon um die 30 bist.«

»Na und, ich hab dich auch wesentlich jünger eingeschätzt. Dann sind es halt zwölf Jahre. Ich hab damit kein Problem. Du?«

»Nein!«

»Dann ist ja alles bestens!«

Und von diesem Moment an war der Altersunterschied kein Thema mehr zwischen uns. Inge schaut so jugendlich aus, ich bin offenbar doch etwas mehr gereift, als es andere junge Männer in meinem Alter sind, und deshalb sind wir uns von Anfang an auf Augenhöhe begegnet.

Leider musste Inge dann in den Sender, und ich wollte zurück ins Hotel fahren, doch sie sagte: »Bleib doch einfach hier und mach es dir gemütlich. Hier hast du deine Ruhe.«

Stimmt. Mein Flieger ging erst am späten Nachmittag. Im Hotel auschecken und meinen Koffer abholen, das konnte ich auch schnell auf dem Weg zum Flughafen erledigen.

Es war schön, ich war in Inges Reich, und ich fühlte mich wohl. Ich wusste genau, wann ihre Sendezeiten waren, und schaltete den Fernseher an. Und da hatte ich mit einem Mal ein wirklich eigenartiges Gefühl: Inge, der die Wohnung gehört, in der ich mich gerade aufhalte, sitzt mir nicht gegenüber, sondern sie spricht aus dem TV-Gerät. Ihre Stimme füllt den Raum, aber sie spricht nicht so, wie sie in ihren eigenen vier Wänden spricht. Ich musste schmunzeln.

Ich blickte auf die Uhr, und eine kurze Panik ergriff mich, da ich die Zeit völlig vergessen hatte und aufbrechen musste, um meinen Flieger nicht zu verpassen. Aber ich wollte diese Wohnung nicht einfach verlassen, indem ich die Tür hinter mir zuzog. Ich wollte Inge noch Blumen kaufen und auf den Tisch stellen, damit sie sich freut, wenn sie heimkommt.

So lief ich in ihrer Gegend die Straßen rauf und runter, aber nirgendwo konnte ich einen Blumenladen finden. Der einzige Blumenstock, der mir in die Augen stach, war ein Weihnachtsstern in der Auslage eines Zeitschriftenladens.

»Egal, den kauf ich jetzt, den will ich für Inge haben, er ist zwar nicht das, was ich suche, aber besser ein Weihnachtsstern als gar keine Blumen«, sagte ich zu mir.

Die Verkäuferin im Geschäft konnte mir anfangs nicht folgen, offenbar hatte noch nie jemand die Schaufensterdekoration kaufen wollen. Als ich ihr erzählte, dass ich eigentlich schon längst auf dem Weg zum Flughafen sein müsste, aber vorher einer lieb gewonnenen Person noch unbedingt eine kleine Aufmerksamkeit hinterlassen wolle, hatte sie ein Einsehen und verkaufte mir den Weihnachtsstern.

Ich hetzte zurück in Inges Wohnung, postierte ihn auf ihren Wohnzimmertisch, schrieb ihr noch ein paar persönliche Zeilen dazu und verließ ihr Reich – mit dem absolut sicheren Gefühl, dass ich bald wiederkommen würde. Ich schloss die Tür hinter mir ab und warf den Schlüssel in ihren Briefkasten.

NEUES GLÜCK MIT INGE

Zurück in Leimen war für mich klar, dass ich einiges verändern musste. Ich wollte mir nach so kurzer Zeit bereits eine Zukunft mit Inge vorstellen, aber in dieser Zukunft würde auch meine Vergangenheit immer eine Rolle spielen. Jetzt, wo ich mir nach so langer Zeit endlich wieder erlaubte, Gefühle zuzulassen und sie auch zu zeigen, da musste sich etwas ändern. Es war ja nicht so, dass mich Susann wegen eines anderen Mannes verlassen hätte. Es war nicht so, dass wir uns im Streit getrennt hatten, sie wurde mir aus einer glücklichen Beziehung heraus entrissen. Es gab niemals Groll, nur Trauer.

Und deshalb hatte ich mich so lange gegen eine neue Liebe gesperrt, denn die Angst, wieder einen geliebten Menschen zu verlieren, gleich aus welchem Grund, war immer gegenwärtig. Doch Inge hatte von Anbeginn an so viel Einfühlungsvermögen, so viel Verständnis für mich und meine Situation aufgebracht, dass ich meine Furcht nach und nach verlor. Durch sie lernte ich, mich ganz behutsam, völlig ohne Bedenken auf diese wunderschöne Beziehung einzulassen und mich wieder ganz zu öffnen. Fallen zu lassen und glücklich zu sein.

Deshalb freute ich mich auch sehr, als Inge sagte, dass sie zu mir nach Leimen kommen wolle. Ich putzte das Häuschen von oben bis unten, kaufte Blumen und überlegte, mit welchem Menü ich Inge zur Begrüßung überraschen könnte. Tja, so eine Ausbildung in einer Hauswirtschaftsschule hat schon ihre Vorteile. Man(n) lernt dort nämlich auch kochen!

Ich kochte eines von Inges Lieblingsessen: gefüllte Paprika (mehr Arbeit, als ich vorher geglaubt hatte) mit selbst gemachter Tomatensoße und als Nachtisch einen selbst gebackenen Erdbeerkuchen in Herzform.

Ich stand viele Stunden in der Küche, deckte liebevoll den Tisch, und als Inge endlich ankam, da war sie hellauf begeistert von meinen Kochkünsten, und ich hatte keine Ahnung, wo diese zierliche Person all diese Mengen hinfutterte. Und endlich, seit langer Zeit, war ich hier in meinem Häuschen wieder glücklich.

Wir versuchten, so viel Zeit wie möglich gemeinsam zu verbringen, und deshalb planten wir unsere Freizeit in genauer Abstimmung zu unseren sonstigen Plänen und Terminen. Aber manche Dinge lassen sich nicht planen. Ende Januar hatte ich von einem Tag auf den anderen eine Leistenbruchoperation.

Schon von Geburt an hatte ich offenbar eine Bindegewebsschwäche. Bereits vor den Olympischen Spielen merkte ich, dass in der Leistenregion etwas nicht in Ordnung war, und ging zum Arzt. Doch der vertröstete mich, dass das eine Wassereinlagerung sei, die mich nicht weiter beeinträchtigen würde und ich daher vor Peking nichts unternehmen müsse. Ich solle aber auf jeden Fall danach noch einmal zur Kontrolle gehen. Nach Olympia war aber so viel los, dass ich es schlicht nicht zum Arzt schaffte.

Als ich endlich doch dazu Zeit fand, stellte ein anderer Arzt fest, dass in der Zwischenzeit ein Stück der Bauchwand und des Darms durch die gebrochene Leiste gerutscht war und sich das Ganze nun nicht mehr ganz so ungefährlich darstellte. Deshalb meldete er mich gleich für den nächsten Morgen zur Operation an.

Gerne hätte ich Inge bei mir gehabt, aber leider musste sie in diesen drei Tagen, in denen ich in der Klinik sein musste, moderieren. Dennoch schaffte sie es, einen Tag früher als vorgesehen zu mir zu kommen, und ich ließ beim Arzt nicht locker, bis der endlich meine Entlassungspapiere unterschrieb. Inge staunte nicht schlecht, als ich am Flughafen stand und sie abholte.

Spätestens jetzt waren wir uns unserer Gefühle und unserer Beziehung sicher. Auf keinen Fall wollten wir ein Versteckspiel spielen und möglicherweise irgendwann ein Paparazzofoto von uns in der Zeitung vorfinden mit wilden Spekulationen. Daher entschlossen wir uns, an die Öffentlichkeit zu gehen. Dazu bot sich eine der schönsten Sportveranstaltungen nahezu perfekt an – der Ball des Sports in Wiesbaden.

Es war für mich ein wunderbares Gefühl, wieder mit einer Frau an meiner Seite bei einer Veranstaltung zu erscheinen. Schon im Vorfeld waren wir uns sicher, dass der eine oder andere Journalist uns Fragen zu unserer Liebesbeziehung stellen würde. Damit rechneten wir, das war klar.

Doch dass das Interesse so groß war, damit hatten wir nicht gerechnet.

Vor lauter Blitzlichtgewitter konnten wir auf dem roten Teppich fast nichts mehr sehen. Die Fotografen wollten unbedingt ein Kussfoto von uns haben, doch das erschien uns zu gestellt. Alle Reporter bedrängten uns mit Fragen und wir kamen kaum von der Stelle. Zwei Männer vom Sicherheitspersonal mussten uns den Weg bahnen. Drinnen im Saal, als wir uns endlich an unseren Tisch setzen und ein wenig verschnaufen konnten, gaben wir uns einen kurzen Kuss. Und schon machte es klick, klick, klick. Wir hatten nicht mitbekommen, dass sich ein Fotograf im abgedunkelten Saal in unserer Nähe aufhielt, aber er hatte jetzt, was er wollte: als Einziger ein Kussfoto von uns beiden. Sein Abend war wohl gerettet.

Nach der Gala gingen wir nach draußen ins Foyer, wo es einen großen Flanierbereich über zwei Etagen gab, und auch hier umlagerten uns die Reporter und Fotografen. Wir flüchteten zu Johann Lafer, von dem wir wussten, dass er einen großen Stand mit den köstlichsten Leckereien aufgebaut hatte. Als er uns mit einer Traube von Journalisten im Schlepptau ankommen sah, schnappte er sich uns und führte uns in einen kleinen Raum hinter dem Buffetstand.

»Setzt euch hier hin, und ich bring euch was zu essen und zu trinken!« Das ist typisch Johann, immer hilfsbereit und gastfreundlich. Mit ihm stießen wir mit einem Glas Champagner auf unser Liebesglück an. Hier waren wir für einige Zeit ungestört, konnten plaudern, essen und trinken, und niemand beobachtete uns.

Später, als wir uns wieder unter die Menge mischten, kamen Gäste der Veranstaltung auf uns zu, gratulierten und wünschten uns viel Glück. Auf der einen Seite war das eine sehr stressige Veranstaltung für uns, auf der anderen Seite wog ein Gefühl alles andere auf: Ich war endlich nicht mehr alleine! Ich hatte Inge an meiner Seite, und wir liebten uns. Ich bin sicher, dass ich der glücklichste Mann auf diesem Ball war.

Am darauffolgenden Morgen flogen wir zu unserer ersten »Bewährungsprobe«: unserem ersten gemeinsamen Urlaub auf Teneriffa. Für mich war es zwar ein Rehatraining nach meiner Leistenoperation, zu dem mich Inge begleitete, aber allein die Tatsache, dass wir nun 24 Stunden am Tag zusammen sein konnten, war für uns wie Urlaub. Wenn man den Statistiken Glauben schenken darf, dann teilt sich bei einer Beziehung nach gemeinsam verbrachten Urlaubstagen die Spreu vom Weizen. Die meisten Trennungen gibt es nach den diversen Feiertagen und nach den Ferien.

Aber nicht so bei Inge und mir. 24 Stunden am Tag waren beinahe zu wenig, um über all das zu reden, was uns wichtig war und was wir dem anderen unbedingt zeigen und mitteilen wollten.

Das mit uns war von Anbeginn an eine so ehrliche, so wunderschöne Beziehung. Ich hätte nicht geglaubt, dass mir noch einmal so etwas Wunderbares widerfährt. Natürlich gibt es Zweifler, die sagen: »Der Steiner hat sich da aber schnell wieder getröstet!« Darauf kann ich nur antworten: Es gibt nicht den richtigen Zeitpunkt, an dem man sich nach einem Schicksalsschlag wieder neu verlieben darf. Der eine braucht dazu nur Monate, der andere Jahre, wiederum andere schaffen es nie mehr, ihr Herz für einen neuen Menschen zu öffnen. Ich war rund eineinhalb Jahre Witwer gewesen, und ich bin heilfroh, dass ich in der Lage war, mich wieder Hals über Kopf zu verlieben.

Ich wünsche jedem Menschen, der einen Teil von sich verloren hat, genauso einen einfühlsamen Partner wie ich zu finden. Inge hat Verständnis dafür, dass Susann immer in meinem Herzen sein wird, aber sie weiß auch, dass ich sie genauso liebe.

NACHWORT

»Wenn man im Leben etwas erreichen will, muss man sich Ziele setzen!«, lautet der Leitspruch meines Trainers Frank Mantek. Es dauert vielleicht einige Zeit, bis man weiß, welches das richtige Ziel ist, und manchmal sind ein paar Umwege nötig. Aber wenn man das sichere Gefühl hat, sein Ziel gefunden zu haben, dann ist es wichtig, es nicht mehr aus den Augen zu verlieren.

Auch ich hatte irgendwann, recht früh in meinem Leben, mein Ziel gefunden: Ich wollte Olympiasieger im Gewichtheben werden, und das habe ich mit der Hilfe vieler lieber Menschen geschafft. Ich musste auf meinem Weg auch Rückschläge hinnehmen, und beinahe hätte ich ganz aufgegeben, nachdem mir das Liebste im Leben genommen worden war. Aber dann habe ich doch weitergemacht, und ich weiß: Susi hätte das so gewollt.

Oftmals bin ich gefragt worden, ob mich der Olympiasieg verändert hat. Und ich antworte dann: Ich bin natürlich stolz darauf, der stärkste Mann der Welt zu sein, aber ich bin dadurch kein anderer Mensch geworden. Ich bin immer noch der Steiner Matthias aus Obersulz im Weinviertel geblieben, der für die nächste Meisterschaft, für den nächsten Sieg genauso hart oder noch härter trainieren muss, wie er das für die Goldmedaille in Peking getan hat. Denn die Konkurrenz schläft nicht, und ich habe gelernt, dass zu Beginn jedes neuen Wettkampfes wieder alles offen ist, dass zwischen Gewinnen und Verlieren bisweilen nur 1000 Gramm liegen und dass man mit Silber, Bronze oder dem vierten Platz kein schlechterer Mensch ist. Solange ich das weiß, bleibe ich bescheiden.

Ich habe mein Ziel in Peking erreicht, aber ich habe mir schon wieder neue gesteckt: im Sportlichen natürlich den Gewinn der Weltmeisterschaft in Südkorea 2009 und, als Fernziel, eine Medaille bei Olympia 2012 in London. Aber ich habe noch ein anderes Ziel, das mir wichtiger ist als alles andere und das ich mir fest vorgenommen habe: Ich möchte in meiner neuen Beziehung so glücklich bleiben, wie ich es jetzt schon bin. Und auch dieses Ziel werde ich erreichen, an jedem einzelnen Tag meines vor mir liegenden Lebens.

DANKSAGUNG

Zuallererst möchte ich mich bei meiner verstorbenen Frau Susann bedanken. Sie hat mich vieles gelehrt durch ihr Sein und war mir eine Bereicherung und eine großartige Frau. Du bleibst mir unvergessen!

Danke auch an Susanns Mutter Bärbel, die in Deutschland wie eine Ersatzmutter für mich war und uns immer geholfen hat.

Danke an meine Inge. Sie hat an diesem Buch stark mitgewirkt. Und sie ist die Frau, die mir das Lachen wieder ins Gesicht gezaubert hat. Durch dich habe ich wieder begonnen, richtig zu leben.

Danke an meine Eltern, dass sie mich wohlbehütet und ordentlich erzogen haben. Danke auch, dass ich immer alles machen durfte, was ich wollte, und trotzdem Grenzen aufgezeigt bekommen habe.

Danke an meine Großmutter, die Steiner-Oma, dass sie, obwohl ihr der Umgang mit Kleinkindern nicht leichtfiel, immer da war für mich, wenn meine Eltern weg waren. Und das war des Öfteren der Fall.

Danke an Peter Lauterer, der mich von Anfang an im Gewichtheben begleitet und mein Talent entdeckt hat. Bis heute gehörst du zu meinen allerbesten Freunden.

Danke auch den Peters Vater Willi Lauterer. Er hat mir all die Jahre in Bregenz finanziell unter die Arme gegriffen.

Danke an Walter Legel samt Familie. Es waren wunderbare Jahre des Trainings, aber auch privat. Er war ein Wegweiser für meine sportliche Zukunft.

Danke an Frank Mantek, meinen Freund, Mentor und natürlich Trainer. Er ist scharfsinnig, erfahren, immer offen für Neues und grundehrlich! Ohne ihn wäre ich auch in Deutschland nicht weit gekommen.

Danke an den gesamten Vorstand des Bundesverbandes Deutscher Gewichtheber, allen voran an Michael Vater, unseren Kotrainer, der mich ebenfalls mit all seinem Können und Mühen unterstützt hat.

Danke an alle Kollegen der Nationalmannschaft, die mir das Leben leichter gemacht haben und immer für Unterhaltung im Training sorgten. Es macht Spaß mit euch zusammenzuarbeiten.

Danke an die Physiotherapeuten Damiano Belvedere, Thorsten Noz und Gerhard Mauritsch (aus Österreich) und die Ärzte Dr. Bernd Dörr, Dr. Georg Mavridis und Prof. Dr. Holger Schmitt. Einer von Euch war immer da, wenn's irgendwo gezwickt hat.

Danke an meinen Verein Chemnitzer AC, mit Peter Waldvogel an der Spitze. Er war mein finanzieller Wegbereiter in Deutschland, um die 3-jährige Durststrecke irgendwie zu überstehen.

Danke an meine engsten Freunde, René und Kathi Boyer (auch dass ich Taufpate eures Matthias sein durfte), Christoph Schlegl und seine Frau Christiane. Danke an Kerstin und Harry und danke auch an Uwe Busch und seine Eva. Ihr ward und seid mir immer die tollsten Begleiter!

Danke auch an den gesamten Fanclub für die jahrelange Unterstützung, sowohl finanziell als auch bei zahlreichen Veranstaltungen.

Danke meinen Gönnern aus der österreichischen Gewichtheberszene, allen voran Johann Lichtenwörther und Alfred Grundner.

Danke an meine Taufpatin Evelyn Haller, samt ihrem Mann Fritz, die mich regelmäßig finanziell unterstützt haben.

Danke an meinen Firmpaten, Max Haidbauer, der ohne zu fragen in meinen schwersten Stunden da war.

Danke an Maged Salama, meinen früheren Trainer, für die harte aber lehrreiche Schule. Es war eine schwere, aber auch schöne Zeit.

Danke an meine früheren Sponsoren in Österreich, die Firma pro-ject, Fulda Reifen, meinen Lehrbetrieb Firma Offner, die Österreichische Sporthilfe und auch an die Gemeinde Sulz, die mir alle finanziell unter die Arme gegriffen haben, und ohne die ein Weiterkommen niemals möglich gewesen wäre.

Danke an meine heutigen Sponsoren, Accu-Chek, Sparkasse Chemnitz, Ford besico, Retterspitz und an die Stiftung Deutsche Sporthilfe. Ohne sie wäre heute kein Weiterkommen.

Danke an Sarah Seidl und ihren Freundeskreis. Sie hat mich in der schwersten Zeit wieder zurück in die Zivilisation geführt.

Danke an das Restaurant Felderbock für das tolle tägliche Essen (nicht unwichtig für einen Gewichtheber) in familiärer Atmosphäre.

Danke an meine Agentur movie-and-more mit Alexander Elbertzhagen an der Spitze und an Patric Lunau-Mierke, meinen direkten Berater und guten Freund. Ihr helft mir großartig durch den Mediendschungel.

Danke an den mvg-Verlag samt den Autoren Gerda Melchior und Volker Schütz für die Verwirklichung dieses Buches.

Ich danke außerdem allen Menschen, die mir irgendwie auf dem Weg nach oben geholfen haben und hier nicht erwähnt wurden!

Preis: 17,90 €
ISBN 978-3-86882-026-3

Preis: 16,90 €
ISBN 978-3-86882-024-9

Preis: 17,90 €
ISBN 978-3-86882-027-2

Preis: 24,90 €
ISBN 978-3-86882-015-7

Preis: 17,90 €
ISBN 978-3-86882-017-1

Preis: 12,90 €
ISBN 978-3-86882-016-4

Preis: 19,90 €
ISBN 978-3-86882-010-2

Preis: 19,90 €
ISBN 978-3-86882-009-6

Preis: 9,90 €
ISBN 978-3-636-07039-5

mvgverlag

240 Seiten
Preis: 19,90 € (D) | 20,50 € (A) | sFr. 33,90
ISBN 978-3-86882-019-5

Rudolf Schenker
ROCK YOUR LIFE

Ohne Fleiß kein Preis? Im Schweiße deines Angesichts?

Von wegen! Rudolf Schenker ist der lebende Beweis für das genaue Gegenteil. Konsequent ist er einen anderen Weg gegangen. Oberste Priorität hatte für ihn immer der Spaß an dem, was er tut. Hier verrät er, wie es dazu kam, wieso es funktioniert und wie man es ihm ganz einfach nachmachen kann. Was dabei herauskam? Rudolf Schenker hat Deutschlands erfolgreichste Rockband aller Zeiten gegründet: die weltberühmten Skorpions. Angereichert mit spannenden Anekdoten aus der 40-jährigen Bandgeschichte. Und mit einem exklusiven Vorwort von Paulo Coelho.

mvgverlag

208 Seiten und 8 Seiten Bildteil
Preis: 17,90 € (D) | 18,40 € (A) | sFr. 31,90
ISBN 978-3-86882-027-2

Miriam Pielhau
FREMDKÖRPER

Anfang 2008 wurde bei der bekannten TV-Moderatorin Miria Pielhau ein Tumor in der Brust festgestellt. Die erschütternd Diagnose: Er ist bösartig – es handelt sich um Krebs. Die Ärz drängen zur Eile, sie durchläuft innerhalb kurzer Zeit das ko plette medizinische Programm mit Operation, Chemotherap und Bestrahlung. Zu dem Zeitpunkt ist Miriam Pielhau gera einmal 32 Jahre alt. Schockiert, aber dennoch voll unersch terlichem Lebensmut nimmt sie also den Kampf gegen Krankheit auf. Sie rasiert sich die Haare, bevor sie ausfallen, u gibt sogar während der Chemotherapie ihr tägliches Lauftr ning nicht auf. Und sie wird nicht müde, das Essenzielle, Wichtigste und für alle gleich Geltende immer wieder ins Ze trum zu stellen: Gib nicht auf und kämpfe!

Miriam Pielhau hat es geschafft. Sie hat den Krebs überwund und gibt in diesem Buch all ihre Emotionen, ihre Kraft, ihre H nung und ihren unverwüstlich positiven Blick auf das Leben uns alle weiter.

Fesselnd wie ein Roman, informativ wie ein Ratgeber, Mut m chend wie die beste Freundin. Dieses Buch ist einzigartig.

mvgverlag

ca. 200 Seiten
Preis: 18,90 € (D) | 19,50 € (A) | sFr. 34,00
ISBN 978-3-86882-011-9

Natalie Simanowski
WIEDER AUFSTEHEN
Die bewegende Geschichte einer Sportlerin, die sich nach einem Attentat an die Weltspitze kämpfte.

Natalie Simanowski war Kinderkrankenschwester und passionierte Leichtathletin. Doch plötzlich endete das Leben, wie sie es bisher kannte. Auf offener Straße sticht sie ein psychisch kranker Mann mit dem Messer brutal nieder. Die Folge: Sie ist teilweise querschnittgelähmt. Aber schon in der Notaufnahme, als sie ihre Beine nicht mehr bewegen kann, sagt sie zu ihrem Arzt: „Jetzt werde ich die Paralympics gewinnen." Mit unglaublicher Energie arbeitet sie auf dieses Ziel hin und verlässt die Reha-Klinik nach wenigen Monaten - auf eigenen Füßen. In diesem Buch erzählt sie ihr bewegtes Schicksal und ihre Botschaft an uns alle ist: Gib nie auf und glaube an Dich. Verliere nie den Mut, es lohnt sich für die Zukunft zu kämpfen!

mvgverlag

Wenn Sie **Interesse** an **unseren Büchern** haben,

z. B. als Geschenk für Ihre Kundenbindungsprojekte, fordern Sie unsere attraktiven Sonderkonditionen an.

Weitere Informationen erhalten Sie bei Nikolaus Kuplent unter +49 89 651285-276

oder schreiben Sie uns per E-Mail an:

nkuplent@mvg-verlag.de

mvgverlag